日本古代音楽史論

荻　美津夫著

吉川弘文館　刊行

はしがき

本書は、日本古代社会における音楽の役割と音楽制度の変遷を歴史学の立場から考察したものである。これまで歴史学において、音楽史の分野の占める位置はほとんどなかった。歴史研究者の手になる音楽史の研究はきわめて少なく、未開拓の部分はまことに大きい。本研究は、そういう意味で存在意義が十分にあるものと考える。

古代の日本においては、雅楽・神楽・催馬楽・朗詠・声明・田楽・猿楽などの音楽が発達するが、宮廷音楽の中心となり、政治的宗教的に多大な役割を果たしたのは雅楽であった。雅楽は、幾度も廃絶の危機に遇いながらも、楽家ごとに連綿として伝えられ、明治三年（一八七〇）太政官のなかに雅楽局が設置されることによって復興され、今日まで式楽として保存されている。

中国の雅楽は日本にその一部分しか伝わらなかったが、雅楽が中国でほとんど絶えてしまった現在、日本に残された雅楽は朝鮮に残されている雅楽とともに、古代中国の雅楽を知るのに重要な手掛りを与えるものとなっている。そのうえ雅楽は、中世以降の日本の音楽に多くの影響を与えており、歴史学的にも音楽学的にも重要な位置を占めている。

本書では、このように日本音楽史のうえで重要な位置を占める雅楽の発展を中心に考察したために、田楽や猿楽などの民衆によって支持された音楽、あるいは神楽や声明などについては、ほとんど触れることができなかった。いたらぬ点は数えるに余りあるが、諸先学のご教示を切望するとともに他日を期したいと思う。

もとより音楽とは、音楽学的には人間が意識的に配列した音組織をいうものであるが、本書で音楽という言葉を用いる場合は、次のようなことを意味している。すなわち音楽とは、いかなる目的であれ楽器を用いて自ら奏したり歌舞をなすこと、またそれを第三者が視聴すること、さらには楽譜・楽曲そのものを示し、かつ楽器等の総称である。そして楽器とは、装飾的・象徴的に使用されることなく、音楽を奏する目的をもって人為的に製作された器物をいうものとする。

本研究を進めるにあたっては、恩師である大隅和雄先生をはじめ、佐伯有清・義江彰夫両先生より並々ならぬご指導とご教示を賜わった。特に佐伯先生からは筆舌に尽し難いほどのご教導とご叱正とをいただいた。

そもそも私が日本音楽史を研究するようになったのは、幼いころから母の弾く箏の音に親しんできたことによる。大学に入学すると同時に邦楽研究会に所属して尺八を学び、日本史学を専攻するようになってからとくに日本の古代・中世音楽史の研究に専念してきた。この間、高橋空山・岡不二太郎両先生、ならびに星野文彦先生のご指導のもとに雅楽や篳篥を学び、東京では小野雅楽会の東儀和太郎先生、東京芸術大学の小島美子先生のご指導をいただき、現在にいたっている。また本書の編集については吉川弘文館編集部の大岩由明氏に多大のお世話をおかけした。ここに併せ記して深甚なる謝意を表する。

一九七七年三月二十日

荻美津夫

目次

序説　日本古代音楽史研究の諸前提

第一節　音楽史研究の動向と課題

日本音楽史の研究を、大きく分けると次の二つの流れを見ることができる。すなわち、音楽学的な研究を取り入れ音楽そのもの、あるいは演奏者・演奏集団を解明していこうとする東洋音楽学会によるものと、音楽史を芸能史の一環として把握し芸能者（演奏者）自身の個人的あるいは集団的な「態」に重点をおき（芸態論）、さらにその芸態（音楽ならびに舞技）を生み出した社会的な条件を重視しようとする（環境論）芸能史研究会によるものである。

東洋音楽学会の立場は、その先駆者田辺尚雄・町田嘉章・林謙三氏らの研究を継承したものであり、現在では吉川英史・岸辺成雄・平野健次氏らによる箏曲や地歌・長唄・浄瑠璃などの近世邦楽の研究、横道萬里雄氏らによる能楽の研究などが中心をなしている。これらの東洋音楽学会のこれまでの業績は多大なものがあるといえよう。

一方、芸能史研究会による音楽史研究は、折口信夫氏が提唱され池田弥三郎・高崎正秀・西角井正慶の諸氏に継承された民俗芸能史や、岩橋小弥太・森末義彰氏らの文献学的芸能史を克服しようとして『中世芸能史の研究』を著わし、新たな問題を提起された林屋辰三郎氏の芸能史研究に基礎を置くものであり、民衆音楽（民衆のなかから生まれ、民衆によって支持されていった音楽）を中心に研究が進められている。その成果は、『日本の古典芸能』『日本庶民文化史料集成』などによって知られよう。

しかしながら、これらの研究の大部分は、中世・近世を中心とするきわめて細分化されたもので、今後に残された課題も少なくない。小島美子氏は、将来の日本音楽史の課題について、音楽史的な立場から次の三点を指摘しておられる。(1)第一に残された楽譜による研究、第二に現在行なわれている音楽からの類推による研究、第三として特に民俗芸能については、地方的特性などさまざまな問題を総合的に歴史的に捉える研究である。

また、林屋辰三郎氏は、芸能史に関してではあるが、第一に国際的環境において人類学・考古学・地理学・社会学・宗教学などの隣接諸科学との提携のもとに歴史的に把握すること、第二に地方史・女性史・部落史の分野を明らかにし、民衆に育てられた芸能史を重視すること、第三に日本芸能の内部における相互関連を重視すること、第四に観客の立場などの社会的条件を重視し、その面から全体を総合して観察すること、第五に文献・遺物という資料に限定されることなく、民俗・伝承のような資料も正しく歴史のなかに位置づけていくことの五点を課題として挙げておられる。(2)

私は、まさしくこれらが今後の日本音楽史の研究課題であり、漸次究明されねばならないと考えるが、はたして現在の東洋音楽学会・芸能史研究会双方の音楽史研究の視点から、これらの課題を十分に解明できるか否かということについては疑問を残す。私は、音楽史としての視点そのものをさらに発展させねばならないと考えるのである。音楽史を現在の東洋音楽学会の視点より究明していくならば、社会経済史あるいは文化思想史を軽視したものとならざるを得ないであろう。これまでの研究はそれなりに大きな意義があり、今後も同視点から論究されねばならないが、音楽史を歴史学の対象として把握しようとするならばいまだ不十分なものがあるといえよう。

林屋辰三郎氏は、音楽史を歴史学として芸能史の分野に含めて考えておられる。[3] 日本の音楽は古来歌謡を中心としたものであり、やがて語り物的音楽が発達する。特に中世以降、これらの音楽が舞技・傀儡などと密接に結びつくことにより民衆化が進み、民衆芸能としての著しい発展をみる。したがって、そういう意味において音楽史を芸能史のなかで把握するのは妥当であろう。しかしながら、ここで音楽の人間社会における位置を十分に考えてみる必要があろう。すなわち、音楽はこれまで、人間の歴史社会に多大な役割を果たしてきたのである。音楽の起源を考えると、鳥などの鳴き声をまねたのだという模倣説、日常会話から起こったとする言語説、人間の感情の高ぶりから発生したとする感情説、労働のリズムや掛声から起こったとする労働説などいくつかあることから認識できるように、音楽は人間社会の日常性から発生し発達したものであった。古代国家成立後はエジプト・中国を例に挙げるまでもなく、音楽は国家の一つの権威の象徴であった。また、特に古代中国においては、『国語』巻第三の六に「是故先王之制レ鐘也、大不レ出レ鈞、重不レ過レ石。律度量衡於レ是乎生、小大器用於レ是乎出」とみえているように、音律も尺度も斗量も権衡も先王が鋳造した鐘の律を基礎に定められ、大小の器用もこれによって生じたことが述べられている。

『礼記』などにおいても礼楽が説かれており、音律そのものあるいは音律を定めるということは社会的にも経済的にも大きな意味をもっていたと考えられる。さらに、宗教と音楽とは原始社会より密接不可分の関係をもち続けてきたことは言うまでもなかろう。音楽は原始・古代・中世・近代を通して、人間社会のなかで社会経済的にも宗教文化的にも重要な役割を果たしてきているのである。したがって、これらを究明するには音楽史を芸能史の分野からはずし、音楽史として独自に考察していかねばならない。この視点に立脚してはじめて、小島・林屋両氏の挙げられた音楽史としての先の研究課題を解明する糸口が発見されるであろう。

人類の歴史の多くを占める音楽の録音再生が不可能な時代においては、音楽は演奏されても漸次消滅するものであり、得てして資料を残さないとされている。しかしながら、遺物としての楽器・衣装・仮面、あるいは絵画に残された音楽演奏の状況、さらには楽譜も含めた文献などの種々の資料から音楽文化を窺うことが可能であり、最近進展の著しい民族学・民俗学における音楽研究の成果も資料としての重要性を増している。これらの精神的遺物（言語・風俗・習慣・伝承・思想）、物体的遺物（遺跡・器物・文献）に含まれるあらゆる音楽資料を駆使し、さらに国際的視野をもって音楽そのものや音楽制度や音楽の社会的役割を、そして同時にその社会を究明していくことが必要であり、これを目差すのが音楽史学であるといえよう。今後の音楽史研究は、このような視点から先の課題を解明していかなければならないであろうと考えるのである。

ところで、従来の日本古代音楽史研究は、個々の音楽についての考察か、あるいはこれらを歴史的に配列したにとどまるものが多数を占めている。そのなかにあって注目すべきものは、田辺尚雄・林謙三氏らによる研究と林屋辰三郎氏による『中世芸能史の研究』である。田辺尚雄・林謙三氏らは、早くよりその広い見識から大きな視野に立たれ、日本の古代音楽をその源流である中国・朝鮮さらにはアジア一帯にわたり楽器・楽理などを比較されることによって、日本古代の音楽を東洋文化圏のなかに位置づけ究明されている。このように東洋音楽史的視野に立たれ比較音楽を試みられていることは、その先駆者として評価されねばならない。また、林屋氏の研究は、中世芸能史を考察するにあたって古代の音楽を含めた芸能を論究したものであるが、その論著の第一部第三章「東洋的楽舞の伝来と雅楽寮」、第二部第一章「雅楽の伝統と楽所」では、これまでにみられなかった雅楽の歴史的分析のもとで雅楽寮の変質過程・楽所の実態・四天王寺楽人の社会的地位などを明らかにした優れたものである。しかしながら、それは制度史が中心をなし、古代社会における音楽の役割や、その社会文化史的背景の究明という点には研究がおよんでいない。

本書では、音楽史学的視点を重視し、林屋氏の言及されていない音楽の役割とその社会文化史的背景を中心として、日本古代音楽史を考察していきたいと思う。

第二節　日本古代音楽史の時代区分

本節では、先学によって試みられた時代区分を紹介し、私もまた新たな時代区分を提起しようとするものであるが、これは本論から導きだされるものであり、具体的な考察は本論によって知ることができる。

日本音楽史における時代区分は、これまで田辺尚雄氏・伊庭孝氏などの諸氏によって試みられている。(4) これらは古代から現代までを通しての日本音楽史上の時代区分であり、それなりに意義は認められるが、きわめておおまかで概観的なものに終っている。ここで、田辺氏と伊庭氏の時代区分を古代のみに限って紹介してみよう。

田辺尚雄氏は、その著書『日本音楽史』(東京電機大学出版部)のなかで、二つの視点より時代区分を試みておられるが、古代の部分を整理すると次のようになる。
(1)　音楽の性質から見た区分
第一期　太古からおよそ五世紀の中ごろ(允恭天皇の末年)まで
音楽的にはわが国古来の原始的な歌舞音曲が行なわれていた時代。

第二期　五世紀中ごろから十二世紀末ごろまで

(イ)　五世紀中ごろから九世紀中ごろまで―朝鮮・中国・南海・西域・インドなどのアジア大陸の音楽が伝来した時代。

(ロ)　九世紀中ごろから十二世紀末ごろまで―伝来音楽が国風化された時代。

(2)　音楽を指導する階級による区分

第一期　奈良時代以前―音楽に階級性のない時代。

第二期　奈良時代・平安時代―貴族の指導下に行なわれていた時代。

この田辺氏の時代区分は音楽の性質とその指導者という二つの側面から把握されたことは評価できるが、あまりにも概略的で音楽の歴史的役割という点は軽視されている。したがって、古代における音楽の歴史的（音楽史的）時代区分としては不十分なものといえよう。

また、伊庭孝氏はその著書『日本音楽史』（音楽之友社「音楽文庫」八）のなかで、次のような時代区分を試みておられる。

第一期　原始時代より仏教伝来まで

音楽的には、『古事記』『日本書紀』の歌謡から外国音楽伝来までの時代。

第二期　飛鳥朝および奈良朝

音楽的には、外国音楽伝来の時代。

第三期　平安朝

音楽的には、雅楽全盛の時代。

これによると、伊庭氏は田辺氏同様古代における音楽の時代区分の指標を外国音楽の伝来に置き、その時期区分も多少の年代のずれはあるが田辺氏のとほとんど相違ないことが知られよう。

もちろん外国音楽の伝来は重要な観点ではあるが、この視点にかたよりすぎているために両氏とも表面的で古代音楽の社会的変遷・社会的機能というものを軽視した時代区分に終っているのである。

そこで、日本古代音楽史における時代区分を古代における音楽の役割の分化とその変遷ということを一つの指標として次のように試みることにする。

第一期　古代音楽の発生・流入期（原始時代―八世紀末）

第二期　古代音楽の展開期（八世紀末―十世紀初）

第三期　古代音楽の成熟期（十世紀初―十二世紀初）

第四期　古代音楽の衰退期（十二世紀初以降）

この四期の区分のそれぞれについて概観すると次のようになる。

まず第一期は、日本古来の音楽が発生し朝鮮・中国からのさまざまな音楽の流入があり、律令国家によって統制化されていく時期である。この時期を田辺尚雄氏・伊庭孝氏のように、外国の音楽の伝来によって分けることも可能であろう。しかしながら、まず外国音楽の伝来時期は組織的（組織的伝来あるいは流入とは、高麗楽・百済楽・唐楽などの一つのまとまりをもった音楽群が伝来することをいう）には、第一部第一章において考察するように新羅楽が伝来したとされる允恭天皇の時代（五世紀半ばごろ）より唐楽が伝来した舒明天皇の時代（七世紀初めごろ）のあたりまでであるが、実はその後も単一的ではあれ外国音楽の流入をみる。『日本三代実録』貞観九年（八六五）十月四日条の藤原貞敏の卒伝のなかに「少耽二愛音楽一。好学二鼓琴一、尤善弾二琵琶一。承和二年為二美作掾一兼二遣唐使准判官一。五年到二大唐一。達二上都一、逢下能弾二琵琶一者劉二郎上。」とあるように遣唐使の一行にも音楽に長じた者が加わっていた。このように遣唐使の廃止に至るまで唐楽を中心とする外国の音楽は日本へ伝えられてきたのである。したがって、外国の音楽の伝来をもって時代区分を試みることには問題が残ろう。また、日本古来の音楽にも絶えず朝鮮の音楽の影響があったと考えられ、これについても第一部第一章において考察するとおりである。

　ところが、日本古来の音楽、外来の音楽の社会的に果たした役割から検討すると、この時期には両者はほとんど同様の機能を保持していた。たとえば式楽には小墾田舞・朝鮮三国の音楽などを用い、饗宴にも日本古来の音楽、外来の音楽を奏し、仏教供養などにおいてもまた同様であった。律令国家の時代においても、神事には日本古来の琴が用いられていたのは例外として、そのほかの場合は特に強く日本古来の音楽、外来の音楽という区別はみられない。また、第二部において考察するように、この時期には雅楽寮の助以下の楽官、外来音楽を掌った楽人の多くは帰化系の人々が占め、わが国の人は外来の音楽をほとんど掌るところまで至っていなかった。

　第二期は、律令国家によって組織化された古代の音楽（日本古来の音楽、外来の音楽）が日本的に整備され、儀式などにおける音楽の役割が分化していく時期である。この時期になると雅楽寮の楽官・楽人はわが国の人が多く占めるようになる。また、嘉祥元年（八四八）九月二十二日の太政官符には[5]唐楽生・高麗楽生・百済楽生・新羅楽生とともに倭楽生が明確に対比されて記され、日本古来の音楽、外来の音楽という区別の意識も明白に現われるようになる。さらに、八世紀の末には日本古来の音楽の独立を目的に大歌所の設立がみられる。音楽の役割においては、饗宴から儀式への成立により、儀式のなかでの音楽がほぼ定式化する。そして音楽の種類により役割が分化していく。宗教的には従来からの神事には琴が依然として使用され、儀式化された祭などには日本古来の歌舞が用いられ、仏教儀式などには外来の音楽が、もっぱらその役割を果たすようになってくる。そのほかの儀式では、その性質に応じて音楽も一定化していく。また、この時期には雅楽（外来の音楽）への理解が進み、外来の音楽を模倣した作曲・編曲などが盛んに行なわれる。そして、貴族の遊びには従来の日本古来の歌舞に雅楽も加えられる。

第三期は、古代音楽（雅楽・催馬楽など）の全盛期であり、貴族の生活と密接に結びついた時期である。この時期には、まず新形式の音楽が生まれ、浄土教においては雅楽の役割が増大し往生講などでは特異な雰囲気を醸しだす。新形式の音楽とは催馬楽や御遊などである。催馬楽は歌謡としては早くから存在したが、この時期の初めごろに雅楽器による伴奏が加えられ新たな催馬楽が誕生した。そして、天皇・殿上人らの遊びとして催馬楽・雅楽の管絃などをとりいれ演奏したものが御遊であった。雅楽は、第一期、第二期においてすでに法会のなかでその役割を果たしていたが、この時期には、特に浄土教の発展によってそれまでの機能のなかから音楽のもつ超然的な天《あめ》の詔琴《のりごと》的なものが出現する。また、この時期には現代まで存続してきている楽家制度が形成され、秘説・秘曲なども生みだされる。さらに、古代音楽制度の最終的な音楽機関とでもいうべき楽所が成立するのもこの時期である。

第四期は、古代音楽の衰退期である。この時期の古代音楽は依然として隆盛している観を抱かせるが、実は新たな発展はなく、十三世紀に入り楽人狛近真が嘆いているように(6)楽人による嫡家相伝も思うにまかせぬほどの衰微を余儀なくされていた。そして、特に武士政権の誕生によってさらに拍車が加えられる。しかしながら、衰退しながらも同時にそれらを正統に伝え、質の深さを目差す芸道思想が現われる。仏教と音楽においては、音楽に精進することによって成仏しようとする音楽成仏思想が生まれる。

それでは、これらの時代区分は音楽史的にいかに位置づけられるのであろうか。第一期から第四期までを通して、次に簡単にみておくことにしよう。

日本古代の音楽は、その淵源や性格により二つの流れを考えることができる。一つは日本古来の音楽であり、他は外来の音楽である。わが国における音楽の発生を明確に捉えることは困難であるが、考古学的遺物により確認できる最古の楽器は縄文時代に求めることができる。すなわち、秋田県藤株貝塚からは縄文時代に属する土笛が発見され、北海道函館市からは同時代の石笛が発掘されている。また、縄文時代には土器を太鼓として使用した可能性が考えられる。縄文時代は、一般に土器・骨角器・石器を使用した狩猟・漁撈・採集による生活が続き、土偶などの存在から呪術的要素を強くもった社会であったことが知られている。そこでは当然、労働や呪術的儀式にともない音楽が行なわれたであろうと思われる。これらの音楽がいかなるものであったか明確に知り得ないが、現在の民族音楽の研究成果を取り入れることによってあるていどの推測は可能であろう。(7)弥生時代に入り稲作が始められると、次第に狩猟・漁撈・採集の社会から農耕の社会へと変化し、農耕にともなう労働や呪術的儀式は、春の種蒔、秋の刈入を中心に行事として固定化されていく。生産性が高まり地域的大集落が形成されると貧富の差が現われ、次第に統合の動きがみられるようになる。弥生時代には、このような農耕儀礼あるいは葬送儀礼の場において音楽が奏されたと考えられる。弥生時代の楽器としては、この時代の代表的集落址登呂遺跡から五弦琴が発掘され、山口県下関市綾羅木郷台地遺跡から塤《けん》が出土し、畿内とその周辺から銅鐸が発見されている。しかしながら、銅鐸は本来楽器であったものが大型化し祭器として使用されたむきが強い。古墳時代になると農耕が本格化し、生産量の増加による経済力の上昇を基盤に鉄器の普及や灌漑技術の発達がみられる。司祭者的性質をもった首長は地位を固定させ、部族国家が形成され統一国家へと成長していく。この時代を象徴するものは古墳であるが、その周囲に並べられた埴輪から古墳時代の楽器を知ることができる。それによると、五弦琴・太鼓など数種類の楽器が認められる。

令制前の音楽状況を知るには、考古学的資料のほかに『古事記』『日本書紀』『風土記』といった文献史料がある。これは考古学的考察を傍証するものであり、さらに、令制前において楽器と歌舞のどちらが主導的であったかという点に関して示唆をあたえている。それによると、日本の令制前の音楽は歌舞が中心で楽器はその伴奏として使用されることが多かったことが知られる。そして、これらの令制前の歌舞中心の音楽が日本古来の音楽といえよう。日本古来の音楽は、およそ全国的に例外なく、それぞれの地方の人々によって土地柄や風土に応じた歌舞として伝習されていった。国史などにみられる「古歌」「古儛」「風俗歌儛」は、これを示していると思われる。

七世紀末より八世紀初めにかけて律令制が成立すると、宮廷では従来の日本古来の歌舞を基盤に久米舞・五節舞などいくつかの歌舞が儀礼化され、雅楽寮においてそれらの歌舞は教習されたが、隼人や国栖の歌舞さらに多数の地方の歌舞の教習は民衆にゆだねられたのである。

中国において音楽は漢代より礼楽として尊ばれ、その後いく多の変遷をへて隋・唐に及ぶ。朝鮮半島では高句麗・百済・新羅の三国時代をむかえるとそれぞれ朝鮮独自の音楽が発展するが、これが六世紀には中国からの伝来音楽と混合して新しい音楽となる。これらの朝鮮・中国の音楽は、令制の成立前後わが国に伝えられ、宮廷や寺院において教習される。また、林邑・吐羅の音楽なども伝えられるが、伝来音楽の中心をなしたのは朝鮮・中国の音楽（高麗楽・百済楽・新羅楽・唐楽）であった。外来音楽のほとんどは帰化人によって中央において伝習され、地方の人々にとっては無縁なものであった。そして、わが国出身の楽人が外来の音楽を掌り、天皇や貴族らが遊びとして自ら奏楽を楽しむようになるのは第二期を待たねばならないのである。

ここで一つの問題を提起してみよう。すなわち、仏教や文学などの音楽以外の外来文化は日本へ伝来すると比較的早く天皇や貴族らに受容されるところとなったが、音楽の場合、組織的にはほぼ大化改新ごろまでに伝えられ令制成立以後は宮廷の式楽として饗宴などで盛んに奏されたのにもかかわらず、なにゆえに日本古来の音楽のように彼らのあいだで遊びとして演奏されるに至らなかったのであろうかということである。また、雅楽寮の外来の音楽を掌る楽人は帰化人によって占められていたが、なぜわが国出身の楽人によって掌られることがなかったのであろうかということである。

一般に外来文化というのは、模倣期・理解期・展開期・土着期という過程をへてその国の文化となっていくと考えられるが、このパターンのなかで音楽文化を考えると、音楽以外の文化、たとえば仏教にせよ文字にせよ絵画にせよ、いずれも精神的な理解はなくても具象的なものの模倣は可能である。しかしながら、音楽の場合はそうはいかない。なぜならば音曲そのものは具象的なものであると同時に、かつ抽象的なものだからである。音楽文化の模倣といっても物質的な楽器の模倣では何ら意味をなさず、楽器から音をだして音曲を演奏することによってはじめて音楽の模倣が成立するのである。これはあるていど練習を積むことによって可能ではあるが、はたして風土の異なった場所に成立した外来の音曲を生理的に受け入れることができるかどうかが次の問題になってくる。すなわち、音楽のもつその民族固有のリズム・メロディ・ピッチなどの問題である。

外来の音楽文化においては、このように模倣と理解とが同時になされねばならなかったのである。この音楽のもつ文化的特殊性が、天皇や貴族などによる理解と演奏を第二期まで待たねばならなかった第一の理由であると考えられる。

令制が成立すると、音楽は政治的にも宗教的にも重要な役割を果たすが、これは律令国家の要請によるところが大であった。たとえば、天平勝宝四年（七五二）の東大寺大仏開眼供養会では唐楽・高麗楽・林邑楽・度羅楽（吐羅楽）・久米舞・楯伏舞などの内外の音楽が奏されたが、(8) その目的は仏教供養と内外へ国威を示すことであったと思われる。また、宮廷などでは外国からの使者や隼人・蝦夷らを招いて饗宴が行なわれ日本古来の音楽や外来の音楽が奏されたが、その意図は国威を示すと同時に服属儀礼を求めるところにあったと考えられる。

このように、令制下において音楽が政治的・宗教的役割を第一義とされていたことが、わが国出身の人、とりわけて天皇や貴族によって演奏されるようにならなかった第二の理由である。

しかしながら、八世紀末の第二期をむかえるまでには、日本人が従来もっていた古来の音楽と外来の音楽との異質性から生まれる外来の音楽に対する生理的違和感は、伝来以後百数十年にわたる視聴覚的受容（饗宴などの機会に見聴きすることにより外来音楽に接すること）により解消され、宮廷の人々にとっては逆に当時流行していた唐風文化の生活のリズムに適合したものとして、あるいは日本古来の音楽にはない華麗な魅力的な音楽として注目されていった。こうして第二期になると、外来の音楽を掌る雅楽寮の楽官・楽人はわが国出身の人が多数を占め、天皇や貴族は華やかな音色をもつ外来の雅楽器を演奏するようになるのである。

日本古来の音楽と外来の音楽は、以後の古代音楽の淵源となるものであり、これらが発生あるいは流入し令制のなかで整備され、同等の役割を担っていた時期が第一期であった。

八世紀末、桓武天皇は造都と征夷の二大事業を推進し、王権の強化につとめる。八世紀に饗宴の形をとって行なわれていた行事は、桓武天皇の時代を過渡期として嵯峨天皇のときに儀式として成立する。それとともに饗宴において奏される音楽は、日本に起源をもつ儀式には日本古来の音楽が、外国に起源をもつ儀式には外来の音楽が、その折衷された儀式には両方の音楽が奏されることがほぼ一定化する。桓武朝は、このように音楽史における一つの転換期であり、これ以後外来の音楽の役割は増大する。しかしながら一方では、八世紀末に諸王臣子らが集い古来の音楽を楽しんでいた歌儛所を基礎に大歌所が設立され、日本古来の音楽の教習にも力が注がれるのである。さらに、第二期を象徴する事柄として、嵯峨天皇のときに衛府の官人により奏楽が始められる。外来の音楽はこの影響を受け、左方には唐楽（従来の唐楽・林邑楽）、右方には高麗楽（従来の高麗楽・百済楽・新羅楽・渤海楽）の左右両部に分けられ、宮廷においてしだいに左右両部制が整えられる。古代における雅楽の原義については次節で論究するが、一般に使用されているいわゆる狭義の意味での雅楽は左右両部制の成立によって形成されたのである。

仏教界では依然として国家仏教が隆盛し法会が営まれ、大寺院では寺奴出身の楽人らによって奏楽が行なわれたが、他方では空海・円仁らによって声明が伝えられ僧侶の間で伝習されていった。

十世紀から十二世紀にかけては、一般に王朝国家すなわち律令国家から中世国家へ移行する過渡期として捉えられ、文化的には国風文化の発達がみられるとされている。第三期は、ほぼこの王朝国家・国風文化の時期に相当する。

平安貴族は風流を求めて漢詩文や和歌を作り管絃を奏するなどのさまざまな遊びを試みたが、そのなかから日本古来の歌謡に外来の楽器を伴奏として使用するということが行なわれた。こうして新形式の催馬楽や東遊び(9)が生まれ、さらに催馬楽や雅楽の管絃演奏を行なう御遊が形成された。これらは宮廷において盛んに奏され、貞保親王や源博雅らの名人を輩出する。また、貴族の間では浄土教の発展によって往生思想が流行し、往生講では雅楽が奏され浄土的雰囲気を高揚させる役割を果たした。制度的には楽所が設立され、そこには衛府の楽人が多く補任された。さらに、この時期には、藤原明衡により『新猿楽記』が、大江匡房により『傀儡子記』が著わされ、『中右記』永長元年（一〇九六）六月十二日条に「此十余日間、京都雑人作二田楽一互以遊興」と記されているように、田楽・猿楽などの民衆の音楽が貴族の関心をひくようにもなるのである。

第四期は十二世紀初頭以降である。古代の音楽は八世紀までに基盤が形成され、九世紀には発展し十世紀から十二世紀初頭ごろまで隆盛をみるが、鎌倉幕府の成立以後古代勢力の衰退とともに、多数の廃絶曲・中絶曲が現われ衰微を余儀なくされる。しかし、弱体ながらも生きながらえている古代勢力とともに、古代の音楽は朝廷や京都・奈良の寺社の楽人らによって伝習されていった。これは少なくとも、京都が焦土と化する応仁の乱まで続く。また、この時期に、古代の音楽は消滅の危機にさらされるが、楽人はそれを後世に伝え、質的に高めようとして多数の著述を残す。[10]そして、このような動きは芸道思想として開花するのである。仏教界ではこれと相俟って、音楽の道に精進し成仏しようとする音楽成仏思想が盛んになる。民衆の音楽は第三期に貴族によって注目され、第四期以降にはしだいに古代の音楽に代わり主流を占めるようになるのである。

第三節　いわゆる「雅楽」について

現在、一般に用いている「雅楽」という言葉は、広義には左右両部の唐楽・高麗楽、そして催馬楽・朗詠・東遊びなどの宮廷音楽の総称として使用され、狭義には左右両部の唐楽・高麗楽を示している。

しかしながら、古代における「雅楽」という言葉は、実際には現在一般に使用しているような意味を示すものではなく、ほとんどの場合「雅楽寮」あるいはまれに「雅楽寮の楽」を示すものであった。そして、一般に使用しているような意味を示す雅楽の例は、第四期になって初めてみられる。[11]

古代の史料上、音楽について述べられている場合は、「唐楽」「高麗楽」「催馬楽」「朗詠」などと具体的に記されているものが多く、これらを総称して用いるときには「音楽」「舞楽」「雑楽」などという使用例が一般的にみられるのである。[12]

本書では、雅楽とは第二期に成立する左右両部制の唐楽・高麗楽を示すものとするが、第二期以降、雅楽は宮廷儀式・法会・遊びなどの場において盛んに奏されるのであり、まさに古代音楽の中心をなすものであった。

そこで、本節では古代における「雅楽」という言葉の原義について明らかにしておきたいと考える。

雅楽に関する初見は、管見によると『続日本紀』大宝元年（七〇一）七月戊戌条に「又画工及主計、主税算師、雅楽諸師如レ此之類、准二官判任一」とある記事である。ここにいう雅楽とは、中務省の画工司や民部省の主計寮・主税寮と並列されていることから、治部省雅楽寮を示していることは明らかである。

これ以後、雅楽の記載がみられるようになるが、私見によると九世紀前半の仁明朝（八三三～五〇）以後に多く現われてくるようである。これは、仁明朝期における雅楽寮の節会における奏楽がさらに固定化し、それが記録に現われたことによるが、以下では史料上の都合から仁明朝以前と以後に分けて考察していくことにする。

はたして、古代社会において現在一般に使用しているような具体的・直接的なイメージをもつ雅楽は存在していたであろうか。

仁明朝以前における史料はわずかしかみあたらず、先の初見の記事のほかに次の三例がみられるのみである。

(1)『続日本紀』天平神護元年（七六五）十月丁丑条

御㆓南浜望海楼㆒、奏㆓雅楽及雑伎㆒。権置㆓市廛㆒、令㆔陪従及当国百姓等任為㆓交関㆒。

(2)『日本後紀』弘仁元年（八一〇）十一月戊午条

宴㆓五位已上㆒、奏㆓雅楽幷大歌㆒。（下略）

(3) 弘仁十年十二月二十一日の太政官符(13)

太政官符

定㆓雅楽諸師数㆒事

（下略）

これらのなかの史料(3)の弘仁十年十二月の記事は、明らかに雅楽寮を示しているが、ほかの二例は必ずしも明確ではない。(1)の天平神護元年十月の例は雑伎と並列され、(2)の弘仁元年十一月の記事は大歌とともに記されていることから、現在一般に用いている雅楽と同じような意味で使用されているとも考えられるが、たとえば『続日本紀』天応元年（七八一）十一月己巳条には「宴二五位已上一、奏二雅楽寮楽、及大歌於庭一」とあり、大歌と並列されて「雅楽寮楽」と記され、この例は弘仁元年十一月の「雅楽」と同じ内容を示していると考えられることから、史料(2)の弘仁元年十一月の例は「雅楽寮楽」を意味していることが知られよう。史料(1)の天平神護元年十月の例も、同様に「雅楽寮楽」を意味していると考えられる。

また、『令義解』巻一、官位令には各省・寮・司などの位階が定められているが、このなかではすべて「寮」「司」という言葉が省略されて記され、雅楽寮の官人を記す場合においても「雅楽頭」などとされている。これによっても、先にみたように雅楽寮のことを「雅楽」としていいあらわすのは当時において一般的であったことが知られよう。

このように、「雅楽」とは、基本的には雅楽寮のことを示し、そこから派生して雅楽寮の楽という意味をももつようになったのである。

次に、仁明朝以後に現われてくる多数の例によって検討することにしよう。

仁明朝以後には「雅楽」の使用例は枚挙にいとまがないので、すべて挙げることを避けるが、やはりこれらもほとんどの場合雅楽寮のことを示している。そこで、これらの史料のなかでも多少問題のありそうな例を抽出して考えてみよう。

(1)『日本三代実録』元慶三年（八七九）十月丁巳朔条

（上略）賜二宴侍臣一、左右近衛府奏二雅楽一。并賜レ禄如レ常。

(2)『師記』承暦四年（一〇八〇）八月十一日条

（上略）次近辺諸司、次雅楽、於二庁内一舞四曲、次見参。（下略）

(3)『中右記』康和四年（一一〇二）四月一日条

（上略）神主着座。祝師牽二御馬一、左右各四疋、廻四度。雅楽供二神楽倭舞一。神主、氏人、内舎人、大舎人、各舞也。（下略）

(4)『兵範記』仁安三年（一一六八）十二月二十七日条

（上略）但被レ止二舞楽一之外、或被レ止二国栖歌笛一。今就重、云二雅楽一云二国栖一、共可レ被二停止一歟。（下略）

(5)『江家次第』巻第六、二孟旬儀条

（上略）逓奏二音楽舞等一畢。雨儀於二承明門壇上一舞。（中略）左右近衛乱声、楽人舞人皆近衛官人、不レ用二雅楽一。（下略）（以下略）

これらのうち史料(1)の元慶三年十月の例はのちに考えることとして、まず(2)の承暦四年八月の記事では、雅楽が近辺の諸司と対になっており、また「於二庁内一舞四曲」とあることから、この雅楽とは雅楽寮を意味していることは明白である。

(3)の康和四年四月の史料は、雅楽寮が神楽・倭舞を供すというように解釈できるところから、この雅楽の例も雅楽寮を示していると考えられる。あるいは、雅楽寮が神楽を掌ったことに疑問を抱く向きもあろうが、『江家次第』巻第一〇の鎮魂祭条には「神祇并治部雅楽座西第一間、（中略）、次神祇、雅楽神楽」とあり、神祇官と雅楽寮で神楽を掌った例がみられることから、康和四年四月の史料は先のように解釈できよう。

(4)の仁安三年十二月の例では、雅楽といい国栖といいともに停止せらるべきか、と述べられ、雅楽と国栖が並列に記されている。ここでは、両者とも奏楽の主体と考えられるところから、この場合も雅楽寮を示すものであることは明らかである。

(5)の『江家次第』の例では、「楽人、舞人皆近衛官人、不レ用二雅楽一」と記されているが、これは、楽人・舞人はすべて近衛官人であり雅楽寮の楽人・舞人を用いない、という意味であり、この雅楽の例も明白に雅楽寮を意味している。

さて、(1)の元慶三年十月の記事にもどるが、これは仁明朝以前の考察でみた雅楽寮の楽を示すものといえよう。もしこれを、現在一般に用いられている宮廷音楽の総称とするならば、史料上「近衛府奏二雅楽一」とともに「雅楽寮奏二雅楽一」という例があって然るべきであるが、まったくみられない。しかも、近衛府の例とても、私見では元慶三年十月の記事にみられるのみである。この時期の音楽記事の多くは、たとえば『日本三代実録』元慶四年（八八〇）正月乙卯朔条に「雅楽寮奏二音楽一」とあり、同十六日条に「雅楽寮奏レ楽」と述べられ、同四月甲申朔条に「勅二左右近衛府一挙レ楽」と記され、同七月二十九日条に「左右近衛府逓奏二音楽一」などとあるように、近衛府の奏楽の場合も雅楽寮の場合もほとんどが「奏楽」「奏音楽」などと記されているのである。

このように、およそ古代全般を通して、雅楽とは基本的には雅楽寮のことを示しており、まれにはそれから意味が派生して雅楽寮の楽を示すものであった。

しかしながら、古代末期すなわち第四期には、これまでとは異なったいわゆる現在一般に用いられている雅楽の例が現われはじめる。

その一つは、真源が永久二年（一一一四）に著わした『順次往生講式』のなかに、

（上略）則知須下准二此界雅楽一慕中於西方快楽上者也。（下略）

とある[14]もので、他の一つは天福元年（一二三三）に狛近真が著わした『教訓抄』巻第四の末尾で伎楽の伝来や教習などについて述べたのちに「（上略）又雅楽習写シ給テハ、公家一具被二寄進一（下略）」と記し、同じく巻第七の「舞曲源

物語」のところで「凡ソ舞曲ノ源ヲタヅヌルニ、仏世界〔ヨリ〕始テ、天上人中ニ、シカシナガラ妓楽雅楽ヲ奏デ、三宝ヲ供養シ奉テ（下略）」と述べているものである。

前者では「此界雅楽」とあり、この雅楽とは現世に存在している音楽、ことに仏教供養などに用いられた雅楽そのものを示していると思われる。特にこの場合は、講式において演奏された左方右方の舞楽、そして管絃や催馬楽の総称であったと考えられる。また、後者においても雅楽は伎楽と明らかに区別されており、いわゆる現在一般に使用している狭義の雅楽を意味している。近真のいう雅楽とは、彼ら楽人が掌っていた左右両部の唐楽・高麗楽を示しているのである。

このように、第四期をむかえるとしだいに、いわゆる雅楽の意味が従来の雅楽寮あるいは雅楽寮の楽を示すものから変化して、唐楽・高麗楽・催馬楽などという音楽を総称する言葉となっていったのである。

このような意味の雅楽が現われる原因としては、律令制の衰退を考えることができよう。すなわち、がんらい雅楽とは雅楽寮あるいは雅楽寮の楽を示していたものが、律令制の衰退によって雅楽寮が実質的意味を失うと、雅楽寮においておもに教習されていた雅楽寮の楽である唐楽や高麗楽そのものが、雅楽と総称されるようになっていったのであろう。

注

（1）小島美子「音楽史学としての日本音楽史研究」（吉川英史先生還暦記念論文集『日本音楽とその周辺』所収）。

（2）林屋辰三郎『中世芸能史の研究』序説第三節。また、林屋氏は芸能史研究会創立一〇周年記念講演のなかで「一つには総合の視点、それから第二には比較という視点、それから第三には保存という視点を、今後の芸能史の研究の課題としていかなければならない」と述べておられる（「芸能史研究の課題」『芸能史研究』四二号所収）。

（3）林屋辰三郎氏は『中世芸能史の研究』序説第三節の補註（44）において、芸術史と芸能史の関係を表示したなかで音楽史を次のように位置づけておられる。

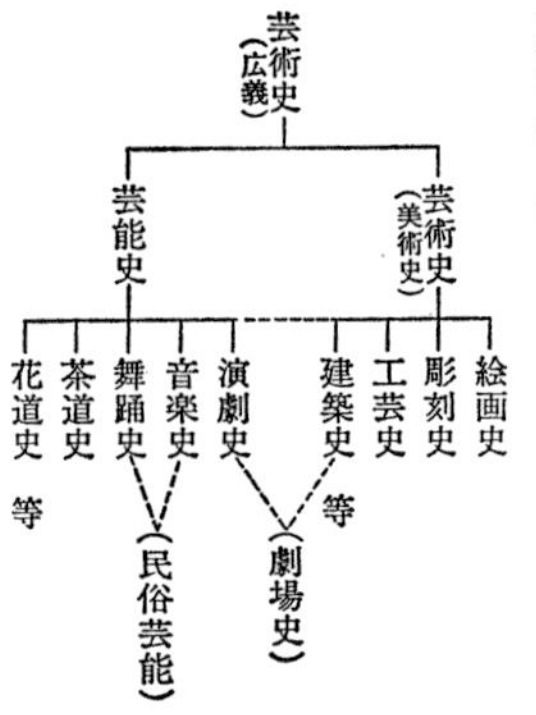

（4）田辺氏・伊庭氏のほか、吉川英史・岸辺成雄両氏も時代区分を試みておられるが、田辺氏・伊庭氏のものとさほど相違はない。

（5）『類聚三代格』巻四、加減諸司官員幷廃置事。

（6）第一部第四章でも触れるが、狛近真は『教訓抄』のなかで雅楽の衰退を嘆いている。

（7）民族音楽や民俗音楽の研究成果を利用し、縄文時代・弥生時代・古墳時代の音楽を究明することは、今後の日本音楽史の一課題といえよう。

（8）筒井英俊校訂『東大寺要録』供養章第三、開眼供養会。

（9）催馬楽・東遊びは、和様・唐様の折衷ともいえる音楽であるが、雅楽器は伴奏的役割をもち歌謡が主をなすものと思われる。

（10）第四期以降、『教訓抄』『続教訓抄』をはじめ多数の楽書が著わされるが、これらの楽書を研究することは、今後の日本音楽史におけるさしあたっての最大の課題であろう。

（11）「雅楽」の称に関して、岩橋小弥太氏は『芸能史叢説』のなかにおいて「雅楽の称は極めて近い頃になつて用ひられ始めたもので、古くは特殊の音楽を斥して称したものではない」と指摘されている。また、氏は古代の「雅楽」という言葉に関して「雅楽の雅字は二字の熟語にするために軽く添へたものに過ぎない」と述べられ、古代において「雅楽」とは何を意味していたかは指摘しておられない。さらに、岩橋氏は「雅楽」という称が用いられた時期については「極めて近い頃」とされ、「昔は単に音楽といひ、或は舞楽といつて、わりあひに広く鑑賞せられてゐたのであるが、能楽が盛になり、浄瑠璃・歌舞妓が興行せられたりして、これら外来の楽はたゞ上流社会のみの教養として保存維持せられるやうになつた。それで世上に汎く行はれてゐる芸能に対して、特に雅楽と呼ぶやうになつたのであらう」と述べられ、江戸時代である事を示唆しておられるが、実は古代末期・中世初期にすでにみられる。

(12) これらの使用例については一々挙げないが、国史や多数の日記類などにみられる。

(13) 『類聚三代格』巻四、加減諸司官員幷廃置事。

(14) 高野辰之編『日本歌謡集成』巻四、中古・近古編、第四、講式・声歌。

第一部　古代社会における音楽の役割

緒　言

日本の原始・古代社会の音楽に関して、東洋音楽学会の田辺尚雄氏は次のように述べておられる。(1)

一体原始的民族の中には早くより各種の楽器が使用されて居たものと、又た楽器の種類は極めて少なくて僅かに原始的なるもの数種に止まり、其代りに旋律の自由なる歌謡に富んで居るものとがある。前者を器楽的民族と呼び、後者を声楽的民族と呼ぶ。古代支那やエヂプトの如きは前者に属し、我が日本民族は後者に属して居る。それ故我邦の古代に於ては楽器の数は極めて少ない。之れとても悉く大和民族が将来したものとは思はれず、土着又は外来の他の人種に基くものが多く含まれて居る。

日本の原始・古代の音楽は、田辺氏が述べておられるように、まさに声楽を中心としたものであった。すなわち、歌謡や語りが重視されていたのである。日本音楽史の概略をながめても、第一期には古くから伝わる歌謡のほかに朝鮮・中国より外国の音楽が流入し、律令国家のなかで保護・育成され隆盛するが、第二期以降もその根底には一貫して歌謡が息づいている。また、第三期以降貴族の注目を集める田楽・猿楽・琵琶法師などの民衆の芸能においても、歌謡あるいは語りが重要な役割を担っていたのであり、能・人形浄瑠璃・歌舞伎などの中世・近世の諸芸能においても同様であったことは周知のとおりである。

日本古代の音楽を考察するにあたっては、このように歌謡の研究も進めなければならないが、歌謡を美学的・音楽学的にまた文学的に考察を加えることは容易ではなく、本書のなかで扱うことは不可能である。したがって、特に第一部では、日本古来の音楽についてはおもに楽器のことに触れている文献史料の分析によって、日本古代音楽史を究明することになる。また、外来の音楽においても、その美学的・音楽学的研究は他日を期することとし、楽器・楽舞名などがみられる文献史料によって考察を進めていくことにする。

注

(1)　田辺尚雄『日本音楽史』(雄山閣版)二二頁。

第一章　古代音楽の淵源

第一節　令制前の音楽

日本古代の音楽の中心をなす歌謡、またそれにともなう楽器の淵源を探るならば、言葉・言霊・神・琴を媒介とした神との対話などのごとき呪術的なものに行きつくであろう。そこで、本節では考古学的遺物・神話・古い歴史的事象に着目し、第一期令制以前の呪術性を含んだ日本古来の音楽について検討することにしよう。

一　考古学的遺物にみられる楽器

考古学的遺物に現われた楽器をみるうえでもっとも注意すべきことは、はたしてその遺物を楽器として確定できるか否かの判断であろう。これは埴輪にみられる楽器についてはさほど問題はないが、いわゆる遺物（楽器自体の遺物）として発見されたものに関してはそれについて常に考えねばならない。

まず、埴輪に現われたもの以外についてみてみよう。

琴については、静岡県登呂遺跡より発掘された木製の琴の胴がある。この遺物は、現在では木製の琴の胴としてほぼ定説化しているようで、五弦琴と考えられ、東洋音楽学会によって「登呂式やまと琴」の名称が与えられた。これにより、弥生時代に五弦琴が存在したことはほぼ誤りのないことと思われる。

また、昭和四十八年（一九七三）四月、千葉県木更津市菅生遺跡より五弦琴がほぼ原型のまま発掘された。(1) この五弦琴が発掘されたところは、地表から約三メートル下の褐色粘土質土層であり、その琴の形状は、長さ五五センチ、幅は最大五・五センチ、最小三・七センチのカマボコ型で、一番端には五本の弦を支えたとみられる五つの溝がギザギザ状についているものであった。その時期は、一応古墳時代後期（六世紀半ばから末）と推定されたのであるが、この発掘によって古来の楽器としての五弦琴の存在は確実となったといえよう。

さらに、昭和四十四年には宗像神社の沖津宮の祭祀遺跡から、長さ二七センチ、胴は二枚の板を合わせて鋲でとめられ、頭部は鴟尾にかたどられ龍角に五孔が穿たれた五弦琴の雛形が発見されている。(2) これがいつごろのものかは明白でないが、ともかくこの遺物により、神社における神事と琴とは古来より無関係でなかったことが明らかである。

また、昭和五十一年七月二十一日、滋賀県守山市の服部遺跡から古墳時代前期（約一五〇〇年前）のものと推定される木製の琴が出土した。琴は長さ一・二〇メートル、幅は片側が一六センチ、もう一方は二〇センチと〝先細り〟の形になっている。一枚板を底板にして、その上半分に厚さ一〇センチの角材をくり抜いて重ね合わせてあり、角材の内部は空洞で、底板の広い方の端には長さ約五センチ、幅約二センチの突起が六個並んでおり、琴糸を固定したらしい。琴が出土したのは約一二万平方メートルの広さをもつ同遺跡の東端、古墳時代前期の墓制といわれる方形・円形周溝墓が二〇基発見されたところで、その方形周溝墓の一つの溝から出土したという。この琴は、登呂遺跡や菅生遺跡などで発見されたこれまでの琴とは異なって箱状の共鳴装置をもった精巧なもので、のちにみる形象埴輪の楽器をひく人物像にみられる琴と形が酷似しているなど注目すべき点も多い。

次に、各地から出土がみられる弓筈状骨角製品について簡単に述べてみよう。

弓筈状骨角製品は、弥生時代から平安時代までのかなり長期間用いられたと考えられるもので、円錐状の縦長の本体（頂部・骨栓插入部・基部に分ける）に対して直角に穿たれた孔に棒状に加工された骨栓が插入され、基部に盲孔が穿たれた形態をもっており、(3)それによって弦楽器調節固定に使用されたのではないかとされているものである。しかしながら、これは実用されたものではなく、装飾的付属品として農耕社会において狩猟・漁撈的な性格をもった祭器として使用された遺物とみる見解もあり、(4)弓筈状骨角製品が当時の弦楽器の一部であったか否かは明白でない。

笛については、縄文時代晩期の土笛が秋田県北秋田郡鷹巣町藤株貝塚より二個出土している。これらは、現在天理参考館に所蔵されているが、その一つは長さ九・八センチ、中空で表裏に上下位置を異にしてそれぞれ一孔があけられており、他の一つは長さ七・二センチ、黒色磨研で中空、表裏に上下位置を異にしてそれぞれ一孔があけられている。(5)天理参考館には、ほかに岩手県二戸郡福岡斗米出土とされるものがあり、長さ一九・七センチ、厚さ六・二センチで中空、表裏にそれぞれ一孔上下位置を異にしてあけられている。これは縄文時代のものか否か明らかではないが、藤株貝塚出土の土笛に似ているという。(6)また、北海道函館市谷地頭の谷地頭貝塚から縄文時代の石笛が出土している。これは、長さ一四センチ、最大幅六センチでオットセイの形に似ている。幅一・二センチの三日月形の孔と直径一・五センチ、一・六センチのがそれぞれ一つ、計三つの孔があり、三孔がそれぞれ内部でつながっているという。材質は火山性の石のようであるらしい。(7)さらに、山口県下関市綾羅木郷台地遺跡から塤が発見されている。これについて、国分直一氏は次のように説明されている。(8)

器形は卵形であるが、上方に於いて、カーブがやや緩かになる。前面には入念にあけられた四孔、後面には位置から見て二孔があったと見られるが、一孔は、吹口を含む部分とともに完全に欠損している。破損部の損傷のあとは古く、しかも磨耗しているので、破損のために遺棄されたものであろう。復原した上で、測定するに、全長ほぼ七・六センチ、最広部の径六・四五センチを示している。指孔（あるいは音孔とよんでもよい）は焼成前にあけられたもので、前面のそれらは〇・七センチ乃至〇・八センチ、後面の残孔の孔径は〇・七センチ。中空の内面はなめらかに調整されたと見られるが、外側は一部を残して、ほぼ全面にわたって、浸蝕による表面の剝脱が見られる。そのために、胎土中の石英粒が浮び上っている。これを陶塤としたのは、中国古代の陶塤にその形と指孔の状況が酷似していることによるものである。

塤は土を焼いて作った吹奏楽器である。綾羅木郷台地遺跡出土の塤は、弥生時代前期の貯蔵用とみられる竪穴から発見され、弥生時代のものと考えられている。

これらの遺物の発見によって、縄文・弥生時代には石笛・土笛・塤が存在していたことが明らかである。

縄文式土器の用途についてはさまざま考えられているが、そのなかには縄文中期のある種の土器が太鼓に使用されたとする山内清男氏の説がある。山内氏は外国の場合の例との比較のうえで考えられたようであるが、日本の場合この土器は縄文中期の勝坂式土器などで、その形状は口縁が平らで突起がなく頸部に一〇個くらいの小孔が開きその直下に隆帯一条があり、その器形は深鉢形か壺形である。そして、これに皮膜を張り、孔に栓をして止められたといわう。(9) また、このような太鼓と考えられる土器は縄文中期の終末であるいは後期の始めまでみられるという説は、必ずしも一般に支持されるまでに至っていないようであるが、一応注目すべき見解である。

このほか、楽器として使用されたと考えられるものに銅鐸がある。田中琢氏は、その形態の変遷に基づいて、「聞く銅鐸」から「見る銅鐸」へ変化することを述べて[10]おられ、本来は楽器の機能を有していたことは一般に認められているようである。しかし、音をだすには、なかにある舌を動かしたのか、あるいは銅鐸そのものを動かしたのか、銅鐸を何かでたたいたのか明らかではない。また、いかなる目的で銅鐸を鳴らしたのかも解明されていない。

次に、埴輪にみられる楽器について検討していくことにしよう。

琴をもつ埴輪は、腰をかけて琴をひく男子の埴輪が群馬県前橋市朝倉より出土したのをはじめ、ほとんどのものが群馬・栃木・茨城などの関東地方から発見されている。[11]しかも、これらの琴はほぼ五弦琴であったことが知られている。これらの埴輪の年代は、古墳時代中期後半から後期のものであるらしいが、この注目すべき事例によって、登呂遺跡・菅生遺跡・服部遺跡から発掘された琴を考えあわせるならば、弥生時代から古墳時代にかけて、明らかに東日本を中心として五弦琴が存在していたことが確認できる。

埴輪にみられる楽器としては、琴のほかに、太鼓と桴、のちの鼓と思われる壺、縄文・弥生時代の石笛・土笛・埙を想起させるような笛的な楽器として用いたと考えられる壺、四つ竹（扁平な竹片を両手に二個ずつもち、手を開合して打ちならす素朴な打楽器）に似た割り竹、そして脚結・帽子・鏡・馬などに飾られた金属製の鈴が知られる。

また、装飾品として使用されたと思われる石製の琴柱形製品が三重県上野市才良石山古墳、静岡県磐田市東貝塚松林山古墳などから[12]多数発掘されている。

これらの遺物から日本の令制以前に存在した楽器をまとめると、それが日本固有のものか外来のものかという困難な問題は別として、一応、琴（五弦琴）・笛（土笛・石笛・埙・壺を笛のように吹いたもの）[13]・太鼓・割り竹・鈴・鼓的に使用した壺・銅鐸などがあったと考えられる。[14]

また、これらの楽器を時代別にみると、縄文時代には笛（石笛・土笛）・鼓的に使用した可能性が考えられる土器があり、弥生時代には琴・埙・銅鐸、古墳時代には琴・太鼓・割り竹・鈴・鼓的に用いた壺・笛的に用いた壺が存在していた。考古学的遺物として発見されている楽器は以上のようなものであるが、これらの考察から特に古墳時代に入り楽器の種類が多くなることを一つの特徴として捉えることができる。しかしながら、次に述べる文献史料の考察によっても知られるように、これらの楽器のなかで音楽を生みだすものとして長い間明らかに実用化されていたと思われるものは、笛・鼓・琴という限られたものであった。しかも、これらの楽器にしても、その役割は歌舞の補助的な傾向が強かったと考えられる。

二　『古事記』『日本書紀』『風土記』にみられる音楽

まず、『古事記』にみられる音楽について検討していくことにしよう。

『古事記』の序には、神倭天皇すなわち神武天皇が「賊」「仇」を征服したときのことに触れて次のように述べている。

神倭天皇経二歴于秋津島一。化レ熊出レ川、天剣獲レ於二高倉一、生レ尾遮レ姪、大烏導レ於二吉野一。列レ儛攘レ賊、聞レ歌伏レ仇、即覚レ夢而敬二神祇一。

ここにみられる歌舞は、賊徒を平定するときに皆がそろって舞を舞い合図の歌を聞いてこれにあたったというものである。もちろん、この話は神話として受けとめるべきものであるが、このなかから原始・古代社会における歌舞の機能の一形態を窺うことは可能である。すなわち、『古事記』の序では、同書編纂の経過が太朝臣安万侶によって記されているのであるが、初代天皇とされる神武天皇の国造りの第一歩としての賊徒征伐に歌舞の力があったかのように描かれており、このことから、安万侶らが戦闘勝利あるいは国造りに歌舞の役割を重視していたことが窺われるとともに、原始・古代社会において実際に戦闘勝利を祈願して歌舞が行なわれたと察せられよう。

序には、ほかに天武天皇と大友皇子との戦いに触れたなかに、

乃放レ牛息レ馬、愷悌帰レ於二華夏一、巻レ旌戢レ戈、儛詠停レ於二都邑一。

とあり、戦闘勝利の舞詠がみられる。もっともこの場合もきわめて潤色が濃く、この舞詠も美辞麗句の一つとしてとらえる方が適切かとも思われるが、『日本書紀』天武天皇四年（六七五）二月乙亥朔条に「勅二大倭、河内、摂津、山背、播磨、淡路、丹波、但馬、近江、若狭、伊勢、美濃、尾張等国一曰、選二所部百姓之能歌男女、及侏儒伎人一而貢上」とあり、同十四年九月戊午条に「是日、詔曰、凡諸歌男、歌女、笛吹者、即伝二己子孫一令レ習二歌笛一」などとあるように、天武朝に歌舞の記事が集中していることを考えるならば、このとき戦闘勝利の舞詠が現実になされたことが考えられよう。

この序文では、まず乾坤開かれてのちの神武天皇よりおよそ允恭天皇までの事跡に触れ、序第二段において、これらを受け継ぐべき天武天皇の事跡をあげ『古事記』撰録の発端を述べているわけであるが、国造りの始めとしての神武天皇の事跡、そしてこれを正統に継承した第二の国造りとでもいうべき天武天皇の事跡のなかに、ともに歌舞が重要な役割をもってみられることは注目すべき点である。

ついで本文を見ると、歌舞については祈願的・呪術的なもののほかに、まず『古事記』下巻清寧天皇条の天皇崩御後の二皇子発見のところでは、「楽《うたげ》」における余興的な歌舞を見出すことができる。また、同下巻允恭天皇崩御後の

軽太子と穴穂皇子の争いのところで、穴穂皇子が軽太子の逃げこんだ大前・小前宿禰の家を囲んで、折しも氷雨の降ったときに歌を歌うのであったが、これらの様子は次のように描かれている。

於レ是穴穂御子、興レ軍囲二大前小前宿禰之家一。爾到二其門一時、零二大氷雨一。故、歌曰、意富麻幣、袁麻幣須久泥賀、加那斗加宜、加久余理許泥、阿米多知夜米牟。爾其大前小前宿禰、挙レ手打レ膝、儛訶那伝自レ訶下三字以レ音、歌参来。

これによると、舞を舞うときは歌を歌い、その舞の仕種は手を挙げあるいは膝を打つという歌舞の様が知られる。これは歌舞の一般的なあり方を伝えるものであったと思われる。

『古事記』では歌舞のほかに琴に関する神話が多数あり、特に重要である。上巻には、大国主命が八十神を避け根国を訪問し、そこから須世理毘売を背負って逃げるときに、その大神の持っていた生大刀や生弓矢とともに天の詔琴を取り持ってくるという話がある。それは次のように述べられている。

爾握二其[大]神之髪一、其室毎レ椽結著而、五百引石、取二塞其室戸一、負二其妻須世理毗売一、即取三持其大神之生大刀与二生弓矢、及其天詔琴一而、逃出之時、其天詔琴払レ樹而、地動鳴。

この場合、天の詔琴は生大刀・生弓矢とともに国の支配者となるために必要なものであり、生大刀・生弓矢によって武力的支配を、天の詔琴によって呪的・宗教的支配を身につけることを意味していた。天の詔琴について、日本古典文学大系『古事記・祝詞』の頭注において、倉野憲司氏が、

「天の」は美称、「詔琴」は託宣の琴の意で、神懸りの際には琴が用いられた。従ってこの琴は宗教的支配力を象徴したものと解すべきである。（下略）

と述べられているのは(15)、次にみていく諸例からいっても琴のもっとも重要な機能の一側面を指摘されたものである。

ようするに、琴は古代において神懸りへの手段として神事的に重要な楽器であった。

これについて、さらに例をあげて考察してみよう。

『古事記』中巻の神功皇后の新羅征討のところにおいて、仲哀天皇が熊襲を撃たんとして神の命を給わんと自ら琴をひくところがあるが、それは次のように描写されている。

其大后息長帯日売命者、当時帰レ神。故、天皇坐二筑紫之訶志比宮一、将レ撃二熊曽国一之時、天皇控二御琴一而、建内宿禰大臣居レ於二沙庭一、請二神之命一。於レ是大后帰レ神、言教覚詔者、西方有レ国、金銀為レ本、目之炎耀、種々珍宝、多在二其国一、吾今帰二賜其国一。爾天皇答白、登二高地一見二西方一者、不レ見二国土一、唯有二大海一。謂二為レ詐神一而、押二退御琴一不レ控、黙坐。爾其神大忿詔下凡茲天下者、汝非二応レ知国一、汝者向中一道上。於レ是建内宿禰大臣白三恐我天皇、猶阿二蘇婆勢其大御琴一。自レ阿至レ勢以レ音。爾稍取二依其御琴一而、那摩那摩邇此五字以レ音。控坐。故、未二幾久一而、不レ聞二御琴之音一。即挙レ火見者、既崩訖。

ここでは、仲哀天皇が神より下された託宣が誤っているとして、「詐を為す神」といって御琴をひくのをやめてしまうのであるが、これが神の怒りをかい、仲哀天皇はそのために亡くなってしまう。この場合も琴は明らかに神の託宣を窺うための神懸りの手段として使用されている。

また、下巻雄略天皇の吉野への行幸において、天皇が琴をひいて童女が舞ったときに詠んだ歌に次のようなものがある。

阿具良韋能、加微能美弖母知、比久許登爾、麻比須流袁美那、登許余爾母加母。

この「加微能美弖母知」とは「神の御手もち」で、琴を弾ずる人間と神とが二重写しになって描写されていると考えられ、神が人間のなかに宿ることを、あるいは人間が神懸りすることを示していると思われる。ここでも琴の果たす神事的役割を見出すことができる。

これらのほかにも、たとえば下巻仁徳天皇のところでは、

此之御世、免寸河之西、有二一高樹一。其樹之影当二旦日一者、逮二淡道島一、当二夕日一者、越二高安山一。故、切二是樹一、以作レ船、甚捷行之船也。時号二其船一謂二枯野一。故以二是船一、旦夕酌二淡道島之寒泉一、献二大御水一也。茲船破壊以焼レ塩、取二其焼遺木一、作レ琴、其音響二七里一。

とあり、枯野という船の焼け残りで作った七里まで響くという不可思議な琴の話がみられる。

さてそれでは、これらの琴のもつ神秘性と楽器としての特性とを考えると、それは琴のもっている音色というよりは弦の響きにあったようである。たとえば、先の大国主命が根国より逃げてくるときに持ってきた琴が樹に触れると「地動《つちとよ》み鳴」ったという話や、枯野という船の焼き残りで作った琴が七里まで響く話、あるいは清寧天皇の二皇子発見のところでは「如レ調二八紘琴一、所レ治二賜天下一」と述べられていることなどは、琴における弦の響きを重要なものとしていることを示している。ここで、このような弦の響きを重視する琴の演奏法と神秘性について考えてみることにしたいが、その前に琴の種類・材料などについて述べておこう。

琴は史料上では、「天詔琴」「御琴」「八紘琴」などという名称をもって現われている。「八紘琴」という名称から考えると、あるいは八弦琴の存在したことも考えられるが[16]、第二期以降に多くみられる和琴は六弦琴であり、『隋書』倭国条では「楽有二五弦琴笛一」と記され[17]五弦琴がみられる。とくに五弦琴は、先に述べたように登呂遺跡や菅生遺跡・服部遺跡から発見された琴、あるいは埴輪にみられる琴により、古くからわが国に存在していたことは明白である。と

もかく、数種類の琴が存在していたと推測されるが、これらの琴が同時に同地域に存在したのか、あるいは同時期でも地域的に異なっていたのか、あるいは時代的変遷により弦の数が変化してきたものなのか明らかではない(18)。しかし、第二期以降には、外来の琴は別として、ほとんど和琴のいわゆる六弦琴しかみられないようになる。おそらくは令制の成立前後に、日本古来の琴は和琴の六弦琴として整えられていったと考えられる。

次に、これらの琴は何を材料として作られていたかというと、『日本書紀』継体天皇七年九月条の春日皇女の歌のなかに、竹の「謨等等陛《もととへ》」すなわち根本の方の意であろうが、これで琴を作ったとある。また、『古事記』仁徳天皇条の枯野という船の焼け残りで琴を作った話や、登呂遺跡・菅生遺跡・服部遺跡出土の木製の琴から、木によっても作られていたと考えられる。

さて、これらの琴の演奏法であるが、史料には「控く」「弾く」「撫く」と記されており、これらの「控」「弾」「撫」はすべて「うつ」「たたく」という意味をもっていることから、また和琴がまさに琴軋《ことさき》（べっ甲でできた小型のへら状のもの）ではじくことから推測して、これらの琴はおそらく琴軋のようなもので「かき弾」かれたものと考えられる。そして、この琴の演奏法が琴の神秘性と重要なかかわりをもっていたと思われるが、この奏法を和琴を例にとってさらに詳細にみていくことにしよう。

和琴は六弦よりなっているが、その奏法を大別すると、かき手と弾き手に分けることができる。かき手の場合は、一弦より六弦へ六弦より一弦へかく二通りあるが、いずれの場合もかき鳴らすとともに五本の弦の音を指で消して、一本の音のみを残すのである。弾き手の場合は、左手あるいは右手によって一本一本の弦を弾き鳴らすのである(19)。このかき手と弾き手とあるなかでも、かき手がより琴の神秘性を表現し得たように考えられる。すなわち、六弦をザーとかき鳴らし、一本の音のみをブーンと残したそのかすかな響きに神秘性を感じていたと思われる。鎮魂や神占いなどにはこの奏法によっていたらしく、実際に出雲大社では神事に神依板という弦のはっていない琴のようなものをたくということであるが[20]、古くは弦をはった琴によって音をだしていたと推測される。また、平安時代には天皇の入浴・病気、皇子の誕生などのとき、鳴弦の儀といって弦を引き鳴らすという儀式が存在していた。このように、鎮魂・神占いなどには、琴の弦の響きあるいはこれに類する響きは欠くことのできないものであった。

『古事記』に現われている琴は、このような奏法により多く神事に使用されるところであった。

『古事記』では、琴に関してこれらのほかに歌舞にあわせて琴を弾いたことが述べられている。たとえば、下巻仁徳天皇のところで、女島において「豊楽《とよのあかり》」したとき、天皇が雁の卵を生んだ祥瑞を武内宿禰に問うが、それに答えて武内宿禰は次のように歌ったという。

多迦比迦流、比能美古、宇倍[志]許曽、斗比多麻閇、麻許曽邇、斗比多麻閇、阿礼許曽波、余能那賀比登、蘇良美都、夜麻登能久邇爾、加理古牟登、伊麻陁岐加受。如レ此白而、被レ給二御琴一歌曰、那賀美古夜、都毗爾斯良牟登、加理波古牟良斯。此者、本岐歌之片歌也。

このとき二つの歌が歌われたが、最初の歌は前置きのようなもので、次の歌で神の皇子としての永遠の支配者を約束する天皇を寿《ことほ》ぐ歌を琴を用いて歌っており、寿ぎ歌の効果を琴によって一層高めている。このほかにも、先にもみた下巻雄略天皇吉野行幸のとき、自ら琴を弾いて歌を歌い童女が舞を舞ったという話があるが、ここにおいても琴は歌の効果を高める伴奏としての役割を担っていたのである。

『古事記』においては、歌舞や琴のほかに鼓もみられるが、これは『日本書紀』の鼓のところで扱うことにしたい。

ついで、『日本書紀』における音楽についてみていくことにしよう。

『日本書紀』にみられる琴の史料は、『古事記』と重複しているものもあるが、これについては省略して考えることにする。まず、神功皇后摂政前紀三月壬申朔条には次のような興味深い話が伝えられている。

皇后選㆓吉日㆒入㆓斎宮㆒、親為㆓神主㆒。則命㆓武内宿禰㆒令㆓撫琴㆒、喚㆓中臣烏賊津使主㆒為㆓審神者㆒。因以㆓千繒高繒㆒置㆓琴頭尾㆒、而請曰、先日教㆓天皇㆒者誰神也。願欲㆑知㆓其名㆒、逮㆓于七日七夜㆒、乃答曰、（下略）

ここでは、神功皇后が斎宮に入り神主となり、武内宿禰に琴を弾かせて、仲哀天皇に託宣をくだした神の名を問うために七日七夜祈願したというのであり、琴はやはり神と人間との対話の手段、媒介物として考えられていた。

次の史料では、まさに神懸りの手段として琴が現われている。すなわち、同じく神功皇后摂政前紀十二月戊戌朔辛亥条の割注にみられる「一云」のところでは次のように記されている。

一云。足仲彦天皇居㆓筑紫橿日宮㆒。是有㆑神、託㆓沙麼県主祖、内避高国避高松屋種㆒、以誨㆓天皇㆒曰、御孫尊也、若欲㆑得㆓宝国㆒耶、将現授之。便復曰、琴将来以進㆓于皇后㆒、則随㆓神言㆒、而皇后撫㆑琴。於㆑是、神託㆓皇后㆒、以誨之曰、（下略）

また、雄略天皇十二年十月癸酉朔壬午条では、琴のもつ霊験不可思議な様を示している。すなわち、木工闘鶏御田が楼上にて疾走するために、下でみていた伊勢采女が卒倒してしまい、天皇はこれを御田の采女を犯したとして疑うが、秦酒公が琴を弾き歌を歌い進言したことによって御田を許したというものである。

天皇命㆓木工闘鶏御田㆒、一本云、猪名部御田、蓋誤也。始起㆓楼閣㆒。於㆑是御田登㆑楼、疾㆓走四面㆒、有㆑若㆓飛行㆒。時有㆓伊勢采女㆒、仰観㆓楼上㆒、恠㆓彼疾行㆒、顛㆓仆於庭㆒、覆㆓所㆑擎饌㆒。饌者、御膳之物也。天皇便疑㆔御田姧㆓其采女㆒、自念㆑将㆑刑、而付㆓物部㆒。時秦酒公侍坐。欲下以二琴声一使上悟二於天皇一、横レ琴弾曰、（中略）於レ是、天皇悟二琴声一、而赦二其罪一。

ここでは、秦酒公が天皇の誤りを琴のもつ音でいさめようとしたものであり、天皇はこの琴の音を聞いて御田の罪を許したのである。これにより、明らかに「琴声」という琴のもつ弦の響きを、当時の人々は不可思議な神秘的なものと考えていたことを知り得るのである。

また、允恭天皇七年冬十二月壬戌朔条には、

讌二于新室一。天皇親之撫レ琴。皇后起儛。儛既終而不レ言二礼事一。（下略）

とあり、「新室」の「讌」において天皇が自ら琴を弾き皇后が舞ったことが記されており、『古事記』の伝えと同様に琴の神事的役割のほかに琴の宴飲における余興的役割を知ることができる。

ここで琴の演奏者について注意しておかねばならない。『古事記』『日本書紀』のなかにおいて琴を弾いていた人々は、すでにみてきたことから知られるように、天皇・皇后・皇太子・武内宿禰・秦酒公といった人々であった。すなわち、政治的権威や宗教的権威をもつ人々が琴を使用していたのである。このことから、大和国家のある時期において、琴は神聖な楽器として考えられていたと推測できるのである。

『日本書紀』に多くみられる楽器のなかで次に考えねばならないものは鈴である。履中天皇の妃となるべき黒媛を仲皇子があざむいて一夜をともにするという履中天皇即位前紀にみえる話のなかに鈴が現われている。

（上略）遣二住吉仲皇子一而告二吉日一。時仲皇子、冒二太子名一以奸二黒媛一。是夜、仲皇子忘二手鈴於黒媛之家一而帰焉。明日之夜、太子不レ知二仲皇子自奸一而到之。乃入レ室開レ帳、居二於玉床一。時床頭有二鈴音一。太子異之、問二黒媛一曰、何鈴也。対曰、昨夜之非二太子所レ齎鈴一乎。何更問レ妾、太子自知三仲皇子冒レ名以奸二黒媛一、則黙之避也。（下略）

ここでは、仲皇子が黒媛と一夜をともにしたとき手につけていた鈴を忘れてしまうのであるが、翌日履中天皇が来てその鈴をみつけて黒媛に問うたところで「何鈴也」と尋ねているのをみると、この当時の男は鈴を常に身につけていたのではないかと思われる。このことは、『古事記』下巻允恭天皇条、穴穂皇子が軽太子を大前・小前宿禰の家に囲んだときに大前・小前宿禰が舞いながら歌った、

美夜比登能、阿由比能古須受、淤知爾岐登、美夜比登々余牟、佐斗毗登母由米。

の歌によっても窺える。それによると、宮人は脚に結ぶ紐に小さな鈴をつけていたようであり、これは何を意味するかよくわからないが、おそらくは装飾品であるとともにその澄んだ鈴の音によって悪霊を払うという魔よけであったのであろう。(21) ともかくも、この鈴はいわゆる音楽的に使用されたものではないようである。

次に、『日本書紀』にやはり多く現われている鼓についてみよう。

同書には、鼓・鼓吹・金鼓・建鼓・鼓鉦・鍾鼓・鉦鼓などと見出されるが、鍾鼓とは漏尅のいわゆるかねであり、鉦鼓・金鼓・鼓鉦はいずれも太鼓と鐘のことであり、鼓吹は太鼓と笛の類、建鼓は太鼓の一種、鼓は太鼓のことである。鼓として単独には、それほど多く現われていない。また、これらの鼓のほとんどの場合は軍楽としての太鼓であるが、二、三異なって使用されている例がみられる。たとえば、神代上(四神出生)では、

一書曰。伊弉冊尊、生二火神一時、被レ灼而神退去矣。故葬二於紀伊国熊野之有馬村一焉。土俗祭二此神之魂一者、花時亦以レ花祭。又用二鼓吹幡旗一、歌舞而祭矣。

とあり、伊弉冊尊を祭るのに鼓と吹が用いられている。これは喪礼における鼓吹であるかのようであるが、実は死者への追善儀礼と考えられ、この鼓吹とは外来の音楽のいわゆる鼓吹を示すのではなく、日本古来の笛と鼓を示してい

ると思われる。また、天武天皇十二年（六八三）六月丁巳朔己未に大伴連望多が薨じたときに鼓吹が発せられたことについて、

大伴連望多薨。天皇大驚之、則遣二泊瀬王一而弔之。仍挙二壬申年勲績及先祖等毎レ時有功一、以顕寵賞。乃贈二大紫位一、発二鼓吹一葬之。

と記されているが、これは令制に定められた喪礼の際の鼓吹であり、いわゆる外来系の鼓吹である。

日本古来の鼓については、『常陸国風土記』逸文の比佐頭条（『塵袋』所引「常陸国記云」）に「採二大谷村之大榛一、本材造レ鼓、末材造レ琵俗云二比佐頭一ト云ヘリ」とあり、榛をもって鼓を作ったと述べられていること、『日本書紀』神代上の宝鏡開始のところに「又猿女君遠祖天鈿女命、則手持二茅纏之矟一、立二於天石窟戸之前一、巧作俳優。亦以二天香山之真坂樹一為レ鬘、以レ蘿蘿、此云二比舸礙一。為二手繦一手繦、此云二多須枳一。而火処焼、覆槽置覆槽、此云二于該一。顕神明之憑談。顕神明之憑談、此云二歌牟鵝可梨一。」とあり、天鈿女命が天岩屋戸において「覆槽《うけ》」を踏みならしたと言い伝えられていること、さらに同神功皇后摂政十三年春二月癸酉条では武内宿禰の答歌のなかで「許能弥企塢、伽弥鶏武比等破、曽能菟豆弥、于輪珥多氏氏、于多比菟菟、伽弥鶏梅伽墓、許能弥企能、阿椰珥、于多娜濃芝、作沙」と歌っていることなどから、その形状は臼のような桶のようなもので、胴体は木または土によって作られ、胴体をたたくかあるいは皮を張ってたたくことによって音をだしていたと思われる。

これらの鼓が楽器としてどのような働きをもっていたのか考えてみると、軍楽としての鼓吹の鼓の示す働きは、単に儀仗的なものではなく、戦闘時には、人間の力を鼓舞し人間を積極的に促すものであり、喪礼の際に行なわれる鼓は外来のものも日本古来のものも、元来は死んだ人の衰亡した生命力を振り起こそうとする積極的な意味をもって

いた。(22) しかしながら、伊弉冊尊を祭った追善儀礼における日本古来の鼓においては亡魂の鎮息という役割を有していたのである。

次に、『日本書紀』にみられる歌舞について簡単にみていこう。

まず、先に引用した神代上（四神出生）の伊弉冊尊を祭ったときの歌舞がある。これは死者追善の儀における歌舞と思われる。また允恭天皇四十二年春正月乙亥朔戊子条には、「天皇崩。時年若干。於レ是、新羅王聞二天皇既崩一、而驚愁之、貢二上調船八十艘、及種種楽人八十一。是泊二対馬一而大哭。到二筑紫一亦大哭。泊二于難波津一、則皆素服之。悉捧二御調一、且張二種種楽器一、自二難波一至二于京一、或哭泣、或歌儛、遂参二会於殯宮一也」とあり、允恭天皇崩御のおりに新羅王の貢上した楽人が種々の楽器とともになした喪礼における歌舞がみられる。さらに、皇極天皇三年七月には「東国不尽河辺人大生部多、勧二祭レ虫於村里之人一曰。此者常世神也。祭二此神一者、致レ富与レ寿。（中略）都鄙之人、取二常世虫一。置二於清座一、歌儛、求レ福棄二捨珍財一。都無レ所レ益、損費極甚」とあり、東国で起こった常世神への信仰の歌舞が見出される。

『日本書紀』のなかには、このほかに笛あるいは鼓吹の笛(23)がみられるが、笛とは多くは日本古来のものを示し、鼓吹とは外来のいわゆる鼓吹を示していると考えられる。笛として現われている例は、継体天皇二十四年是歳条の毛野臣の喪礼のときその妻の歌のなかに「比攞哿駄喩、輔曳輔枳能朋楼、阿符美能野、愷那能倭倶吾伊、輔曳符枳能朋楼」とあるものなどがそれであり、この笛は土俗的な日本古来のもので喪礼に使用されたものである。この笛が何によって作られ、横笛であったか縦笛であったかは明確に知り得ないが、日本古来の笛は先に考察したように土や石によって作られたものと竹によるものの両方が存在していたと考えられ、特に竹の笛にはその太さ長さの異なった数種類のものがあったと思われる。大陸より伝来した鼓吹の笛の場合は、鼓のところで述べたように多くは軍楽として用いられ、令制成立後には喪礼にも使用されるところであった。

これをもって、『古事記』『日本書紀』における音楽に関する考察を終え、続いて『風土記』にみられる楽器を中心とする音楽についてみていくことにしよう。

まず琴から検討すると、『常陸国風土記』行方郡条に、天の鳥笛とともに天の鳥琴が次のように現われている。

俄而建借間命大起㆓権議㆒、校㆓閲敢死之士㆒、伏㆓隠山阿㆒、造㆓備滅㆑賊之器㆒、厳餝㆓海渚㆒、連㆑船編㆑筏、飛㆓雲蓋㆒張㆓虹旌㆒、天之鳥琴、天之鳥笛、随㆑波逐㆑潮、杵島唱曲、七日七夜、遊楽歌儛。于㆑時賊党聞㆓盛音楽㆒、挙㆑房男女、悉尽出来、傾㆑浜歓咲。

天の鳥琴とはいかにも神のもつ琴を思わせるが、この伝承では琴と笛をもって杵島唱曲を七日七夜にわたって楽しみ遊び歌舞したという。

このほか『風土記』にみえる琴に関する史料はいくつかあるが、それらはすべて琴のつく地名を説明したなかに現われている。『出雲国風土記』飯石郡条には、琴引山を説明して、

琴引山　郡家正南卅五里二百歩。高三百丈、周〔一〕十一里。古老伝云(曰)、此山峰有㆑窟。裏所㆑造㆓天下㆒大神之御琴。長七尺、広三尺、厚一尺五寸。又有㆓石神㆒。高二丈、周四尺。故云㆓琴引山㆒。〔有㆓塩味葛㆒〕

と記され、神が琴を弾く姿に似ていることから琴引山の名がついたという。また、『播磨国風土記』餝磨郡条では琴神丘について次のように述べられている。

昔大汝命之子火明命心行甚強。是以父神患之、欲㆓遁棄㆒之。乃到㆓因達神山㆒。遣㆓其子㆒汲㆑水、未㆑還以前、即発船遁去。於㆑是火明命汲㆑水還来、見㆓船発去㆒、即大瞋怨。仍起㆓風波㆒追㆓迫其船㆒。於㆑是父神之船不㆑能㆓進行㆒。遂

被二打破一。所以其号二波丘一、琴落処者、即号二琴神丘一（下略）

すなわち、大汝命はその子火明命の強情で行ないが荒々しいことを憂えて船で逃れようとするが、火明命に発見され波風を起こされて難破してしまい、このとき琴が落ちた所を琴神丘と名付けられたという。この話によると、琴は大汝命が所有していたことが知られる。同じく『播磨国風土記』揖保郡条には、琴坂という名の所以についての説明がみられる。

所三以号二琴坂一者、大帯比古天皇之世、出雲国人息二於此坂一。有三一老父与二女子一。倶作二坂本之田一。於レ是出雲人欲レ使レ感二其女一、乃弾レ琴令レ聞。故号二琴坂一。

これによると、景行天皇のとき出雲の国の人がそこに老父とともに住んでいた娘の心を動かそうと琴を弾いて聞かせたことにより琴坂と名付けられたという。この話において多少注意をとどめておきたい点は、出雲の国の人が琴を奏したということであり、さらに琴を出雲の国の人が持ち歩いていたのか否かということも、この琴の形状を知るのには興味深い点である。また、『肥前国風土記』神埼郡条に琴木の岡という地名がみられるが、これを説明して次のように述べられている。

此地平原元来無レ岡。大足彦天皇勅曰、此地之形、必可レ有レ岡。即令二郡丁一起二造此岡一。造畢之時、登レ岡宴賞、興闌之後、竪二其御琴一、々化二為樟一。高五丈、周三尺。因曰二琴木岡一。

すなわち、元来この地には岡がなかったが、景行天皇が人民に岡を造らせ、そこで音楽の遊びをし、そののち琴を立てたところ楠木になってしまったために琴木の岡といったということである。さらに、『風土記』逸文、伊賀国にみえる唐琴条には「大和・伊賀ノ堺ニ河アリ。中嶋ノ辺ニ神女常ニ来テ琴ヲ鼓ス。人恠テ見之、神女琴ヲ捨テウセヌ。此琴ヲ神トイハヘリ。故ニ其所ヲ号シテカラコト、云也」とある。この史料は残念ながら『風土記』の記事とは認めがたく、[24] 参考として日本古典文学大系本には載せられているものであるが、この土地を唐琴といい単に琴といわなかったのは興味深い。

このように『風土記』には琴の地名をもつ土地がかなりみられるが、その地域は出雲・播磨・肥前・伊賀のごとく西国であり、天の鳥琴という特殊な琴は東国の『常陸国風土記』にみられる。このことを、五弦琴は東日本を中心に分布していたとする先の考古学的考察と考え合わせるならば、西日本に存在していた琴と東日本に分布していた琴とはその種類を異にしていたと考えることもできよう。

『風土記』にみられる琴の記事からいくつかのことを考えたが、琴とは神の所有しているものであり、神事的に使用されていたことが知られた。また、神事的なものと必ずしも区別できないが、余興的宴飲歌舞にも用いられていた。

『風土記』には琴のほかに歌舞の記載もみられるが、これもやはり神事的なものであり余興的なものであった。笛については天の鳥琴とともに現われている天の鳥笛があり、鈴については『風土記』逸文、伊賀国のところに「猿田彦神女、吾娥津媛命、日神之御神、自二天上一投降給之三種之宝器之内、金鈴知之守給」とあり、三種の宝器のなかに金の鈴が含まれていることから、笛も鈴も神聖なものとして考えられていたことが知られるのである。

『古事記』『日本書紀』『風土記』にみられる記事は必ずしも当時の実態と思われないものもあるが、[25] 以上の考察からわが国の音楽の一淵源を探ることは可能であろう。

最後に、第一期令制以前の日本古来の音楽の形態、あるいはそこに存在していた楽器とその機能などについてまとめてみよう。

まず第一に、音楽の形態をみると、その中心になるのは言葉であり、これに抑揚などが加わり音楽的になったものが歌謡であった。歌謡については、先にも述べたような理由からここでは触れなかったが、歌謡が一定の抑揚・アクセント、あるいはリズムをもって歌われたことは疑えぬ事実であろう。そして、舞もまた歌謡にともなう中心的なものであったが、琴・笛・鼓などの楽器は、一般的には歌謡・舞、あるいは言葉の効果を高める伴奏的な存在であった。

第二に歌舞について考えると、その発生は天鈿女命の天岩屋戸における乱舞のごとき神懸り的仕種、『古事記』の序にみられるような戦闘をめぐっての勝利への祈願・服属の象徴、さらに宴飲などにおける余興、あるいは喪礼・追善儀礼などに求めることができるが、いずれの場合も神事につながりをもつものであり、わが国における歌舞の発生の重要な要因の一つを神事に求めることができる。

第三に、この時期に存在していた楽器は、すでに述べたように、琴・笛・鼓・鈴・割り竹・銅鐸であった。

第四にこれらの楽器の用途・機能を考えると、これらは一応すべてその発生は神事的なものと関りがあるが、特に琴の場合は神事的に重要な機能を果たしていた。また、琴・笛・鈴は神の所有するものでもあるという古代人の意識を窺うことができる。琴・鼓・笛などの楽器は、歌舞の伴奏として余興的によく用いられるところであった。笛や鼓などはさらに、喪礼や死者への追善儀礼にも奏されたのであるが、これらの楽器はわが国に古くから存在したものと考えられ、令制の成立におよんで、いわゆる外来の鼓吹が喪礼に用いられるようになる。

第五に演奏者についてみると、第一期令制前の早い時期においてはかなり自由に歌舞や奏楽がなされたであろうが、時代が下ると特に琴の場合は、その機能の特殊性により、多くは政治的権威者、巫女的要素を備えた呪術者、あるいはこれらに類する人々といった社会の上層の者が使用していたのであり、土俗的にはあまり用いられるところではなかったと思われる。

第六に、日本古来より伝わる音楽のもっとも重要な場としての神事において、音楽は根本的な機能として、神霊を振り起こすという機能をもち、喪礼と追善儀礼の場においては死者の蘇生と亡魂の鎮息という相反した二つの機能をもっていたと考えられる。すなわち、古代において、死の観念は生命力の衰亡の結果であるというものと霊魂の遊離だというものの二つが入り混っていたが、喪礼のときに奏される歌舞は前者の死の観念とむすびつき、衰亡した人間の生命力を強化し死者を蘇生させるタマフリの意味をもつものであり、追善供養に奏される歌舞は後者の死の観念とむすびつき、人間から遊離した霊魂を鎮息させ慰める機能をもつものであった。日本古来の音楽のこの二つの役割を十分に注目する必要があろう。

また、音楽とはこのように超然的な作用をひき起こすものであり、しかも音楽とは神のなすものであり同時に人間のなす技であるという意識が第一期令制前の古代人にみられることも注目すべきである。

第二節　朝鮮・中国の音楽とその伝来

日本古代の音楽の他の一つの淵源は、朝鮮三国（高句麗・百済・新羅）、中国（特に隋・唐）を中心とする外来の音楽である。本節では、日本古代音楽史の第一期における朝鮮・中国の音楽状況と日本へ伝来した音楽について考察していくことにしよう。(26)

『日本書紀』允恭天皇四十二年春正月乙亥朔戊子条には、允恭天皇の崩御を悲しんで新羅より楽人の貢上があったという伝承がある。この伝承から推察して、およそ五世紀ころ日本に伝えられたと考えられる新羅の音楽について、まず取り上げることにする。

新羅の音楽に関しては、『三国史記』、中国の正史である二十四史の新羅伝によって窺うことができる。『三国志』の「魏書」弁辰伝によると、

(上略)俗喜㆓歌舞飲酒㆒。有㆑瑟。其形似㆑筑、弾㆑之。亦有㆓音曲㆒。(下略)

とある。(27)この史料は決して新羅そのものの様子を示しているのではないが、弁辰は新羅の前身と考えられる辰韓と雑居し、言語・法俗も相似していることから、(28)また『晋書』辰韓条に、先の「魏書」の弁辰伝の記事が「喜㆑舞、善弾㆑瑟。瑟形似㆑筑」として現われていることからも、(29)この「魏書」の音楽記事は新羅の前身である辰韓の音楽の状況を示していると考えられる。そして、『晋書』では先の記事につづけて、

武帝太康元年、其王遣㆑使献㆓方物㆒。(下略)

とある(30)ことから、この記事がおよそ三世紀の新羅あるいはその前身の辰韓における音楽の状況を示していることは明確であろう。

これによると、辰韓では歌舞がなされ、筑に似た瑟があり、そしてその音曲が整っていたことが知られる。筑とは琴に似た頂の細い肩のまるい楽器で、五弦・十三弦・二十一弦の三種類があり、左手で首をおさえ右手で竹尺を持っ

て撃ちならす楽器である。瑟もこのような形状をもつ楽器と考えられよう。ともかく、これらの歌舞・瑟・音曲は辰韓・弁辰の音楽の状況であり、新羅における土俗的な音楽の状態であったと思われる。

先の記事は新羅統一以前のものであるが、統一以後のものとしては、『北史』新羅条にあるものを挙げることができる。(31)

（上略）与二高麗百済一同。毎月旦相賀。王設二宴会一、班二賚群官一。其日拝二日月一。神主八月十五日設レ楽。令二官人射一。（下略）

これはその史料の性格からおよそ南北朝時代の始まる五世紀初めからその終る六世紀終りごろの実情と思われるが、その内容は、毎月の朔日にはともに賀し、王は宴会を設け賚を群官にわかち、その日には日月を拝し、神主は八月十五日に楽を設け、官人をして射せしめたというものであり、ここから中国の律令制の影響による官僚制を窺うことが可能である。したがって、この記事は新羅に律令制が伝えられたとされる六世紀初期以降の新羅の音楽の実情を述べたものと推測される。このことから、六世紀の新羅においては、中国の影響のもとに組織的な音楽が整えられていたことが考えられるのである。

さらに、『三国史記』には、新羅の音楽について次のように述べられている。(32)

新羅楽。三竹、三絃、拍板、大鼓。歌舞。舞二人。放角幞頭、紫大袖、公襴紅鞓、鍍金銙腰帯、烏皮靴。三絃。一、玄琴。二、加耶琴。三、琵琶。三竹。一、大笒。二、中笒。三、小笒。

これによると新羅の音楽は、楽器として三竹の大笒・中笒・小笒、三絃の玄琴・伽耶琴・琵琶、打楽器の拍板・大鼓、そして歌舞から構成されていたことが知られる。『三国史記』ではこれらを説明して、まず竹とは唐笛を模倣したものであるといい、その古記では神文王（在位六八一〜九一年）のときに作られたものであるとしている。また、玄琴は古記によると、晋人が七絃琴を高句麗に送り、それが高句麗において改修され新羅にも伝えられたものであるという。伽耶琴は俗にいう新羅琴のことであり、伽耶国の于勒が作ったものであったが、伽耶国が滅ぶにおよんで真興王（在位五四〇〜七五年）のとき新羅に伝えられたものといわれている。琵琶と拍板もまた、中国からの伝来楽器であった。拍板とは笏を数枚ないしは十数枚合わせ上部を一つに結びつけたもので、下部を開いては閉じて打ち合せる打楽器である。(33)新羅の楽器のほとんどは中国の模倣と考えられるが、岸辺成雄氏が述べておられる(34)ように少なくとも伽耶琴と大笒は朝鮮古来の楽器であったと思われる。

以上のように、新羅の音楽は三世紀には明らかに土着的なものであり、まだ中国から組織的音楽は伝えられていなかったが、六世紀にはその流入がみられ、その影響をうけて新羅楽が誕生する。四世紀初期の新羅統一後も四世紀・五世紀にわたって新羅の土着的歌舞が中心であり、五世紀半ば以降徐々に中国の音楽が伝えられ、六世紀初期の律令制が整う前後までにはほぼ完全に中国の音楽の影響のもとに組織的な音楽が整備されていったと推察される。音楽の中国からの組織的流入は、日本においてそうであるように、新羅においても律令制の成立と密接な関係があったと考えられるのである。

次に、新羅楽が日本に伝えられたとされる『日本書紀』允恭天皇四十二年春正月乙亥朔戊子条の記事との関連で考えてみよう。その記事は次のとおりである。

天皇崩。時年若干。於レ是、新羅王聞二天皇既崩一、而驚愁之、貢二上調船八十艘、及種種楽人八十一。是泊二対馬一而大哭。到二筑紫一亦大哭。泊二于難波津一、則皆素服之。悉捧二御調一、且張二種種楽器一、自二難波一至二于京一、或哭泣、或歌儛、遂参二会於殯宮一也。

この内容をみると、允恭天皇崩御のおりに新羅より貢上されたのは、「調船《みつきふね》」八〇艘および種々の楽人八〇人であり、楽人は難波より都へ向う途中種々の楽器を奏で歌舞をなしている。この時期は五世紀半ばごろと推定され、このころ新羅では徐々に中国の音楽が伝来しはじめていた。この記事にみられる音楽は、允恭天皇の死を悼んで貢上されたものであることから、喪礼の音楽と考えられる。ところで、新羅の喪礼については『北史』新羅条に、

（上略）死有レ棺斂葬送。起二墳陵一。王及父母妻子喪居レ服一年。（下略）

とみえるが、[35] 楽舞については触れられていない。しかし、たとえば同じく『北史』高句麗条には「哭泣葬則鼓舞作レ楽」とあり、[36] 高句麗ではこのような簡単な土着的楽舞がなされたと考えられることから、新羅においても五―六世紀ごろの喪礼には土着的楽舞が行なわれたと推測される。したがって、このころの日羅関係からこの允恭天皇四十二年春正月の記事は一応真実性はあるが、音楽の内容に関しては潤色が濃厚であるから、その音楽はさほどおおがかりなものではなく、新羅の土着的喪礼における楽舞を中心としたものであったと思われる。また、このとき日本に新羅楽が伝来したとしても、それがそのままわが国にとどめ置かれたか否かは別問題であり、このときの新羅楽が日本においてのちにまで教習されていったとは考えられない。

そこで次に、『日本書紀』欽明天皇十五年二月条の百済楽人などの交替の記事から、このころすでに伝えられたとされる百済の音楽について検討してみよう。

まずは、百済の前身である馬韓時代のものとして、『後漢書』韓伝に次のような記事がみえる。[37]

（上略）常以二五月一田竟。祭二鬼神一昼夜酒会。群聚歌舞。舞輒数十人相随蹋レ地為レ節。十月農功畢。亦復如レ之。

（下略）

これはおよそ一世紀から三世紀ごろの馬韓の歌舞の様子を伝えているものと考えられ、その歌舞は農事・神事に付随した土着的な歌舞といえる。これはまた、その後の百済の土着的歌舞とも考えられよう。

『三国史記』には、百済の音楽について、『通典』を引いて次のように記している。(38)

百済楽。中宗之代工人死散。開元中、岐王範為二大常卿一、復奏置レ之。是以音伎多闕。舞者二人。紫大袖裙襦。章甫冠。皮履。楽之存者、箏、笛、桃皮篳篥、箜篌。楽器之属多同二於内地一。

これによると、百済の音楽は中宗以前、すでに唐の楽舞に組み込まれていたことが知られ、中宗の代に多くの楽人を欠いたが、開元中に復興され、その残った楽人は箏・笛・桃皮篳篥・箜篌の人々であったという。また、同書では先の記事に続けて『北史』を引いて、鼓角・箜篌・箏・竽・篪・笛の楽器を挙げているが、これらの楽器といい先の楽器といい、ほとんど中国伝来の楽器であった。

百済の音楽についてはこれ以上知られないが、新羅同様五世紀以前においては土着的歌舞が中心に行なわれ、五世紀半ばごろから徐々に中国の音楽が流入していったと推察される。先の『北史』新羅条、新羅に中国の音楽が入っていたことを示す記事「毎月旦相賀」のところで、「与二高麗百済一同」と百済・高句麗においても共通していることが述べられていることから、百済においても中国から組織的音楽が遅くとも六世紀初めごろまでには確実に伝えられたと考えられる。

さて、この『三国史記』の引用した『北史』の記事は、もちろん『北史』に、そして『隋書』にもみられるが、その記事を掲げてみると、『北史』東夷伝・百済之国条では、

(上略)亦知三医薬著亀与二相術陰陽五行法一。有二僧尼一。多二寺塔一。而無二道士一。有二鼓角、箜篌、箏、竽、篪、笛之楽一。(下略)

とあり、(39)『隋書』百済伝では、

(上略)亦知二医薬著亀占相之術一。以二両手一拠レ地為レ敬。有二僧尼一。多二寺塔一。有二鼓角、箜篌、箏、竽、篪、笛之楽一。

とある。(40)これらの記事を、百済楽が日本に伝来していたことを示す『日本書紀』欽明天皇十五年二月の記事と比較して考えるとなかなか興味深い。それは次のとおりである。

(上略)別奉レ勅貢二易博士施徳王道良、暦博士固徳王保孫、医博士奈率王有㥄陀、採薬師施徳潘量豊、固徳丁有陀、楽人〔施〕徳三斤、季徳己麻次、季徳進奴、対徳進陀一。皆依レ請代之。

ここにみられる百済楽人は、易博士・暦博士・医博士・採薬師とともに日本に貢上され、先に掌っていた人とそれぞれ交替しているのであるが、『北史』では百済の知っているものとして、仏教のほかに医薬、著亀・相術、陰陽五行法を挙げており、この医薬は欽明天皇条の医(博士)、採薬(師)にあたり、著亀・相術、陰陽五行法はそれぞれ易(博士)、暦(博士)にあたると思われ、『北史』が百済の知っている術としてあげているものがすべて百済人の手により、しかも彼らの分番によりもたらされていることを知る。これは、従来いわれているようにこの時期の日本と百済との密接な関係を示しているのであり、したがってまた、これらの術とともに述べられている楽舞も欽明天皇条にみられるように、百済の楽人が日本において交替で百済楽などを掌っていたことは明らかである。しかも、仏教関係の記事とともに現われてきており、楽舞と仏教との密接な関係をも示唆している。日本への仏教伝来は六世紀前半とされ、百済楽の伝来時期とほぼ一致している。百済楽の伝来は仏教伝来と深く結びついていたと考えられる。また、この時期に伝えられた百済楽の内容は、『北史』などにみられるような鼓角・箜篌・箏・竽・篪・笛などの楽器を中心とした音楽であったと察せられる。

次に、『日本書紀』推古天皇二十六年秋八月の鼓吹伝来の記事や、『楽家録』の史料[41]によって、推古朝に伝来したとされる高句麗の音楽について検討しよう。

『後漢書』東夷伝高句麗条には、

（上略）其俗淫。皆潔浄自喜。暮夜輒男女群聚為二倡楽一。（下略）

と、[42]高句麗の土着的歌舞がみられ、また『三国志』の「魏書」高句麗伝には、

（上略）其民喜二歌舞一。国中邑落、暮夜男女群聚相就歌戯。（下略）

とあり、[43]『南史』東夷伝高句麗条には、

（上略）俗喜二歌儛一。国中邑落、男女毎夜群聚歌戯。（下略）

と記され、[44]『北史』東夷伝高句麗条には、

（上略）好二歌舞一、常以二十月一祭レ天。（下略）

とあるように、[45]高句麗でもそれぞれ新羅・百済においてみられた農事・神事による土着的な歌舞が行なわれていた。それは五世紀以前においてのことであったと考えられる。しかしながら、『北史』にはさらに、高句麗の音楽について、

楽有二五絃、琴、箏、篳篥、横吹、簫、鼓之属一。（下略）

ともみられること[46]から、高句麗において中国伝来の楽舞が整備された時期は、五世紀半ばから遅くとも新羅や百済同

様、六世紀初めごろまでであったことは明らかである。

『三国史記』には、高句麗の音楽について、『通典』を引いて次のように述べている。[47]

楽工人紫羅帽。飾以鳥羽。黄大袖。紫羅帯。大口袴。赤皮鞾。五色縚縄。舞者四人。椎髻於後。以絳抹額。飾以金璫。二人黄裙襦、赤黄袴。二人赤黄裙襦袴。極長其袖。烏皮鞾。双双併立而舞。楽用弾箏一、搊箏一、臥箜篌一、竪箜篌一、琵琶一、五絃一、義觜笛一、笙一、横笛一、簫一、小篳篥一、大篳篥一、桃皮篳篥一、腰鼓一、斉鼓一、檐鼓一、唄一、（下略）

しかしながら、これらはまったく唐楽の十部伎[48]に加えられた高麗楽の構成であり、ここから高句麗古来の音楽は明らかにならない。

高句麗には、これらのほかに早くから鼓吹の伝来がみられる。すなわち、『後漢書』東夷伝・高句麗条には「使レ属二玄菟一、賜二鼓吹伎人一」とあり、[49]『三国志』の「魏書」高句麗伝にも「漢時賜二鼓吹伎人一」とみえる。[50]その後は明確な史料がないが、おそらくは軍楽として整備されていったと思われる。鼓吹はこのように後漢の時代から高句麗に伝えられたが、新羅や百済においても、中国の饗宴などに奏された胡楽（西域楽）・俗楽の一般的な音楽よりも早く伝えられたと推測される。中国では雅楽・鼓吹は漢代よりすでに整備されていたが、一般的な音楽は、後に考察するように、南北朝時代に胡楽が西域より中国に流入して初めて盛んになり、中国周辺の諸国へ逆に伝えられる。雅楽は漢代より整えられていたが、これは宗廟の音楽であり、早くから中国周辺の諸国に流入することはなかった。したがって、鼓吹・俗楽の一部のみが早くより朝鮮などの周辺の諸国へ伝えられたと考えられるのである。鼓吹は軍楽であり、特殊な音楽といえよう。

それはさておき、このように高句麗の音楽についてみてくると、高句麗において鼓吹が早くから伝えられている事実、隋・唐の九部伎・十部伎のなかに高句麗の音楽が東夷を代表して組み込まれた事実、地理的にもっとも近く中国に接している事実、したがってまた、中国文化の流入が早いなどというさまざまな条件から考えて、鼓吹を含めた中国の音楽は、朝鮮三国のなかで、もっとも早く高句麗に伝えられたと推測される。

日本への高麗楽の伝来について考えてみよう。『日本書紀』推古天皇二十六年秋八月癸酉朔条の鼓吹などの伝来記事は次のとおりである。

高麗遣レ使貢二方物一。因以言。隋煬帝興二卅万衆一攻レ我。返之為レ我所レ破。故貢二献俘虜貞公、普通二人、及鼓吹弩抛石之類十物幷土物駱駝一疋一。

このとき高句麗より鼓吹などの「方物《くにつもの》」が貢上されたが、ほかに同十三年四月辛酉朔には黄金三〇〇両が、同十八年三月には僧曇徴と法定が貢上されていることなどから、推古朝には高句麗との通交が盛んであったことが知られる。したがって、この時期に高句麗において音楽が整備されていたことを考えるならば、推古朝前後に鼓吹以外に高句麗の音楽が伝来したことは十分に考えられよう。(51)

以上、朝鮮三国の音楽について検討してきたが、中国の音楽の伝来以前における朝鮮三国の音楽の状況は、農事・神事にもとづいた土着的歌舞が中心であったようであり、それが中国の南北朝時代に入ると徐々に中国の一般的な音楽(胡楽・俗楽)の伝来があり、遅くとも六世紀をむかえるとおよそ共通して律令制、仏教の伝来と何らかの形で結びついて組織的流入があったと考えられる。しかも、土着的歌舞については朝鮮三国と日本の音楽は類似したものであったと思われる。すなわち、『後漢書』東夷伝・倭条には、其死停喪十余日。家人哭泣不レ進ニ酒食一。而等類就ニ歌舞一為レ楽。

とあり、[52]『北史』東夷伝・倭国条には、

死者斂、以ニ棺槨一親賓就屍歌舞。

とみられる。[53]いずれも喪礼における歌舞であるが、ほかには農事・神事のおりに行なわれたと思われ、その音楽も朝鮮三国と同様に歌舞を中心としたものであったと考えられる。この点に関しては十分注目しておく必要がある。

それでは次に、日本への伝来音楽の多数を占めた中国の音楽について、その実態と伝来した音楽を明らかにしていこう。

中国の音楽のなかでも日本へ多く伝来したのはおもに唐楽であり、以下これについて述べていかねばならないが、その前に唐以前の中国の音楽について簡単に述べておこう。

中国の音楽はその起源が多数の伝説となって伝えられているが、このことから、起源の古さやそのもっていた機能の重要性を感じさせられる。中国における音楽の実際の起源は、祭祀ごとに敬天思想にもとづく祭天儀礼にあったようで、すでに殷代よりみられる。周代には多数の楽器が現われ、その後半には音楽理論の発達がみられる。その後、漢代に入り儒教の全盛期をむかえると、儒家は礼楽思想にもとづき古楽を復興するなどして、郊祀(祭天)、宗廟(祖先の祭)などを盛大に行ない、文武八佾の舞などを制定し、いわゆる雅楽の形式を整えていった。漢代にはこのほか楚辞の系統をひく清商三調や短簫鐃歌、相和歌などの俗楽、北狄より胡角を移入して作った鼓吹(軍楽)などが行なわれており、すでに西域音楽伝来のきざしはみられていたようである。南北朝時代に入ると、亀茲楽をはじめ天竺楽・林邑楽・高麗楽などの四夷の音楽が堰を切ったように流入し、そのために、それまでの音楽制度、特に雅楽はま

ったく衰退してしまう。しかし、隋代に入ると高祖は礼楽思想とともに雅楽制度の復興に力を注ぎ、一方では流入した西域楽（胡楽）と従来の俗楽を整理し、七部伎の制度を作りあげていった。そして、唐代にはこの思想や音楽制度がほぼひき継がれ、隋の七部伎が煬帝のときに九部伎にされていたのを、新たに十部伎の制度として確立された。(54)

唐代において、雅楽は高祖・太宗のときに十二和之楽を制定することによって復活され、玄宗のときに十二和之楽に三和を加えて十五和となし、祖宗の廟楽とその舞を確立し、さらに、文武に唐初以来の九功舞を、武舞に同じく七徳舞を用いてすべてこれらを「雅楽」と名付けた。また、隋の七部伎・九部伎をうけ継ぎ胡楽・俗楽をまとめた十部伎は、太宗のときに至って完成した。そのうちわけは次のとおりである。(55)

第一伎　燕楽伎　　第二伎　清楽伎　　第三伎　西涼伎　　第四伎　天竺伎　　第五伎　高麗伎

第六伎　亀茲伎　　第七伎　安国伎　　第八伎　康国伎　　第九伎　疎勒伎　　第十伎　高昌伎

唐代にはこのほかに、雅楽の内容を新時代に適するように胡俗楽を用いて作った新形式の燕饗楽が現われた。これは初唐から盛唐にかけて、雅楽の堂上堂下の形式を借り内容的に胡楽を盛ったもので宮廷の燕饗の式楽として作られたが、玄宗朝にはこれら一四曲を集めて立部伎と坐部伎に整理分類し、二部伎の制度を作った。立部伎・坐部伎とその使用される楽器は次のとおりである。(56)

立部伎

(1)　安楽（北周武帝の作。別名城舞）

(2)　太平楽（別名五方師子舞）

(3)　破陣楽（太宗作）

(4) 慶善楽（太宗作）
(5) 大定楽（太宗作）
(6) 上元楽（高宗作）
(7) 聖寿楽（高宗作）
(8) 光寿楽（高宗作）

坐部伎

(1) 讌楽（高宗作、十部伎の第一伎）
(2) 長寿楽（則天武后作）
(3) 天授楽（則天武后作）
(4) 鳥歌万歳楽（則天武后作）
(5) 龍池楽（玄宗作）
(6) 小破陣楽（玄宗作、立部伎破陣楽の改作）

立部伎に使用される楽器(57)（坐部伎もほぼ同じ）

太鼓・竪箜篌・琵琶・五絃・横笛・簫・笙・篳篥・銅鈸・答臘鼓・毛員鼓・都曇鼓・羯鼓・侯提鼓・腰鼓・鶏婁鼓・貝など。

唐代音楽の日本への伝来について明確に史料にみられるのは、『続日本紀』大宝二年（七〇二）正月癸未条に「宴㆓群臣於西閣㆒、奏㆓五帝太平楽㆒。極㆑歓而罷。賜㆑物有㆑差」とあり、さらには、天平七年（七三五）四月辛亥条に、吉備真備が『楽書要録』を将来した記事があることによって、日本への本格的な唐楽の流入が窺われ、その端緒は、律令制との関連から考えて遅くとも天武朝まで遡って考えることが可能である。(58)そこで、日本へ伝えられた音楽であるが、唐楽のすべてが伝えられたわけではない。すなわち、従来いわれているように、中国の伝統的な純粋な雅楽はほとんど伝来せず、漢代以来の芸術音楽である俗楽と南北朝以来本格的に流入した西域楽である胡楽、そして宮廷における儀式的な燕饗に上演された一種の雅楽である燕楽が伝えられた。特に燕楽は、唐初の三大舞、すなわち七徳舞（秦王破陣楽）・九功舞（功成慶善楽）・上元舞、太宗の讌楽、徳宗の南詔奉聖楽、文宗の雲韶楽、玄宗の二部伎などであり、(59)これらは、玄宗のときに確立された雅楽に九功舞・七徳舞のような燕楽を含めたことからも知られるように、雅楽の形式にもとづいたものであった。これらの燕楽の一部が伝えられたことは、これらが日本の宴饗式楽の基礎となった点で重要であり、またこのことは、伝来した音楽が中国の純粋な雅楽とは無縁なのにもかかわらず、令制において雅楽寮として組織化され、「雅楽」という言葉を使用するに至った一つの重要な要因ではないかと考えられるのである。

第三節　律令制下の音楽

およそ七世紀から八世紀にかけて律令制が成立すると、音楽は、わが国古来の歌舞（日本古来の音楽）、朝鮮・中国などからの伝来楽舞（外来の音楽）を問わず一様に雅楽寮において教習され保持されるようになる。制度的には、その後、内教坊・大歌所といった音楽機関も誕生することになるが、雅楽寮をはじめそのほかの音楽制度の実態については第二部に述べることとして、第三節では、先に述べてきた種々の音楽が、第一期の律令制の下でいかなる様相を呈し、いかなる位置にあったのかを、律令制の成立する七—八世紀を中心に考察していくことにしよう。

一　宮廷の音楽

ここでは、まず『日本書紀』と『続日本紀』、なかでも後者の史料を中心として、つぎに「養老令」『皇大神宮儀式帳』『延喜式』などによって、宮廷において奏される音楽について、おもに第一節で検討した機能との関連で考察していこう。

令制の成立した七世紀から八世紀にかけての音楽に関する史料は、割合多くみられる。そこで、大化以後にみえる音楽史料を、その性質上、喪礼・仏教儀式・饗宴および節会に分けて順に考察していくことにする。

まず、喪礼に関する音楽史料を列挙してみよう。

(1)『日本書紀』天武天皇十二年（六八三）六月丁巳朔己未条
　大伴連望多薨。（中略）乃贈二大紫位一。発二鼓吹一葬之。

(2)同天武天皇朱鳥元年（六八六）九月丁卯条
　僧尼発レ哀之。是日百済王良虞代二百済王善光一而誄之。次国々造等随二参赴一各誄之。仍奏二種々歌儛一。

(3)同持統天皇称制元年（六八七）春正月丙寅朔条
　皇太子率二公卿百寮人等一適二殯宮一。而慟哭焉。納言布勢朝臣御主人誄之。礼也。誄畢、衆庶発哀。次梵衆発哀。

(4)同持統天皇二年十一月乙卯朔戊午条
　於レ是奉膳紀朝臣真人等奉レ奠々。畢膳部、釆女等発哀。楽官奏楽。

皇太子率三公卿百寮人等与二諸蕃賓客一、適二殯宮一而慟哭焉。於レ是、奉レ奠奏二楯節儛一。諸臣各挙二己先祖等所仕状一遞進誄焉。

(5)　『続日本紀』天平元年（七二九）二月甲戌条

遣レ使葬二長屋王吉備内親王屍於生馬山一。仍勅曰、吉備内親王者無レ罪。宜二准レ例送葬一。唯停二鼓吹一。（下略）

(6)　同宝亀元年（七七〇）十月丁酉条

従二位文室真人浄三薨。一品長親王之子也。歴二職内外一、至二大納言一。年老致仕、退二居私第一。臨終遺教、薄葬不レ受二鼓吹一。諸子遵奉。当代称レ之。遣レ使弔二賻之一。

(7)　同宝亀十年十二月己酉条

中納言従三位兼勅旨卿侍従勲三等藤原朝臣縄麻呂薨。詔遣二大和守従四位下石川朝臣豊人、治部大輔従五位上藤原朝臣刷雄等一、就レ第宣レ詔。贈二従二位大納言一。葬事所レ須官給并充二鼓吹司夫一。（下略）

第一節において考察したように、日本古来の土俗的な喪礼の音楽は、歌舞や笛・鼓などによるものであった。しかしながら、宮廷においては令制の成立をみると、喪礼の音楽は令制の葬送令に規定され、一般的には鼓吹や鉦鼓などによる儀仗的な喪礼の音楽が行なわれるところとなった。

管見によると、鼓吹による喪礼の初見は史料(1)にあげた天武紀の大伴連望多の薨じたときに行なわれたものであり、時期的にはやはり令制の成立と深い関係にあることが知られる。それ以後も実際に行なわれたことは、以下の(5)(6)(7)の史料によって明白に窺うことができよう。

ところが、史料(2)(3)(4)によると、天武天皇の殯宮において「種々歌儛」「楽官奏楽」「奏楯節儛」とあるように、古来の歌舞、外来の楽舞などさまざまに奏されたと思われ、令制に規定された鼓吹ではなく、むしろそれ以前の喪礼にみられた姿をとっている。これは何を意味しているのであろうか。一つには、天皇の殯宮において古来の種々の歌舞を奏した名残りではないかと考えられ、日本の喪礼における音楽の古い姿を示しているものと思われる。また、二つには、これらの史料のなかの特に天武天皇の殯宮において僧尼が「発哀」している(2)(3)に注目せねばならない。すなわち、彼ら僧侶はこの殯宮において天武天皇の亡魂への追善の役割を果たしており、ここで奏される音楽はこの追善の目的をもつものでもあったと推察される。

したがって、史料(2)(3)(4)にみられる音楽は、古来の喪礼におけるものと仏教の追善儀礼におけるものと、二重の役割を含んでいた。すなわち、古来の喪礼における音楽のもっていた、衰亡した生命力を強化し死者を蘇生させるタマフリの役割と、特に仏教の追善儀礼における音楽のもっている死者の冥福を祈るという二つの相反している役割が同時に現われていると考えられ、この一見矛盾した姿は、これらのさまざまな音楽が殯宮の荘厳化という役割を担うことによって解消されている。

日本古来の喪礼において行なわれる音楽は古来の歌舞が中心であり、天の岩屋戸における天鈿女命の歌舞に象徴されるようにタマフリをその目的としていた[60]。そしてこれは特に、天皇の殯宮における歌舞によく現われている。したがって、古来の喪礼における音楽（歌舞）は殯宮の衰退とともに衰えていくと推察され、特に天武天皇以後殯宮があまりみられなくなることから、この天武天皇・持統天皇の時期が喪礼における日本古来の歌舞が鼓吹へと変化する過渡期であったと考えられる[61]。令の規定には天皇の喪礼のおりに鼓吹をなすことは明確に記されていないが、仁明天皇崩御ののち天皇を山城国紀伊郡深草陵に葬ったときの様子を述べた『続日本後紀』嘉祥三年（八五〇）三月癸卯条の記事のなかに「鼓吹方相之儀、悉従二停止一」とあることから、天皇の喪礼においては鼓吹をともなった「方相之儀」が行なわれていたことが知られる。古来の歌舞から鼓吹を中心とするものへと、いつごろ変化したかは明確でないが、天武天皇以後、そう遅くない時期であったと推察される。

　次には仏教儀式に関する音楽史料を検討しなければならないが、これについての詳細な考察は第二章のなかの仏教儀式のところに譲って、ここでは次のことを指摘しておくのみにとどめる。すなわち、この時期には、伊弉冊尊の「魂《みたま》」を「用二鼓吹幡旗一歌舞而祭」るというような日本古来の死者への追善儀礼は、仏教儀式である法会・悔過に吸収され、これらが営まれるようになると、ここでは亡魂の追善を目的とした音楽が奏される。同時に一方では、東大寺大仏開眼供養会に代表される鎮護国家的大法会においては、音楽は仏教供養・鎮護国家、さらには律令国家の荘厳化という役割をも果たしていった。そして、これらのさまざまな法会においては、日本古来の歌舞・外来の楽舞が区別なく奏されたのであり、この点は注目すべきであろう。

　つづいて、饗宴および節会において行なわれた音楽について検討することにしよう。

七―八世紀においては、節会として完全に形を整えていないこともあり、饗宴と節会の区別はつけがたく、史料上はほとんど饗宴という形をとって現われてきている。ともかく、饗宴・節会に関する音楽史料は多数みられ、これらをまとめると第1表のようになる。

『日本書紀』『続日本紀』には、何のための饗宴であるかが直接には示されていないが、第1表のようにその列席者についても合わせみると、そこから饗宴とそこにおける音楽との特徴を窺うことが可能である。この表によると、表現上の問題ではあるが、かなり興味深いことが知られる。すなわち、まず『日本書紀』の場合をみると、天武天皇二

第1表　七—八世紀における饗宴と音楽

年月日	列席者	演奏者	奏楽の内容	備考
天智一〇・五・丁酉朔	皇太子・群臣		田舞	
天武二・九・癸丑朔	金承元（新羅人）		種々の楽	
一〇・正・丁丑	親王・諸王・諸臣	草香部吉士大形	賜楽	
一〇・九・庚戌	多禰嶋人		種種の楽	
一一・七・戊午	隼人		種々の楽	
天武朱鳥元・四・壬午	新羅客		伎楽	この記事は、新羅客らを饗するために、川原寺の伎楽を筑紫に運んだというもの。
大宝二・正・癸未	群臣		五帝太平楽	五帝太平楽は、五常太平楽の誤りか。とすれば、五常楽と太平楽の二つを示すものであろう。いずれにせよ唐楽である。
慶雲三・正・壬午	金儒吉（新羅人）		諸方の楽	
和銅元・一一・辛巳	五位以上		諸方の楽	
三・正・丁卯	文武百官・隼人・蝦夷		諸方の楽	『類聚国史』では、文武百官・隼人・蝦夷が諸方楽を奏したようにとれる。
霊亀元・正・己亥	百寮主典以上・金元静（新羅使）		諸方の楽	
養老七・五・甲申	隼人	隼人	風俗の歌舞	
七・八・辛丑	金貞宿（新羅人）		諸方の楽	
神亀五・正・甲寅	五位已上・高斉徳（渤海人）		雅楽寮の楽	
天平二・正・辛丑	五位已上	百官主典已上陪従	踏歌	
一三・七・辛酉	群臣		女楽・高麗の楽	
一四・正・壬戌	群臣・天下有位人・諸司の史生	少年の童女・六位以下の人	五節田舞・踏歌・琴を鼓して歌う	
一五・正・壬子	百官・有位人		琴を鼓して歌う	
一五・五・癸卯	群臣	皇太子	五節舞	
天平宝字三・正・乙酉	五位已上・蕃客（高麗人）・主典	内教坊	女楽・踏歌	

甲午	已上 蕃客（高麗人）		女楽 唐楽	
七・正・庚戌	五位已上・蕃客（高麗人）	内教坊・百官人・高麗蕃客	唐・吐羅・林邑・東国・隼人等の楽・踏歌	百官人・高麗蕃客は踏歌に供奉した。
庚申	五位已上・蕃客（高麗人）・文武百官主典已上			
宝亀　三・二・癸丑	五位已上・渤海蕃客		三種の楽	
天応　元・一一・己巳	五位已上		雅楽寮の楽・大歌	

注　なおこの他にも饗宴における奏楽と思われるものもあるが、この表では史料に明白に饗宴・宴飲などと記されているもののみをまとめた。

年九月癸丑朔条に、

　饗二金承元等於難波一。奏二種々楽一。賜レ物各有レ差。

とあり、同十年九月庚戌条に、

　饗二多禰嶋人等于飛鳥寺西河辺一、奏二種種楽一。

と記され、同十一年七月戊午条に、

　饗二隼人等於飛鳥寺西一。発二種々楽一、仍賜レ禄各有レ差。道俗悉見之。

とあるように、列席者のなかに異国人や異種人が含まれているときにはほとんどの場合、「種々楽」が奏されている。また天智天皇十年（六七一）五月丁酉朔辛丑条に、

　天皇御二西小殿一。皇太子、群臣侍レ宴。於レ是再奏二田儛一。

とあるように、わが国の人が列席した饗宴には日本の伝統的な舞である田舞もなされている。

　ここで考えられることは、朝鮮人・唐人・隼人・蝦夷などの異国異種の人が饗宴の客として招かれた場合には、さまざまな音楽を奏したということである。ここにいう「種々楽」とは、朝鮮三国・唐・隼人などの異国異種の音楽な

らびに田舞など宮廷に古くから伝わる歌舞であったと推察される。しかも、天武天皇二年九月癸丑朔に招かれた金承元らは新羅からの使者であったことを考えるならば、宮廷が彼らを招待し古来の音楽や外来の音楽を奏した意図は、新羅に対して日本の国力を誇示しようとしたところにあり、また辺境の住民である多禰嶋人・隼人などに対しては、支配者としての威厳を無言に示すものであったと考えられる。さらにわが国の人のみを宴した場合には、天智天皇十年五月条にみられるように、宮廷に古くから伝わる歌舞が中心に奏されたことであろう。

次に大宝二年（七〇二）正月条以降の『続日本紀』に現われた史料をみると、神亀五年（七二八）正月条以前は、ほとんどの場合「諸方楽」「風俗歌舞」「雅楽寮之楽」と表現され、以後は多くは具体的に表現されていることが知られる。「諸方楽」とは、文字通り諸々の異国の音楽を示しているが、天平七年（七三五）八月辛卯条に、「天皇御二大極殿一。大隅、薩摩二国隼人等奏二方楽一」とあり、大隅・薩摩二国の隼人らが「方楽」を奏したことが述べられているから、この異国の音楽のなかには隼人の歌舞も含まれていたと考えられる。また、「風俗歌舞」とは『日本後紀』大同三年（八〇八）十一月壬辰条に「於二豊楽殿一宴二五位已上一。二国奏二風俗歌舞一。賜二五位已上物一。及二国献物班二給諸司一」とあり、『日本文徳天皇実録』仁寿元年（八五一）十一月癸巳条に「頻御二豊楽院一宴飲。悠紀主基二国奏二風俗歌舞一。献レ物同如二昨儀一」と記され、さらに『貞観儀式』巻第四、践祚大嘗祭などの記載から、一般的には国内各地の人々がそれぞれ伝えてきた歌舞であることが知られる。しかも、このなかには『続日本紀』養老元年（七一七）四月甲午条に「天皇御二西朝一。大隅、薩摩二国隼人等、奏二風俗歌儛一。授レ位賜レ禄各有レ差」とみられるように隼人の歌舞、そして同天平十二年二月丙子条に、「百済王等奏二風俗楽一。授二従五位下百済王慈敬従五位上、正六位上百済王全福従五位下一」とあるように帰化人により伝習されていた楽舞も含まれていたと思われる。さらに、「雅楽寮之楽」とは、言うまでもなく雅楽寮において教習されていた日本古来の歌舞・外来の楽舞のことであった。

第1表によると、大宝二年より神亀五年までの一般的な饗宴における音楽は、「蕃客」が饗宴に列席するか否かにかかわらず、ほとんどの場合外来の音楽が中心に奏されていたと思われる。たとえ日本古来の音楽が外来の音楽とともに奏されたとしても、律令制の成立とともにその役割の重要性を増しつつあった華やかな目新しい外来の音楽がしだいに中心となっていったことは明らかであろう。

天平年間以降は、具体的に饗宴における音楽の内容を知ることができる。第1表によると、天平年間以降、急に具体的に楽舞の名称が記されているが、これは雅楽寮においてさまざまな楽舞が盛んに演奏されたことにより、貴族らが注目するようになったことを示しており、また同時に、徐々にではあれそれまでの饗宴が節会として整えられ、その節会における音楽も整備されつつあったことを示唆しているといえよう。

これらの饗宴の史料のなかでも、特に儀式と思われるものについては、第二章の儀式と音楽のなかにおいて再度考察することにする。

ところで、この時期に外来の音楽・隼人の歌舞などが盛んに奏されたのは、もう一つの重要な目的があったと思われる。それは、隼人の歌舞については国栖の歌舞とともに服属儀礼的な意味が認められたように、先の饗宴において奏された特に朝鮮三国の楽舞もまた同様の意味をもっていたということである。たとえば、天平三年（七三一）七月乙亥条には、雅楽寮の雑楽生員を定めたなかに「其大唐楽生不レ言二夏蕃一、取下堪二教習一者上。百済、高麗、新羅等楽生並取二当蕃堪レ学者一」(62)と、唐楽生は日本に帰化している唐人、日本人を問わずに取るのに対して、朝鮮三国の楽生は日本に帰化しているそれぞれの国の出身の人々から取ることが述べられている。ここからは、唐楽の場合は唐からの帰化人、日本人を問わず広く楽生を取るのに、なにゆえに百済・高句麗・新羅の朝鮮三国の場合はそれぞれの国の帰化人のみから採用したのかという疑問が当然におこるが、これは、当時の日本が唐を「隣国」として、朝鮮三国を「蕃国」として考えたことから[63]、「蕃楽」は「蕃人」に掌らせるようにしたのであり、さらに、隼人や国栖などが自ら歌舞をなすことが服属儀礼的な意味をもっていたように、日本に帰化している朝鮮三国出身の人々がその国の音楽を掌ることが宮廷に対する彼らの服属儀礼的意味をもっていたと考えられる。多少は朝鮮三国の音楽を理解し演奏することが困難であったことにも要因はあったろうが、唐楽も朝鮮三国楽も演奏技術的にはあまり相違はなく、むしろ音楽的には唐楽を理解し演奏することの方が困難であったと想像されることからも、服属儀礼的意味がもっとも大きな要因であったと考えられる[64]。

『日本書紀』『続日本紀』にみられる音楽史料を、喪礼・仏教儀式・饗宴および節会に分けての考察は以上のごとくである。これらのほか、さまざまな機会に音楽が演奏されたが、外来の音楽が日本人によく理解され一般に演奏されるようになるのは、第二期以降のことであり、この時期において宮廷人らが自ら演奏をたしなみ楽しむ音楽というのは、第一節においてみたような日本に古くから伝わる歌舞と、時にはこの伴奏として用いられた琴などの古来の楽器であった。

これは、たとえば『続日本紀』天平十五年正月壬子条に、

御㆓石原宮楼㆒【在㆓城東北㆒】賜㆓饗於百官及有位人等㆒。有㆑勅。鼓㆑琴任㆓其弾歌㆒五位已上賜㆓摺衣㆒、六位已下禄各有㆑差。

とあり、琴を弾き弾歌にたえる五位已上の者に摺衣をさずけていること、また、『万葉集』巻八のなかの仏前唱歌一首の説明で、

右、冬十月、皇后宮之維摩講、終日供㆓養大唐高麗等種々音楽㆒、爾乃唱㆓此歌詞㆒。弾琴者市原王、忍坂王（後賜姓大原真人赤麿也、）
歌子者田口朝臣家守、河辺朝臣東人、置始連長谷等十数人也。

と述べられ、同巻一六では、

可流羽須波田廬乃毛等爾吾兄子者二布夫爾咲而立麻為所見（田廬者多夫世反）
朝霞香火屋之下乃鳴川津之努比管有常将告児毛欲得
右歌二首、河村王、宴居之時、弾㆑琴、而即先誦㆓此歌㆒、以為㆓常行㆒也。
暮立之雨打零者春日野之草花之末乃白露於母保遊
夕附日指哉河辺爾構屋之形乎宜美諸所因来
右歌二首、小鯛王、宴居之日、取㆑琴登時必先吟㆓詠此歌㆒也。其小鯛王者、更名置始多久美、斯人也。

とあるように、歌を歌うときに琴を伴奏として使用していることなどから知られる。

以上では、第一節において考察した音楽のもっとも重要な機能である神事的・宗教的役割について検討することができなかった。そこで次に、他史料を用いて令制下における音楽の神事的・宗教的機能などについて、さらに考察を進めねばならない。

令において音楽に関連する規定は、職員令の雅楽寮・鼓吹司のほかに、神祇令・僧尼令・学令にみられる。

まず、神祇令ではその散斎条に、「不㆑判㆓刑殺㆒」「不㆑決㆓罰罪人㆒」などというほかに、「不㆑作㆓音楽㆒」という規定があり、宮廷の散斎において諸司、すなわちこの場合は雅楽寮がその職掌として音楽をなすべきではないことが述べられている。散斎とは周知のごとく祭祀を行なう致斎の前後に行なわれる物忌みのことで、身体を清め精神を統一する期間であるが、この期間中に「絲竹歌儛之類」を行なわないというのである。ところで、音楽というものは第一節において考察したように、そのもっとも古い根底的な機能として、神霊を振り起こすということがあったが、この時期においても音楽がこのような機能をもち続けていたことが考えられる。すなわち、時代は少し下るが、貞観八年（八六六）正月二十三日の太政官符のなかに次のように述べられている。(65)

太政官符

（上略）

一、禁下制諸家幷諸人祓除神宴之日諸衛府舎人及放縦之輩求二酒食一責中被物上事

右同前起請偁、諸家諸人至二于六月十一月一必有二祓除神宴事一。絃歌酔舞、欲レ悦二神霊一。（下略）

これによると、「絃歌酔舞」することによって神霊を喜ばせようとしているのであり、このことから、「絃歌酔舞」は神霊を振り起こし喜悦させるという機能をもっていることが知られる。また、これも後世のものではあるが、『教訓抄』にはこの機能を示唆する話が多数記載されている。たとえば、蘇莫者という曲に関して、聖徳太子が河内の亀瀬という所を通りかかったときに馬上で尺八を吹くと、そこの山神が、これに浮かれて舞を舞ったという話が伝えられている。(66)これは聖徳太子の吹く尺八の技量を称賛したものであるが、同時に尺八の音色と蘇莫者という曲（すなわち音楽）が、山神（神霊）をも喜々とさせるほどの機能を内在していることを示唆する。

このようなことから先の神祇令散斎条を考えると、宮廷の散斎の物忌みの期間に、雅楽寮が職掌として音楽を行なわないということは、宮廷内において神霊を鎮息させておく必要があったことを示唆している。

先の太政官符ならびに『教訓抄』の史料は後世のものであるが、次に述べるこの時期の琴のもつ機能によっても、

神霊を振り起こすという古来の音楽のもっとも重要な役割が存続していたことが明確に窺える。

琴については『皇大神宮儀式帳』や『延喜式』などによると、演奏が神事的役割をひき続き保持していることが知られる。たとえば、『皇大神宮儀式帳』では、その神嘗祭供奉行事のところにおいて、

（上略）以二同日夜亥時一、御巫内人乎第一門爾令レ侍弖、御琴給弖、〔以二十六日一キ〕請二天照坐太神乃神教一弖、即所レ教雑罪事乎、自二禰宜館一始、内人物忌四人館別、解除清畢。（下略）

と、御巫内人が御琴をもって「天照坐太神乃神教」を請うことが述べられている。すなわち、琴は依然として神教を給わるために重要な役割を有していたのである。『皇大神宮儀式帳』が成立するのは、ここで述べている時期よりも少し遅い延暦二十三年（八〇四）のことであるが、このなかに示されている神事的な行事は、古来の姿を踏襲していると考えられることから、これは律令社会の成立時期である七世紀から八世紀にかけての神事的儀式の内容であったと考えて誤りはなかろう。

また、『延喜式』の神祇一、四時祭上より神祇七、践祚大嘗祭にかけては、さまざまな神事に琴が用いられていることを示す史料が多数記載されており、これにおいても琴の神事的役割を確認することができる。

僧尼令においては、その作音楽条に、僧尼が音楽をなした場合には博戯とともに一〇〇日の苦使に処することが規定され、音楽が禁止されている。しかし、琴は碁とともに例外として認められている。琴について古記は、「舜五絃琴之類」がこれであるといい、朱説では「只琴一色也。不レ定二余琴一者、自余琴、可レ入二音楽一者也」とされ、さらに「一云」として「琴七絃在レ徴、僧尼聴」と記されている。(67) この琴の種類は明らかではないが、これらの諸説から、琴の種類があるていど定められていたとしても、これが許可・不許可の決定的な基準になったのではなく、僧尼が琴を

使用することにおいて音楽をなすことを目的としたものは許されなかったが、音楽以外の宗教的な目的で行なわれる場合は許された、というようにその用途によって許されるか否かが決定されたと推察される。僧尼令に記されている、あるいはここでいう音楽とは、余興的・享楽的になされることを意味し、音楽以外とは宗教的目的をもって行なわれることを意味している。すなわち、「一云」として「琴七絃在㆑徴、僧尼聴」とあるように、僧尼が琴を使用するときは何か霊験を得るための手段として用いてはじめて、ある定められた特定の琴を弾くことが認められたと考えられる。そして、これは第一節において述べた琴の神懸りへの手段という、天の詔琴的な神事的な役割と類似しているということで注目すべきであり、実際に琴は、この時期において、神事的にも仏事的にも、宗教的に共通した天の詔琴的な機能をもつに至ったといえよう。

このように、僧尼令によって知ることのできる琴の仏教へ果たす役割は、超然的なものに働きかけ、教えを請うための手段として使用されるところに存在していたのであり、この点において、日本古来の音楽の神事に果たす役割と一致しているが、これは日本古来の音楽から影響を受け、生まれてきたものと推察される。

また、笛も祭などには欠かせぬものとなっていた。これは、延暦十八年（七九九）十月二十五日の太政官符に、

太政官符

神笛生二人事

右被㆓右大臣宣㆒偁、奉㆑勅、今聞、毎㆑至㆓祭祀㆒常供㆓音楽㆒。而笛曲不㆑調、多紊㆓儛節㆒。宜㆘取㆓神郡百姓堪㆑習㆑笛者二人㆒、永免㆓調庸㆒、令㆖得㆓成業㆒。其雅曲可㆑称者、亦聴㆓出身㆒。仍預㆓神部列㆒。考叙如㆑令。

延暦十八年十月廿五日

とあり、[68]神笛生とみえることから知られる。しかしながら、同官符に「毎レ至二祭祀一常供二音楽一。而笛曲不レ調、多紊二儛節一」とあるように、笛は祭で行なわれる舞を舞うための伴奏として必要とされたのであり、琴のように天の詔琴的な神事的な機能は、令制前と同様、ほとんどもっていなかった。

さらに、この時期には、次のような音楽への意識を窺うことができる。すなわち、『日本霊異記』上巻第五には「敏達天皇之代。和泉国海中有二楽器之音声一。如二笛箏琴箜篌等声一。或如二雷振動一」とあり、同じく中巻第一四には「儛歌奇異。如二鈞天楽一」とあり、いずれも仏教世界の天の音楽としてとらえられている。『日本霊異記』の成立は九世紀初頭であるが、そこに記載されている仏教説話はそれ以前に伝承されていたと思われるところから、同書にみられる音楽に対する意識を七世紀・八世紀まで遡らせて考えることは可能であろう。

ここで、この時期における仏教と音楽の相互の機能について考えてみよう。仏教世界の天の音楽というのは、多くの場合、人間が仏を信仰することにより、その現報として天の音楽が示されるものであるが、先の僧尼令においてみられた琴の場合は、逆に僧尼が自ら琴の音楽をもって超然的な何ものかに働きかけることによって、現報としてのお告げを得ようとするものであって、両者の場合その音楽的役割において表裏をなすものであり、しかも、いずれも仏教における音楽の重要な役割であったことを十分に知らねばならない。そして、ここに、のちの浄土教を中心とした仏教と、そこで大きな役割を果たす音楽との発展の基盤を明確に窺うことができる。

さらに付言するならば、日本古来において存在した、音楽の根本的な役割の一つである神霊を振り起こすという機能は、多くは従来どおり古来の楽器である琴に踏襲されるのであり、追善儀礼にみられた遊離した霊魂を鎮息させるという他の機能は、多くは日本古来の音楽から外来の音楽に取って代わられる。そして、古来に存在した神の楽器・

神の音楽・天の音楽という意識は、あらたに生まれた仏教界の天の音楽という意識に多くは継受され、のちの浄土教の音楽などへと発展していくのである。

それでは次に、律令制成立期における宮廷での音楽の形態、日本古来の音楽と外来の音楽との勢力関係などについて検討を加えておこう。

まず、音楽の形態は、朝鮮・中国などからの音楽の流入により、わが国の音楽状況は複雑化し、従来の日本の歌舞を中心とした音楽に器楽曲を中心とした外来の音楽が加わる。

その勢力関係を検討すると、令制の雅楽寮における日本古来の音楽と外来の音楽は、その成立当初においては、楽生の数の割合からいうと、日本古来の音楽が、歌人四〇人、歌女一〇〇人、舞生一〇〇人、笛生六人、笛工八人の計二五四人、外来の音楽は、唐楽生六〇人、朝鮮三国の楽生それぞれ二〇人の六〇人、計一二〇人、という具合に日本古来の音楽が優勢のようであるが、『続日本紀』などにみられる演奏される音楽の割合からいうと、すでに述べたように外来の音楽が圧倒的に優勢であったのであり、令制の成立以後は実際的には華やかな外来の音楽が優位を保っていた。したがってまた、日本古来の音楽を教習するために、第二期には大歌所が創設されていくことにもなる。

その後、嘉祥元年（八四八）九月二十二日の太政官符には次のように規定されている。(69)

太政官符

応レ減二定雅楽寮雑色生二百五十四人一事　減二二百五十四人一定二二百人一

倭楽生百卌四人　減二九十九人一定二卌五人一

歌人廿人　元卌五人　　笛生四人　元六人

笛工二人元八人　儛生二人元十六人　田儛生二人元廿五人

五節儛生二人元十六人　筑紫諸県儛生三人元廿八人

唐楽生六十人減二廿四人一　定二卅六人一

歌生二人元四人　横笛生四人不レ減　尺八生二人元三人

簫生一人元二人　篳篥生四人不レ減　合笙・四人不レ減

箜篌生二人元三人　琵琶生二人元三人　箏生二人元三人

方磬生二人元三人　鼓生四人元十四人　儛生六人元十二人

高麗楽生廿人減二二人一　定二十八人一

横笛生四人不レ減　莫牟生二人不レ減　篳篌生三人不レ減

儛生四人元六人　鼓生四人不レ減　弄鎗生二人不レ減

百済楽生廿人減二十三人一　定二七人一

横笛生一人不レ減　莫牟生一人不レ減　篳篌生一人元二人

儛生二人元四人女十人　多理志古生一人不レ減　歌生一人不レ減

新羅楽生廿人減二十六人、定二四人一

琴生二人元十人　儛生二人元十人

右被二大納言正三位源朝臣信宣一偁、奉レ勅、宜二依レ件減省一者、今須下選二業稍成者一即充中件数上。餘並留レ省者。

嘉祥元年九月廿二日

これによると、雅楽寮における日本古来の音楽の成員は、歌人二〇人、笛生四人、笛工二人、舞生二人、筑紫諸県舞生三人、田舞生二人、五節舞生二人より構成され、『延喜式』雅楽寮日食条には「歌女卅人、各日黒米八合」とあり、さらに歌女が三〇人いたことが知られる。したがって、日本古来の音楽の成員は、計六五人となる。また、外来の音楽の成員は、唐楽生三六人、朝鮮三国の楽生二九人の計六五人となり、日本古来の音楽の成員数と同数となっている。数字の上ではまったく互角であるが、実際には依然として外来の音楽が隆盛を極めていた。

しかし、『延喜式』雅楽寮、笛師条には、

凡諸楽横笛師等、不レ解二〔九〕和笛一不レ得二任用一。

とあり、諸楽の横笛師は皆和笛を「解《ナラハ》」ねばならないと述べており、日本古来の楽器すなわち古来の音楽が根本であるという強い姿勢がみられる。また、『日本後紀』大同三年（八〇八）十一月戊子条には、

勅、如レ聞、大嘗会之雑楽伎人等、専乖二朝憲一、以二唐物一為レ餝。令之不レ行。往古所レ譏。宜下重加二禁断一、不上得二許容一。

と、大嘗会の雑楽伎人までが唐風の装いをするようになったことを戒め、禁断しているが、これは唐風の様がますます盛んであることを示唆するとともに、この風潮を本来の姿、すなわち日本風の姿にただそうとする姿勢を示したものといえよう。

このように、音楽そのものにおいてはひきつづいて外来の音楽が盛んであったが、特に第二期以降には、その根本に日本古来の音楽を植えつけようとした動きが認められ、しだいに日本古来の音楽が見直され、外来の音楽を教習するにしても日本古来の音楽を教習しなければ、楽人として重視されなくなっていったと思われる。

次に、この時期に使用された楽器について考えると、全体的には、以前日本において古くから用いられていた楽器に新しく大陸より伝来してきた楽器が加わったという形態となる。

日本古来の楽器のなかでは、琴と笛は依然としてよく用いられたが、そのほかの鼓・鈴などは、宮廷ではあまり使用されなかったと思われる。外来の楽器として新たに日本に伝来したのは、おおよそ次のようなものである。(70)

唐　楽　横笛・尺八・簫・篳篥・合笙・箜篌・琵琶・箏・方響・鼓。

高麗楽　横笛・莫牟・箜篌・鼓。

百済楽　横笛・莫牟・箜篌。

新羅楽　琴。

伎　楽　腰鼓。

これらの楽器のなかで、笛については日本古来の笛、唐の笛、朝鮮の笛とそれぞれ少しずつ異なっていたと思われる。なぜならば、のちの雅楽の唐楽には龍笛が、高麗楽には高麗笛が、そして神楽には神楽笛がそれぞれ用いられ、これらの笛は孔の数、その位置、したがって音の高低(ピッチ)などにおいてわずかに異なっているのである。また、『教訓抄』巻第八、笛について述べたところで、横笛・太笛・中管・高麗笛と分けられ、あるいは長笛・短笛という区別もなされているようにいろいろな笛があったようである。古くは笛は、いろいろな調子によって笛の太さ長さなどの異なった、それぞれの楽曲の調子に適したものが使用されたのであろう。

琴については、新羅楽に琴が含まれているが、これはいわゆる新羅琴あるいは伽耶琴といわれるもので一二弦からなっている。この新羅琴と日本の和琴とは、双方とも朝鮮の古い琴である玄琴の影響をうけたという共通点はみられるが、この当時においてはそれぞれ形態の異なった琴であった。また、唐楽・高麗楽・百済楽にみられる箜篌は唐楽・高麗楽のものが臥箜篌で、百済楽のものは竪箜篌（百済琴）であった。

ここで一つ注意しておかねばならないのは、第一期にみられる各種の楽器は、外来の楽器の場合、おそらくは唐楽・高麗楽・百済楽・新羅楽などというそれぞれ個々の音楽のなかにおいて合奏形態をとって演奏されることがほとんどであり、日本の楽器の場合も従来どおり用いられていたであろうということである。すなわち、第二期以降にみられるような、たとえば御神楽・東遊び・催馬楽などに日本古来の楽器の和琴と外来の楽器である篳篥が用いられるという、日本古来の楽器と外来の楽器とが合奏形態をとって演奏されることはまだ行なわれていなかったのではなかろうか。

さらに、この時期の音楽の演奏者について考えると、日本古来の琴は、令制前には天皇・巫女などの特定の宗教的権威者が掌っていたが、令制後には、音楽の機能が多様化してきたことにより彼らのほかにも僧侶や一般官人などと演奏者の層が下に広まっていった。このほかの楽器、特に外来の楽器は、先に述べたように皇族や一般官人に広く演奏されることがなく、帰化人などの特殊な人々により演奏されることがほとんどであった(71)。

以上では、律令社会の宮廷において奏される音楽について考察してきたのであるが、次には、律令制成立期における民衆の音楽について、民衆の音楽に対する律令国家の禁断などのわずかな史料を通して簡単に述べておこう。

二　民衆の音楽

民衆の音楽を探ることは史料的な制約から容易なことではないが、第一節においてみた『古事記』『日本書紀』『風土記』などの史料から、そして八世紀に入っての律令国家の民衆の歌舞に対する禁令からわずかに窺い知ることができる。

令制前における民衆の音楽というのは、第一節において考察したように、一般的には神事・酒宴・喪礼・戦闘などの場において行なわれたものであった。

八世紀に入り、天平神護二年（七六六）正月十四日には、両京および畿内での踏歌を禁断することを述べた太政官符がだされている。(72)

太政官符

禁ニ断両京畿内踏歌一事

右被ニ右大臣今月十四日宣一偁、奉レ勅、今聞、里中踏歌承前禁断。而不レ従ニ捉搦一猶有ニ濫行一。厳加ニ禁断一不レ得ニ更然一。若有ニ強犯一者追捕申上。

天平神護二年正月十四日

これによると、踏歌は以前から禁断するところであったという。また、延暦十七年（七九八）十月四日の太政官符には、

太政官符

禁ニ制両京畿内夜祭歌舞一事

右被ニ右大臣宣一偁、夜祭会飲先已禁断。所司寛容不レ加ニ捉搦一。遂乃盛供ニ酒饌一扞事ニ酔乱一。男女無レ別、上下失レ序、至レ有ニ闘争間起一淫奔相追。違レ法敗レ俗莫レ甚ニ于茲一。自今以後、厳加ニ禁断一、祭必昼日不レ得レ及レ昏。如猶不

レ悛更有二違犯一、不レ論二客主尊卑一同科二違勅之罪一。但五位以上録レ名奏聞。其隣保不レ告亦与同罪。事縁二勅語一、不レ得二違犯一。

延暦十七年十月四日

とあり(73)、両京畿内において夜祭し歌舞することが禁ぜられている。これも以前から禁断するものであった。わずか二例であるが、これから、当時京内・畿内の間において踏歌あるいは夜祭における歌舞が流行していたことが知られる。踏歌とは、集団舞で元来は唐より伝えられたものであるが、八世紀に入り民間の歌垣と混合し宮廷に取り入れられ、正月十六日の踏歌の節会には内教坊によって掌られたものである。民衆の踏歌・歌舞の内容は明らかではないが、京畿内においては宮廷や寺社での踏歌・歌舞が京畿内の民衆の目に触れる機会は存在していたであろうこと、またこれらの踏歌・歌舞は民衆の間において行なわれていた歌垣や歌舞とほぼ異ならないものであったことなどからして、京畿内に流行していた踏歌・歌舞も宮廷において行なわれた踏歌・歌舞もほとんど内容的に相違はなかったと思われる。

先の禁令は京畿内において流行した踏歌や歌舞であったのであるが、地方の諸国も含めた一般的な民衆の音楽というのは、古くから伝えられてきたいわゆる各地の風俗の歌舞であり、この音楽の中心となるのはやはり歌と舞で、楽器はあまり重視されることはなく、用いられたとしても歌舞の伴奏として使用されるにすぎなかったと考えられる。また、この第一期の令制下においても、歌舞がなされる機会は、令制前と同様神事・酒宴・喪礼などであったであろう。

京畿内の民衆に対する律令国家の禁令は、「上下失レ序、至レ有二闘争間起一」などという恐れからのものであり、ここに一つ、歌舞のそれまでにはみられなかった機能、すなわち単なる酒宴などにおける静的な歌舞におわるのではなく、その歌舞を通じて不満を主張するというような動的な、そして反国家的なものを見出すことができる。この歌舞は当然ながら決して外国より組織的に伝来した音楽そのものが中心となったのではなく、これと日本古来の歌舞とが結びついたもの、あるいは日本古来の歌舞そのものが中心となっていたのである。律令国家によるこれらの踏歌や歌舞の禁制は、まさに、律令国家体制を維持しようとして行なわれたものであった。

さて、以上をもって、古代における日本の音楽の基点となる古来の音楽・外来の音楽の実態・機能に関する考察を終えるが、これまで述べてきた時期の音楽は日本古代音楽の淵源となるものであった。第一期における古代の音楽は、その機能の分化という面においてその萌芽がしだいにみられるようになるが、第二期以降のように行事と音楽の種類によって完全に分化していたのではなく、未分化の状態であったのである。

次章からは、日本の古代音楽の重要な場であり、音楽とともに発展をみた、儀式・仏教思想・遊びなどを通して、古代の音楽について検討していくことにしよう。

注

(1) ここでは、昭和四十八年四月九日の朝刊、朝日新聞・読売新聞の記事を参照した。
(2) 毎日新聞社刊『海ノ正倉院　沖ノ島』
(3)(4) 久貝健「弓筈状骨角製品について」(河内考古学研究会『河内考古学』第三号)。また、この弓筈状骨角製品の出土の分布状況は久貝氏によれば、次頁の付表のごとくである。
(5) 国分直一「陶塤の発見」(金関丈夫博士古稀記念委員会編『日本民族と南方文化』)。

付表　弓筈状骨角製品の出土状況

遺跡名	所在地	時期	特徴
城ノ越遺跡	福岡県遠賀郡遠賀町上別府	弥生前〜中期初頭	全長三・六センチ、材質鯨骨。基部は台状で、骨栓插入部と明確に区別できる。孔数三。無文。貝塚より出土。
千代田遺跡	兵庫県姫路市千代田町	弥生前期	全長九・〇センチ、材質不明。基部にへこみがあり、骨栓插入部とかすかに区別できる。孔数六。無文。貝塚より出土。
勝部遺跡	大阪府豊中市勝部	〃	全長七・〇センチ、材質鹿角。基部にへこみがあり、骨栓插入部とかすかに区別できる。孔数六、流水文様。貝塚のピットの横より出土。
瓜生堂遺跡	大阪府東大阪市若江西新町	〃	残部の長さ四・六センチ、材質鹿角。基部にへこみがあり、骨栓插入部とかすかに区別できる。孔数二。平行線刻。貝塚より出土。
〃	〃	〃	全長五・一センチ、材質鹿角。基部にへこみがあり、骨栓插入部とかすかに区別できる。孔数四。平行線刻。貝塚をともなう生活面より出土。
唐古遺跡	奈良県磯城郡田原本町	〃	全長四・〇センチ、材質鹿角。基部にへこみがあり、骨栓插入部とかすかに区別できる。孔数二。無文。竪穴より出土。
瓜郷遺跡	愛知県豊橋市瓜郷町寄道	弥生中期初頭	全長三・八センチ、材質鹿角。其部が台状となり、骨栓插入部とはっきり区別できる。孔数一。平行線刻。貝塚より出土。
〃	〃	〃	全長五・三センチ、材質鹿角。基部が台状となり、骨栓插入部とはっきり区別できる。孔数五。無文。河床より出土。
大浦山遺跡	神奈川県三浦市大浦山洞窟	弥生後期	全長八・五センチ、材質鹿角。頂部、骨栓插入部、基部に分れる。基部は二重台状となり、骨栓の部が特殊なつまみ形となっている。孔数七。無文。貝塚をともなう生活面より出土。
津田山囲横穴	神奈川県川崎市	古墳後期	全長七・四センチ、材質鹿角。頂部、骨栓插入部、基部にわかれ、頂部は三角錐状、基部は二重台状を示している。異常に長くなった基部は長軸と同方向に三分の一ぐらい切り取っている。孔数四。無文。横穴内より出土。
トコロチャシ遺跡	北海道常呂郡常呂町	平安時代	全長七・四センチ、材質不明。頂部、骨栓插入部、基部にわかれ、頂部はとびだしてとがっている。基部は長く両端が一段と高くなり、長軸と同方向に三分の一ぐらい切り取っている。孔数四。無文。竪穴より出土。

(6) 右同書、一九二頁。
(7) 昭和五十一年一月二十五日、朝日新聞朝刊。
(8) 国分直一、前掲論文、一八九〜九〇頁。
(9) 『日本原始美術』一。
(10) 田中琢「〃まつり〃から〃まつりごと〃へ」(『古代の日本』第五巻、近畿)。
(11) 林謙三『東アジア楽器考』所収「和琴の形態の発育経過について」。
(12) このほか、奈良県・鳥取県・岐阜県などからも出土している。
(13) 鈴については、金属製のもののほかに土製のものも認められる。
(14) これらの考古学的遺物のなかには横笛がみられないが、現在のところ確認されていない。しかし、後述する文献史料の考察により、かなり古くから竹製の横笛も存在していたことが考えられる。また、石笛・土笛・塤・笛的に用いた壺とは、文献史料の天の鳥笛にあたると思われ、横笛よりも古いものであろう。
(15) 日本古典文学大系『古事記・祝詞』九八頁、頭注の九。
(16) この場合の「八」は、美称と考えるのが妥当と思われ、八弦琴は必ずしも存在したとは確言できない。
(17) 『縮印百衲本二十四史北斉書・周書・隋書』隋書八一、列伝四六、一一六九五(八一七)。
(18) 田辺尚雄氏は、『日本音楽史』(東京電機大学出版部)において、琴の発展段階を次のように三期に分けて考えておられる。
第一期　トリゴノン形式で立って歩きつつ奏した時代。(五世紀以前)
第二期　朝鮮の琴を模して琴柱を用い、胡座して膝の上にのせて奏した時代。(五世紀ごろ)
第三期　今日の形となり、座して床上に置いて奏する。(七世紀以後)
また、林謙三氏は『東アジア楽器考』所収「和琴の形態の発育経過について」のなかで、「これを要するに、原始的なコトから今日の形態の和琴に大成するまでにはさまざまの変遷経過をもっている。厳格な意味では原始的なコトと後の和琴とは一応区別されるべき根本的差違のあるものである。云わば前者がある動機によって、突然変異をして後者の部類に転籍することになったとも云えるのであって、上古のコトのその系統内における自然的進化によって後の和琴が誕生したのではなく、計画的に、意識的に別の新楽器和琴が—もちろん一朝一夕にではなく—作られたものでありながら、民族楽器としてコトと同価値に引きつづいて愛用されたところから、同じ楽器のように後世の人に思いこまれていたのにすぎないのである」と結論づけておられる。

　このように琴に関して諸説が提示されているが、いずれも決定的なものではない。

(19) 田辺尚雄『日本音楽史』(東京電機大学出版部) 四〇～一頁。

(20) これは、神を降ろすときの一種の音楽と考えられるという(『東洋音楽研究』第一八号「座談会・日本古代音楽をめぐって」三五頁)。

(21) 古代において、鈴がいかなる機能を有していたのかはほとんど研究されていないが、埴輪のなかには鈴鏡を腰につけている巫女がみられ、『伊賀国風土記』逸文には「猿田彦神女、吾娥津媛命、日神之御神、自㆓天上㆒投降給之三種之宝器之内、金鈴知之守給」とあり、猿田彦の神の娘、吾娥津媛命が日神之御神の投げた三種の宝器のなかの金の鈴を領有して奉祭したことが述べられていることなどから、元来祭祀と深い結びつきをもっていたことが知られよう。しかも、後世巫女の舞には鈴を採物として使用していることや、呪術的要素が強く残っている密教の重要な楽器として鈴があることから、鈴には精霊を振り起こす、あるいは悪霊を清浄する機能があると考えられていたと推察される。

(22) いわゆる喪礼における音楽が、タマフリの役割を果たすのか亡魂の鎮息の意味をもっていたのかは問題の残るところであるが、これについては、同章第三節の注(60)(61)においても触れているので参照されたい。

(23) ここでいっている鼓吹の笛とは、「鼓吹」の「吹」のいわゆる角・大笛のことである。

(24) 日本古典文学大系『風土記』逸文・伊賀国、唐琴の頭注。

(25) 岩橋小弥太氏は『芸能史叢説』の「上代の歌謡」のなかで、『古事記』『日本書紀』に描かれている歌舞について、「『古事記』は和銅五年に成り、『日本書紀』は養老四年に撰上せられたものである。それに見えてゐる歌謡や舞踊は、その当時に謡はれたり、舞はれたりしてゐたものを、それに附随する起源伝説によつて、古い歴史的事件として取上げられたものである」と述べられ、歌舞は和銅・養老年間ごろのものであることを示唆しておられるが、私はそこに描かれている歌舞の姿は必ずしもすべてが和銅・養老年間ごろのもののみではなく、古い歌舞の姿を写していると考える。また、和銅・養老年間の歌舞の姿であったとしても、歌舞そのものは時代とともにあまり大きく変化するものではないことから、少なくともその伝承のなかから古い歌舞の姿を窺い知ることはできよう。そういう意味においても『古事記』『日本書紀』『風土記』の伝承のなかにみられる歌舞を考察することは、日本古来の音楽の実態を知るうえで欠かせぬ作業といえよう。

(26) 中国音楽の研究(特に唐代ならびにそれ以前の音楽についての研究)は、岸辺成雄氏らによって進められたが、朝鮮、特に三国時代の朝鮮における音楽の研究は、史料が少ないために、満足な成果はあげられていない。また、私見では、本節において検討するような研究もみられないのであり、最低限このような考察はなされねばならないであろう。古代朝鮮三国の音楽をさらに理解するためには、多数の古墳群の壁画などに描かれた楽舞資料によらなければならないのであり、これは今後に残された課題といえよう。

(27)『縮印百衲本二十四史三国志』魏書三〇、四五二七（四一五）。
(28) 右同、四五二七（四一五）
(29)『縮印百衲本二十四史晋書』晋書九七、列伝六七、五四九三（六六一）。
(30) 右同、五四九三（六六一）。
(31)『縮印百衲本二十四史北史』北史九四、列伝八二、一三八一二（一二五六）。
(32)『三国史記』巻第三二、雑志第一（楽）。
(33) 岸辺成雄『東洋の楽器とその歴史』二〇三頁。
(34) 右同書、三六頁。
(35)『縮印百衲本二十四史北史』北史九四、列伝八二、一三八一二（一二五六）。
(36) 右同、一三八〇九（一二五三）。
(37)『縮印百衲本二十四史後漢書』後漢書八五、列伝七五、三七七四（一二六四）。
(38)『三国史記』巻第三二、雑志第一（楽）。
(39)『縮印百衲本二十四史北史』北史九四、列伝八二、一八八一一（一二五五）。
(40)『縮印百衲本二十四史隋書』隋書八一、列伝四六、一一六九一（八一三）。
(41)『楽家録』巻之三七に、「旧記曰高麗曲者、推古天皇御宇舞師来朝時、聖徳太子摂政命レ習レ之、而未レ精」とある。
(42)『縮印百衲本二十四史後漢書』後漢書八五、列伝七五、三七七一（一二六一）。
(43)『縮印百衲本二十四史三国志』魏書三〇、四五二一（四〇九）。
(44)『縮印百衲本二十四史南史』南史七九、列伝六九、一二五三〇（八〇〇）。
(45)『縮印百衲本二十四史北史』北史九四、列伝八二、一三八〇九（一二五三）。
(46) 右同、一三八〇九（一二五三）。
(47)『三国史記』巻第三二、雑志第一（楽）。
(48) 十部伎については、のちの唐楽のところで述べる。

(49)『縮印百衲本二十四史後漢書』後漢書八五、列伝七五、三七七〇（一二六〇）。

(50)『縮印百衲本二十四史三国志』魏書三〇、四五二一（四〇九）。

(51)林屋辰三郎氏は『中世芸能史の研究』第一部第三章第一節の四「三国楽の伝来」において、推古天皇十三年四月高句麗国大興王が造仏のため黄金を貢上し、同十八年三月には僧曇徴らを貢して彩色および紙墨を作り碾磑を造る技術を伝えていることや、同二十六年八月に鼓吹が伝えられていることから、『楽家録』所引の日記の述べている高麗楽伝来の可能性を認めておられる。

(52)『縮印百衲本二十四史後漢書』後漢書八五、列伝七五、三七七六（一二六六）。

(53)『縮印百衲本二十四史北史』北史九四、列伝八二、一三八一九（一二六三）。

(54)ここまでの中国音楽に関しては、岸辺成雄『唐代音楽の歴史的研究』（楽制篇）上の、特に九〜三一頁、同じく『東洋の楽器とその歴史』の特に一一〜三五頁、『音楽事典』（平凡社）の雅楽の項などによった。また、以後の唐代の音楽に関しても同様である。

(55)十部伎とその楽器については、『唐六典』巻一四の一九にみられる。

(56)岸辺成雄『東洋の楽器とその歴史』三〇〜一頁。

(57)『音楽事典』（平凡社）では、岸辺成雄氏は、立部伎と座部伎の二部伎の楽器に関して、「二部伎は西域楽器、中国俗楽器に少数の雅楽器（鐘・磬など）をまじえた楽器編成で奏した云々」と述べられており、『東洋の楽器とその歴史』のなかで述べている二部伎の楽器とは多少異なる。

(58)林屋辰三郎氏は『中世芸能史の研究』一八三〜四頁において、唐楽の伝来をおおよそ推古天皇三十一年から舒明天皇四年前後のころとされている。また林屋氏は、その点を考えさせるものとして、舒明天皇四年冬十月の記事について次のように述べられている。

> この遣唐使を送り来たった唐国使人高表仁等が難波津に泊ったとき、大伴連馬養《おおとものむらじうまかい》がこれを江口に迎えたが、船卅二艘および「鼓吹旗幟、皆具整餝」とあることである。この記載はもとより楽舞に関してではないが、一種の整餝のための鼓吹の楽は伝わったとみて差支えないであろう。従って楽舞もまた、時をへだてずして伝えられたとみて差支えあるまい。

林屋氏はこのなかで「鼓吹旗幟、皆具整餝」をわが国の出迎えの内容としてとらえておられるのであろうが（また実際、そう解釈するのが正しい）、そうであるならば、林屋氏の「一種の整餝のための鼓吹の楽は伝わったとみて差支えないであろう」という表現では曖昧であり、「一種の整餝のための鼓吹の楽は伝わっていたとみて云々」とすべきであろう。しかし、またわが国の出迎えの鼓吹であったとしても、鼓吹はすでに推古天皇二十六年秋八月癸酉朔日に高句麗よりもたらされているのであり、特にこの鼓吹が唐より伝えられた鼓吹とはいえず、この記事をもって、「従って楽舞もまた、時をへだてずして伝えられた」とは必ずしもいえない。

(59) 岸辺成雄『唐代音楽の歴史的研究』（楽制篇）上、二三〜四頁。

(60) 日本古代における喪礼と歌舞については、挽歌・葬歌・遊部・殯宮などをめぐってさまざま議論されているが、私は、『古代歌謡と儀礼の研究』『古代歌謡の世界』で述べておられる土橋寛氏の説に全面的に賛成したい。すなわち、特に喪礼と歌舞について簡単に述べると、喪礼は殯と葬に分けられ、歌舞というのはその殯の期間に死者の蘇生を願って行なわれ、衰亡した生命力を強化するタマフリの意味をもつものであるというものである。

(61) これらについて補足して考えてみると、葬送令にはその葬送具条に「以外葬具及遊部（中略）並従㆓別式㆒」と規定され、鼓吹などのほかに遊部が加えられることが示唆されているが、これはいわゆる古来の殯喪の名残りであって、令制以後には必ずしもすべての場合の喪礼に鼓吹とともに加わり、その業を行なったとは考えられない。文武天皇四年三月には火葬が初めて行なわれたが、令成立当初は依然として殯喪が一般的であったことにより、遊部も令のなかに残されたのであろう。しかし、その後殯喪が衰え火葬が盛んになると、死者を火によって葬るという事実、また殯の期間がなくなったということによって、タマフリの意味は薄れ、遊部の必要性もなくなっていったのであろう。そして、それに代って元来はタマフリ的意味をもっていたであろう外来の鼓吹が、単に装飾的・儀仗的音楽として演奏されるようになっていったと考えられる。

(62) 『続日本紀』天平三年七月乙亥条。

(63) 『令集解』公式令、詔書式条、古記のなかにこのような考えがみられる。また、「諸蕃」などについては、石母田正『日本古代国家論』第一部「Ⅶ天皇と諸蕃」のなかに述べられている。

(64) 岩橋小弥太氏は『芸能史叢説』の「雅楽寮と楽所」のなかで、唐楽生は日本人および唐の帰化人から採用し朝鮮三国の楽生はそれぞれの帰化人から採用することについて、適当な人が得られなかったからであろうとされ、さらに「百済楽生だけが増加したといふのは、当時百済からの帰化人がそれだけ多かつたといふことを物語つてゐるのである」と述べておられる。あるいは単にこれだけの理由によるものであったとも考えられなくもないが、私はこのなかにもう少し積極的な意味を認めたい。

(65) 『類聚三代格』巻一九、禁制事。

(66) 『教訓抄』巻第四。

(67) 『令集解』巻七、僧尼令。

(68)(69)　『類聚三代格』巻四、加減諸司官員并廃置事。
(70)　これらの楽器のほかに、正倉院には七絃準（林謙三氏のつけられた名称）、五絃琵琶・阮咸・竽・瑟・二ノ鼓などが残されており、楽衣の墨書やそのほかの資料には、揩鼓（答臘鼓）・鶏婁鼓・鼗・一ノ鼓・三ノ鼓・四ノ鼓・銅鈸子などの楽器の名がみられる。これらの楽器が実用されたか否かは別として、一応日本に伝来していたことが知られる。
(71)　これについては、第二部第一章・二章・三章の雅楽寮・内教坊・大歌所のそれぞれの楽人の出自をみることによってさらに一層明らかである。
(72)(73)　『類聚三代格』巻一九、禁制事。

第二章　儀式と音楽

第一節　はじめに

日本の儀式の起源は、縄文・弥生時代まで遡ることができる。縄文時代には土偶が作られ、屈葬の風習も一般的であったが、土偶は生殖・豊穣に関した呪術的儀礼の対象として使用され、屈葬も呪術的な喪礼と関連があったと思われる。弥生時代に入り農耕が始まると人々の生活は一変し、行事も農耕儀礼を中心に周期的に営まれるようになり、年中行事として民間に定着する。春の予祝の祭には豊作を願って呪術的な儀式が行なわれ、農耕儀礼の最大のイベントである秋の収穫の祭では、神とともに宴を設け歌舞に酔いしれたことであろう。また、喪礼においては、死者の蘇生を願って歌舞が奏されたであろう。

その後、部族的小国家間の戦闘により国々は次第に統一され、全国的な統一国家が成立すると、被支配者は支配者へ服属儀礼として、歌舞をもって奉仕することにもなる。そして、支配者は民間で行なわれていた農耕儀礼などを朝廷の儀式として採用する。

六世紀に陰陽道や仏教が伝えられると、それにともなって中国の行事や仏教儀式が流入し、やがてそれらが宮廷や大寺で採用されるようになる。

儀式において音楽が重要な役割を有していたことは、右に述べるまでもなく、第一章の考察で明らかであるが、本章では、ほぼ古代全体を通じての儀式と音楽について考察を進めたいと思う。第二節では、宮廷における年中行事とそのなかで奏される音楽に関して、第三節では、寺院における仏教儀式すなわち法会とそのなかにおいて奏される音楽に関して、それぞれ考察を進めていくことにしよう。

第二節　宮廷儀式と音楽

山中裕氏は、日本の宮廷儀式の起源について、次のように分類しておられる。(1)

A　唐行事輸入のもの。

B　日本民間行事が宮廷に採用され歳事となったもの。

C　A・B折衷のもの。

そこで、音楽をともなう儀式に関しては、次のように考えられる。すなわち、まず唐より伝来した行事について、第一に唐において行事のなかで奏されていた音楽をともなって日本に伝来した場合、第二に音楽をともなわずに行事のみが伝えられた場合である。第一の場合は、日本の宮廷において当然行事とその音楽がともに採用されたであろう。第二の場合は、行事が外来のものであるということから、行事と直接に関係あるか否かにかかわらず、外来の音楽から採用されたと考えられる。また、日本の民間の行事から宮廷へ吸収された場合は、古来の音楽が採用されたと思われる。さらには、これらの行事の性格に関係なく、権力者の意志により、特定の音楽を演奏させるようになったことも考えられる。

したがって、宮廷における音楽をともなう儀式については、およそ次のように類型化できる。

(1) 外来の儀式において外来の音楽が奏される。

(イ) 音楽をともなって外国の行事が伝来し、それをそのまま採用する。

(ロ) 音楽をともなわずに外国の行事が伝来し、日本において、同じ外来の音楽のなかから選択され採用される。

(2) 日本古来の儀式に、古来の音楽が奏される。

(3) 儀式や音楽の性格にかかわりなく、支配者の意志によって自由になされる。

本節では、このような儀式と音楽との性格を考慮したうえで、いかなる儀式にいかなる音楽が奏されたのか、また、これらの時期的変遷からいかなる特質がみられるかなどについて考えていきたい。

一 国史にみられる儀式と音楽

国史には、儀式と音楽に関して多くの記述がみられる。ここでは、これらを史料として七世紀後半より九世紀後半までの儀式と音楽に関して検討してみよう。

山中裕氏の研究によると、儀式は淳仁天皇より桓武天皇あたりまでが一応宴から節に代わる過渡期であり、平城・嵯峨天皇時代に節会として成立するということである。(2) 実際に『日本書紀』『続日本紀』にみられる儀式は明確な節会の形をとらず、多くは饗宴として現われており、この点については第一章第三節においてみたとおりである。

しかしながら、雑令の規定によると、その諸節日条に、

凡正月一日、七日、十六日、三月三日、五月五日、七月七日、十一月大嘗日、皆為二節日一。其普賜、臨時聴レ勅。

とあり、[3]すでに令制のなかに節会の日が定められていたことが知られる。また、山中氏の研究によると、このほかに正月十五日の御薪、十七日の射礼、二月・八月の釈奠、六月・十二月の大祓などもすでに儀式として定められていたという。[4]

そこで、まず『日本書紀』『続日本紀』における饗宴をふたたび丹念に調べると、以下のような儀式とその音楽を知ることができる。

第一章での第1表を参照すると一層明らかであるが、まず『日本書紀』天武天皇十年（六八一）正月丁丑条に、

天皇御二向小殿一而宴之。是日、親王、諸王引二入内安殿一、諸臣皆侍二于外安殿一。共置レ酒以賜レ楽。則大山上草香部吉士大形授二小錦下位一。仍賜レ姓曰二難波連一。

とあり、『続日本紀』慶雲三年（七〇六）正月壬午条に、

饗二金儒吉等于朝堂一、奏二諸方楽于庭一。叙レ位賜レ禄各有レ差。

と記され、同天平宝字七年（七六三）正月庚戌条に、

帝御二閤門一、授二高麗大使王新福正三位、副使李能本正四位上、判官楊懐珍正五位上、品官著緋達能信従五位下一。余各有レ差。賜二国王及使傔人已上禄一亦有レ差。宴二五位已上及蕃客一、奏二唐楽於庭一。賜二客主五位已上禄一各有レ差。

とあり、それぞれ「楽」「諸方楽」「唐楽」と外来の音楽を中心にさまざまな音楽が演奏されている。このときには、正月七日のいわゆる白馬の節会として成立していたかどうかは明白でないが、節会の前身の饗の形をとっていたこと

は明らかである。また、同大宝二年（七〇二）正月癸未条に、

宴二群臣於西閣一、奏二五帝太平楽一、極レ歓而罷。賜レ物有レ差。

とあり、五帝太平楽が奏されている。正月十五日は御薪の儀であるが、このときのはその饗宴であったか否かは明らかではない。御薪の儀は日本古来の儀式であるが、その饗宴と思われるところにおいて唐楽である五帝太平楽が奏されている。これは、饗宴が儀式化された節会として明確に成立していないことを示していると思われ、いわゆる饗宴という形をとった場合は、宴飲の余興的音楽としてさまざまな音楽が行なわれたことが考えられる。さらに、同和銅三年（七一〇）正月丁卯条に、

天皇御二重閣門一、賜二宴文武百官幷隼人蝦夷一、奏二諸方楽一。従五位已上賜二衣一襲一。隼人蝦夷等亦授レ位賜レ禄。各有レ差。

とあり、同霊亀元年（七一五）正月己亥条に、

宴二百寮主典以上並新羅使金元静等于中門一、奏二諸方楽一。宴訖、賜レ禄有レ差。

とあり、それぞれ「諸方楽」が奏され、同天平十四年（七四二）正月壬戌条には、

天皇御二大安殿一、宴二群臣一。酒酣奏二五節田舞一。訖更令二少年童女踏歌一。又賜二宴天下有位人幷諸司史生一。於レ是、六位以下人等鼓レ琴、（下略）

とあり、五節田舞・踏歌がなされ、六位已下の者による「鼓琴」が行なわれるなどして、ここにおいても踏歌の節の饗宴と思われる日に、日本古来の歌舞、外来の楽舞などのさまざまな音楽が奏されていることが知られる。同天平宝字三年（七五九）正月乙酉条には、

（上略）賜二国王及大使已下禄一有レ差。饗二五位已上、及蕃客、幷主典已上於朝堂一、作二女楽於舞台一、奏二内教坊踏歌於庭一。「客主典殿已上次之」事畢賜レ綿各有レ差。

とあり、女楽・踏歌が行なわれ、同七年正月庚申条には、

帝御二閤門一、饗二五位已上及蕃客、文武百官主典已上於朝堂一。作二唐吐羅、林邑、東国、隼人等楽一、奏二内教坊踏歌一。客主主典已上次レ之。賜下供二奉踏歌一百官人及高麗蕃客綿上有レ差。

とあり、唐・吐羅・林邑・東国・隼人の楽そして踏歌が奏されている。これは、賭弓・射礼の儀であるのか、踏歌が行なわれていることから踏歌の節であるのか明らかではないが、ここにおいて少なくともいえることは、日本古来の歌舞、外来の楽舞を問わず、また儀式の性格に関係なく、さまざまな音楽が演奏されたということである。同神亀五年（七二八）正月甲寅条に、

於レ是高斉徳等八人並授二正六位上一。賜二当色服一。仍宴二五位已上及高斉徳等一。賜二大射及雅楽寮之楽一。宴訖賜レ禄有レ差。

とあり、「雅楽寮之楽」が奏されていることも同様の意味を示していよう。これらのほかに、『日本書紀』天智天皇十年（六七一）五月丁酉朔辛丑条には、

天皇御二西小殿一。皇太子、群臣侍レ宴。於レ是再奏二田儛一。

とあり、田舞がなされ、『続日本紀』天平十五年（七四三）五月癸卯条の端午の節と思われる饗宴に、

宴二群臣於内裏一。皇太子親儛二五節一。（下略）

と、五節舞が行なわれている。端午の節は、中国の節の影響の強いものであるが、このとき日本古来の舞が行なわれ

ているのであり、これまた、儀式の性格にかかわらず自由に奏楽されていることが知られる。

このように、『日本書紀』『続日本紀』のなかには、節会として成立する以前の儀式が饗宴としてみられるが、ここにおいて奏される音楽を以上の史料で検討した限りにおいて最低限にいえることは、この時期の饗宴における音楽というのは、その音楽の性格、儀式の性格、すなわち日本古来のもの外来のものに関係なく、おもに饗宴の余興的音楽として自由に行なわれていたということである。そして、これは饗宴という形をとっていたからこそ、さまざまな音楽が行なわれたと考えられるのである。

つづいて、『日本後紀』以下『日本三代実録』までの国史にあらわれる音楽をともなう儀式について検討していこう。この時期には、すでに多くの儀式が節会として年中行事化している。しかしながら、これらの記事の多くは、たとえば『日本後紀』弘仁三年（八一二）九月丁丑条に「曲宴。奏レ楽。賜二侍臣禄一有レ差」とあり、『続日本後紀』承和九年（八四二）正月戊戌条に「天皇朝二観太上天皇及太皇大后『宮』於嵯峨院一。于時雅楽寮奏二音楽一」とあるように、「奏レ楽」「雅楽寮奏二音楽一」などと記され、音楽の内容については具体的に述べられていない。そのなかでも、わずかに音楽の内容が知られ、一定化していると考えられるのは、まず、正月七日の白馬の節会における女楽、正月十六日の踏歌の節における踏歌、正月二十一・二十二・二十三日に行なわれる内宴における「内教坊奏楽」であり、これらの行事は、いずれも内教坊による女楽が中心であることが知られる。また、大嘗祭においては、『日本三代実録』貞観元年（八五九）十一月条に、

○十七日戊辰。未二鶏鳴一。大嘗宮祭礼既訖。（中略）悠紀国奏二風俗歌舞一。（中略）○十八日己巳。（中略）乃主基国奏二風俗歌舞一。（中略）○十九日庚午。撤二去悠紀主基両帳一。天皇御二豊楽殿広廂一。宴二百官一。多治氏奏二田舞一。伴佐伯両

氏久米舞、安倍氏吉志舞、内舎人倭舞。入レ夜宮人五節舞。並如二旧儀一。宴竟賜二絹綿一各有レ差。（下略）

とあるように、そこで奏される音楽は、悠紀・主基の国の風俗の歌舞、多治氏による田舞、伴・佐伯氏による久米舞、安倍氏による吉志舞、内舎人による倭舞、宮人による五節舞などであり、いずれも日本古来の歌舞であった。さらに、新嘗祭の豊明節においては、同五年十一月十五日条に、

天皇御二前殿一、宴二於群臣一、奏二大歌五節舞一。賜レ禄如レ常。

とあり、五節舞が舞われ大歌が歌われていたのであり、やはりこれらは日本古来の歌舞であった。

以上のように、六国史により音楽をともなう儀式について考察してきたが、これらの史料から次のことがいえる。すなわち、六国史のなかでも『日本書紀』『続日本紀』から知られたように、まだ節会として明確に成立せずに饗宴の形をとっていた時期の儀式における音楽は、必ずしも一定していなかった。しかし、『日本後紀』以降にみられたように、節会として明らかに年中行事化した段階においては、儀式における音楽もほぼ一定のものに定められていったのである。したがって、儀式を通じて考察した限りにおいて、音楽は節会の成立と密接不可分の関係をもっているのであり、節会成立の過渡期とみられる淳仁・桓武朝は儀式における音楽の一つの転換期、すなわち饗宴において音楽が種々雑多に奏されていたものから、一定の儀式に一定の音楽が奏されるという時期であったと考えられる。

第二部において述べるように、雅楽寮の楽官・楽人を検討すると、およそ桓武天皇の時代にあたる八世紀後半を一つの境として、それ以前に多かった帰化系の楽官・楽人が減少し、わが国の人が楽官・楽人として輩出するという事実が知られ、雅楽寮とは別個の大歌所という楽舞機関が成立するのもまた桓武天皇前後の時代であった。儀式における音楽の転換期と考えられる時期と、雅楽寮の楽官・楽人の出自の内容が変化する時期がはからずも一致したわけで

あり、この桓武天皇の時期を古代音楽史における一転換期（第二期のはじまり）と考えたい。

二　有職書にみられる儀式と音楽

九世紀に宮廷儀式が整えられると、その朝儀を記した有職書が著わされるようになる。ここでは、『内裏式』『内裏儀式』『貞観儀式』『西宮記』『北山抄』『江家次第』『延喜式』『政事要略』を用いて、九世紀以後の儀式と音楽について考察していこう。

まず、これらの有職書にみられる音楽をともなう儀式についてまとめると、第2表のようになる。それによると、儀式における音楽の内容が各書においてほぼ一致していることから、およそ九世紀以降の時期には、儀式における音楽が、『日本後紀』以下の先の史料からも窺えたように、儀式化され一定化して奏されていたことが知られる。

次に、これらの儀式を、特に『西宮記』『北山抄』『江家次第』により、その奏された音楽から、分類してみると次のようになる。

(1)　日本古来の音楽を中心として行なわれる儀式。

大原野祭（二月・十一月）、祈年祭（二月）、園幷韓神祭（二月・十一月）、石清水臨時祭（三月）、平野祭（四月・十一月）、梅宮祭（四月・十一月）、吉田祭（四月・十一月）、神今食（六月・十二月）、月次祭（六月・十二月）、鎮魂祭（十一月）、新嘗祭（十一月）、賀茂臨時祭（十一月）、大嘗祭（十一月）

(2)　外来の音楽を中心として行なわれる儀式。

朝覲行幸（正月）、二宮大饗（正月）、大臣家大饗（正月）、御斎会（正月）、賭弓（正月）、釈奠（二月・八月）、十一日列見

第2表　宮廷儀式と音楽

行事名	史料名	音楽の内容	備考
元日の節会	内裏式	吉野国栖の歌笛・大歌（または立歌）・雅楽寮の奏歌	国栖の歌笛・雅楽寮の奏歌は蕃客があれば奏さず。
	内裏儀式	大歌（または立歌）	
	貞観儀式	吉野国栖の歌笛・大歌（または立歌）・雅楽寮の奏歌	蕃客あれば奏さず（大歌を除く）。
	西宮記	吉野国栖の歌笛・雅楽寮の奏楽―立楽	立楽に催馬楽奏することあり。またこの節会に御遊も行なわれた。
	北山抄	吉野国栖の歌笛・雅楽寮の奏楽	
	江家次第	吉野国栖の歌笛・立楽―雅楽寮の奏楽（調子・音声・万歳楽・地久・賀殿・延喜楽など）	
朝観行幸	続日本後紀	音楽を奏す・左右近衛府舞を奏す	
二宮大饗	西宮記	楽舞―各二曲	
	北山抄	音楽	
	江家次第	雅楽寮舞各二曲（左―万歳楽・北庭楽、右―地久・延喜楽）を奏す	
大臣家大饗	西宮記	雅楽寮音声を発す	
	江家次第	雅楽寮舞左右各二曲（左―万歳楽・賀殿、右―地久・延喜楽）を奏す	
白馬の節会	内裏式	吉野国栖の歌笛・大歌・立歌・舞妓	蕃客あれば奏さず（舞妓を除く）。
	内裏儀式	妓楽・女楽	この妓楽とは女楽のことであろう。
	貞観儀式	吉野国栖の歌笛・大歌・立歌・舞妓	国栖の歌笛・大歌・立歌は蕃客があれば、必らずしも奏さず。舞妓とは女楽のこと。
	西宮記	吉野国栖の歌笛・内教坊の女楽・雅楽寮奏舞（皇帝破陣楽・万歳楽・喜春楽・玉樹後庭花など）	この奏舞の管絃の演奏は雅楽寮によるもので、舞は内教坊の舞妓によるか。
	北山抄	吉野国栖の歌笛・内教坊の女楽	
	江家次第	吉野国栖の歌笛・内教坊の女楽―内教坊の奏舞（皇帝破陣楽・玉樹後庭花・	この江家次第によると、舞妓・楽女と

		赤白桃李花・万歳楽・喜春楽など）	いう言葉が使用されている。したがってここの奏舞、そして奏楽も女人によってなされたことが考えられる。また西宮記の奏舞・奏楽はともにやはり内教坊の舞妓・楽女によるものであったと考えられる。
御斎会	貞観儀式	雅楽寮の奏楽（左—唐楽、右—高麗楽）	
	西宮記	雅楽寮の奏楽・奏舞	
	北山抄	雅楽寮の奏楽・奏舞	
	江家次第	雅楽寮の奏楽・奏舞	
踏歌の節	内裏式	吉野国栖の歌笛・大歌・立歌・踏歌、蕃客があるとき→雅楽寮の奏楽・客徒によるその国楽・踏歌	
	貞観儀式	吉野国栖の歌笛・大歌・立歌・踏歌、蕃客があるとき→雅楽寮の奏楽・客徒によるその国楽・踏歌	
	西宮記	吉野国栖の風俗・雅楽寮の奏楽・踏歌	
	北山抄	吉野国栖の歌笛・雅楽寮立楽を奏す・踏歌	
	江家次第	吉野国栖の歌笛・雅楽寮の奏楽・踏歌	
賭射	西宮記	勝方の乱声・舞	
	北山抄	勝方の奏楽	
	江家次第	勝方の乱声・勝負舞	
内宴	西宮記	内教坊の奏楽・御遊	
	北山抄	内教坊・雅楽寮の奏楽	
	古今著聞集	春鶯囀・席田・酒清司—御遊か	参考としてあげた。
釈奠	延喜式	雅楽寮の奏楽	
十一日列見	西宮記	雅楽寮の奏楽	
	江家次第	雅楽寮の奏楽	

行事名	史料名	音楽の内容	備考
大原野祭	貞観儀式 江家次第	近衛等の東舞・神主の和舞・歌・琴・笛 和舞	
春日祭	貞観儀式 江家次第	近衛の東舞・神主の和舞・歌・琴・笛 和舞・東遊び	
園幷韓神祭	貞観儀式	湯立舞・神楽・琴・笛・歌・和舞	
円宗寺最勝会	江家次第	雅楽寮の奏楽	
石清水臨時祭	江家次第	東遊び・神楽	
二孟旬儀	江家次第	近衛の奏楽・奏舞	
駒牽	貞観儀式 北山抄	近衛の奏楽・雅楽寮の奏楽 近衛の奏楽・近衛の東遊び	
平野祭	貞観儀式 江家次第	歌・琴・笛・和舞・神舞 神楽・倭舞	この神楽は雅楽寮により掌られた。
梅宮祭	江家次第	御神児舞・倭舞	
吉田祭	江家次第	和舞	
供菖蒲	西宮記	雅楽寮の音楽・国栖奏	ほかに雑芸が行なわれた。
観馬射式	内裏式	雅楽寮の奏楽	
神今食	西宮記	近衛による神楽	
月次	延喜式	五節舞・鳥名子舞	
相撲召仰	内裏式 貞観儀式	乱声・厭舞・左右の奏舞 乱声・厭舞・左右の奏楽・散楽	

	西宮記	乱声・厭舞・左右の奏舞	
	北山抄	乱声・奏舞	
	江家次第	乱声・振舞・奏舞	
定考	政事要略	雅楽寮の奏楽	
	西宮記	雅楽寮の奏楽	
九日節会（菊花宴）	内裏式	女楽	
	貞観儀式	吉野国栖の歌笛・女楽	
	西宮記	吉野国栖の笛・内教坊の女楽	
鎮魂祭	貞観儀式	雅楽寮による奏歌・琴・笛・御巫舞・御巫媛女舞	この神楽は神祇官とともに雅楽寮によって掌られた。
	延喜式	琴・笛	
	江家次第	神楽・倭舞	
新嘗祭	内裏式	吉野国栖の歌笛・大歌・立歌・五節舞	
	貞観儀式	吉野国栖の歌笛・大歌・立歌・五節舞	
	江家次第	吉野国栖の歌笛・大歌・女楽・和舞・雅楽寮の奏楽	
賀茂臨時祭	江家次第	東遊び・神楽・人長舞	
大嘗祭	貞観儀式	田舞・大歌・風俗の歌舞・吉野国栖の歌笛・悠紀主基の国風・雅楽寮の奏楽など	
	延喜式	吉野国栖の歌笛・悠紀主基の国風・倭舞・田舞	
	北山抄	吉野国栖の歌笛・大歌・和舞・田舞・久米舞・吉志舞	
	江家次第	吉野国栖の歌笛・悠紀主基の国風・田舞・御遊	

注　音楽の内容欄の記事については可能な限り記したが、楽曲名など細かなものは省略したものもある。

（二月）、円宗寺最勝会（二月）、二孟旬儀（四月・十月）、供菖蒲（五月）、観馬射式（五月）、相撲召仰（七月）、定考（八月）、追儺（十二月）

(3)　日本古来の音楽・外来の音楽の両者を中心として行なわれる儀式。

元日の節会（正月）、白馬の節会（正月）、踏歌の節会（正月）、内宴（正月）、駒牽（四月）、九日節会（九月）

これによると、(1)に分類したように、日本の古来の祭には、外来の組織的音楽いわゆる雅楽はほとんど演奏されておらず、日本古来の歌舞が中心となって奏されていた。雅楽が中心となって奏されたのは、分類(2)のような中国より伝来した行事、(3)のような中国より伝えられたものと日本古来のものとの折衷された行事であった。

第2表にみられる和舞あるいは園幷韓神祭儀については、上田正昭氏の研究によると、[5]元来は朝鮮のものであったようであるが、第一章で述べたように第一期令制前の朝鮮三国と日本の土俗的風習には共通しているものもあり、また日本には多数の朝鮮からの帰化人が生活していることから、これらの和舞・園幷韓神祭が朝鮮からもたらされると、難なく日本に定着したことが考えられる。また、第2表によると、祭のなかには雅楽寮が音楽を奏仕している例がみられるが、その音楽の内容は雅楽寮のなかの歌人・歌女らが日本古来の歌舞を奏したのであり、外来の楽舞を奏したものではなかった。雅楽寮は、『江家次第』巻第六、平野祭条に「次雅楽寮令レ持二御琴一、渡二於東屋一供二奉神楽一」とあるように単独で、あるいは同じく巻第一〇、鎮魂祭条に「次神祇雅楽神楽」とあるように神祇官とともに、神楽までも掌ることがあったのである。

(1)〜(3)に分類した儀式について、さらに検討してみよう。(1)の日本古来の神事的行事である祭において、日本古来の歌舞が奏されるということは、これらの歌舞が以前に有していた神事的役割を継受していることを示唆するものである。祭は古代人にとって、神と接するためのもっとも重要な場であったが、このときに奏される音楽は従来の神事的歌舞でなければならず、ここに外来の音楽の入りこむ余地はまったくなかった。このように考えると、また(2)のように外来の音楽が奏されるのは中国より伝来した行事であったことは至極当然であったであろうし、(3)のように日本古来の歌舞・外来の楽舞がともに奏されるのは、中国と日本の行事の折衷された儀式であったことも肯定しえよう。しかし、(3)の場合には、いつごろ、何故外来の音楽が付け加わっていったのかが問題となる。

(3)に分類した元日の節会について、『内裏式』『内裏儀式』『貞観儀式』に現われた音楽をみると、第2表によって知られるように、儀鸞門外における吉野国栖による歌笛、大歌別当に率いられた歌者による大歌あるいは立歌、そして雅楽寮工人による奏歌であることが知られる。雅楽寮工人が、奏歌を行なっていることから、工人とは雅楽寮の歌人・歌女らを示すことはいうまでもない。元日の節会における音楽は、吉野国栖の歌笛そして大歌・立歌などの日本古来の音楽のみであった。ところが、『西宮記』『北山抄』『江家次第』によると、元日の節会に奏される音楽は、吉野国栖の歌笛、雅楽寮による唐楽・高麗楽であった。吉野国栖による歌笛は以前と同じであるが、ここには先の史料にみられなかった外来の音楽(唐楽・高麗楽)が元日の節会に位置を占めるようになってきている。これは以前に行なわれていた大歌・立歌などの日本古来の歌舞に、外来の楽舞が完全にとって代ったというよりも、『西宮記』巻第一、正月節会条に「三献立楽、延喜八正一日外記々曰、設二隠座一、奏二催馬楽一者、御酒勅使前有レ楽。治部雅楽立二庭中一、各奏二二曲一。雨儀立二承明門内一。(下略)」とあり、同じく「同(延喜)八年、於二本殿一有二御遊一」とみられ、催馬楽が奏され御遊が行なわれた例で知られるように、これらの日本古来の歌舞のほかに外来の楽舞がある時期に加わっていったと考えるのが妥当であろう。先の『内裏式』以下三つの史料では、外来の音楽が実際は奏されていたにもかかわらず記されていなかったという可能性も考えられなくもないが、ある時期に元日の節会の音楽の内容に変化がみられたと考える方が適当であろう。また、この変化の時期については、『貞観儀式』では依然として変化が認められず、先に引用した『西宮記』正月節会条において、延喜八年(九〇六)に雅楽寮の奏楽がみえることから、およそ貞観以降、延喜八年以前にその時期を求めることができる。とりわけ、第五章において考察するようにあらたな音楽形態である御遊・催馬楽の成立が九〇〇年前後に求められ、さらに第二部において述べるように楽所が現われるのが延喜年間の初期であることを考えると、変化の時期を醍醐天皇時代の初期に限定できるのではないかと考えられる。

元日の節会における音楽の変化は、御遊・催馬楽などの新たな音楽の成立、遊びの発展、雅楽の隆盛、そして古代楽舞制度の変遷などがからみあって、それまで元日の節会の儀式的役割を果たしてきた日本古来の歌舞に加わって、外来の楽舞である雅楽がその地位を獲得していったことを示唆していよう。そして、醍醐天皇時代の初期も、古代音楽史上における一つの転換期（第三期のはじまり）であったといえよう。

次に、七日の節会の音楽について検討すると、『内裏式』『内裏儀式』『貞観儀式』においては、吉野国栖による歌笛、そして大歌・立歌、さらに内教坊による女楽がなされることが記されているが、『西宮記』『北山抄』『江家次第』では、吉野国栖の歌笛、内教坊の女楽のほかに外来の音楽である雅楽が加えられており、七日の節会においても元日の節会と同様のことがいえる。

同じく正月十六日に行なわれた踏歌の節会の音楽について検討すると、『内裏式』以下三つの史料においては吉野国栖による歌笛、そして大歌・立歌、さらに宮人による踏歌が奏されることになっているが、『西宮記』以下三つの史料においては、大歌・立歌がぬけて雅楽寮の奏楽、すなわちこの場合は雅楽が奏されたことが知られる。ところで、踏歌の節会においては、『内裏式』『貞観儀式』によると、蕃客のないときには先に述べたように吉野国栖による歌笛、大歌・立歌、踏歌が奏されるが、蕃客が参加する特別の場合には『貞観儀式』踏歌節条に、

若有二蕃客一者所司整二御座一如レ常。当二顕陽堂西南角一設二楽人幄一。（中略）即楽官奏レ楽訖。或勅令下二客徒等一奏中其国楽上訖。宮人踏歌出二青綺門一如レ上踏歌者東向之時侍従進而引還如レ常。群臣客徒拝舞宣命賜レ禄亦如レ常。（下略）

とあるように(6)、吉野国栖の歌笛・大歌・立歌を奏さずに雅楽寮楽人による奏楽、あるいは客徒により彼らの国の音楽が演奏されたのである。すなわち、踏歌の節会において、その初期には雅楽寮による雅楽の演奏は蕃客が参加するという特別の場合にのみ行なわれていたのであり、不断は日本古来の歌舞のみ奏されていたのであった。そして、のちになって『西宮記』などに現われてくるように、通常の踏歌の節会においても雅楽を演奏するようになってくるのである。踏歌の節会の場合も、音楽の変化の時期、またその理由などについては、元日の節会の場合と同様であったと考えられる。

(3)の分類にみられる内宴・駒牽・九日節会（重陽節）などについては、特別に変化はみられない。

このように、日本古来の音楽、外来の音楽の両者が奏された儀式のなかのいくつかは、十世紀の初めごろに、それまで通常は日本古来の音楽のみ奏されていたものから、外来の音楽である雅楽が奏されるようにもなってくるのである。そして、これらはすべて、令に規定されている節会であったことが一つの特徴である。

ところで、『延喜式』によると、雅楽寮にはその奉仕すべき行事がそれぞれの条に分けられて記されているが、そのなかの節会条には次のように記されている。

凡諸節会日、省輔丞録各一人、将二寮属以上及雑楽歌人、歌女等一、候二閤門外一。若非二節会一御在所奏レ楽者、省亦預之。

これによると、節会には雅楽寮の雑楽の歌人・歌女などが奉仕することになっている。ここにみえている雑楽とは、日本古来の歌舞であったと考えられる。この事実は、元来、節会における雅楽寮の奉仕すべき音楽は、歌人・歌女らによる日本古来の歌舞であったことを示しており、したがってこのことは、いくつかの節会においてやがて雅楽寮の雅楽が付け加えられることになったことを傍証する。

なお、当時の宮廷儀式などにおいてよく演奏された雅楽曲を、これまでみてきた史料、さらに各種日記類によってまとるめと次のようなる。(7)

万歳楽・地久・賀殿・延喜楽・北庭楽・喜春楽・玉樹後庭花・皇帝破陣楽・赤白桃李花・陵王・納蘇利・春鶯囀・蘇合香・新鳥蘇・長保楽・散手破陣楽・還城楽・貴徳・青海波・蘇芳菲・散更・駒形・狛犬・吉簡など。

これらの曲のなかでもっとも多く演奏されたのは、万歳楽・賀殿・陵王・地久・延喜楽・納蘇利であった。先の三つは唐楽、後の三つは高麗楽であり、それぞれ番舞となっていた。これらが多く演奏されたのは、万歳楽・賀殿・陵王が公事曲であったからであり、地久・延喜楽・納蘇利はそれぞれその番舞とされていたためである。そして、もちろんこれらの儀式における雅楽は、地下の楽人によって演奏された。

第三節　仏教儀式と音楽

天平勝宝四年（七五二）四月九日、東大寺において盧舎那大仏の開眼を祝って華麗な音楽が奏された。仏教供養のための音楽は、推古天皇二十年、百済人味摩之によって伝えられた伎楽について『聖徳太子伝暦』では「太子縦容謂二左右一曰、供二養三宝一用二諸蕃楽一」といい伝えているように、すでに聖徳太子のころに見出せるが、東大寺盧舎那大仏の開眼を祝う法会を契機として、法会における音楽の重要性はさらに深まっていったのである。

本節では、法会において音楽が奏されるようになる過程と、法会に音楽がどのような役割を果したのかを、中国の場合は漢代より唐代まで、日本の場合は法会とその次第が成立する八—九世紀を中心に考察する。まず、わが国の法会音楽に影響をあたえた中国の法会における音楽について検討していこう。

一　中国における法会と音楽

中国における音楽は、第一章第二節において考察したように、すでに漢代には雅楽と俗楽とに分けられていた。雅楽とは郊祀廟祭に用いられる音楽で、俗楽とは楚辞の系統をひく清商三調や短簫鐃歌、相和歌などであった。一方仏教は漢代に伝えられ、三国時代に入り仏教儀礼も伝えられるようになる。仏教音楽がはじめてインドに起こるのはガンダーラ時代とされるが、これは東方へ伝えられるほどの音楽文化はもっておらず、グプタ朝を中心とする仏教文化の爛熟とともに仏教音楽も全盛期に入り、それが五世紀以来西域に流出していく。そして、これは主として天山北道の諸国を潤し、亀茲がその中枢となっていた(8)。中国では南北朝に入ると、西域楽が流入したが、その音楽の主潮は全盛期のインド仏教音楽であった。

三国時代に伝来していた仏教儀礼は、南北朝から隋朝にかけての国家仏教の隆盛により複雑な形式をもつようになり、法会もまた盛んになっていった。とくに法会が盛んに行なわれたのは、北方では魏、南方では梁・陳であって、梁の武帝の行なった無遮大会のごときは、唐代にもその例をみないほどの大法会であった(9)。そして、これらの法会においては、仏教音楽が奏されたことが当然に考えられる。たとえば、『隋書』には次のような記事がある(10)。

故即位之後、更造㆓新声㆒、帝自為㆓之詞三曲㆒。又令㆓沈約㆒為㆓三曲㆒以被㆓絃管㆒。帝既篤㆓敬仏法㆒。又制善哉。大楽・

大歓・天道・仙道・神王・龍王・滅過・悪除・愛水・断苦転等十篇名為二正楽一。皆述二仏法一。又有二法楽童子・伎童子、倚歌・梵唄一。設二無遮大会一。

この大要を述べると、梁の武帝が即位ののち帝自ら三曲の詞を作り、楽を沈約に作らせ、新声を作った。帝はすでに仏法を敬い、仏法を述べた大楽・大歓などの一〇篇を正楽とし、また無遮大会を設け、そこでは法楽童子・伎童子がおり、倚歌・梵唄が歌われたというのである。すなわち、この記事から、梁の武帝は仏法を敬い、これに音楽をもって供養していたことが知られ、特に無遮大会においては、童子の舞楽・雑伎、そして仏徳をたたえる倚歌・梵唄が行なわれ、歌・舞・伎をともなった荘厳なる大法会であったことが推察できる。

唐代に入ると、さらに法会の数も増大し、儀礼の内容も複雑化し、規模も荘大なものになっていく。唐代における音楽をともなう法会をいくつかみていくと、まず『法苑珠林』祭祠篇・献仏部に、

若是国家大寺、如レ似二長安西明慈恩等寺一、除二口分地一外別有レ勅賜二田荘一。所有供給並是国家供養、所下以毎年送盆献中供種種雑物上。及輿盆音楽人等、并有二送盆官人一。

とあり[11]、音楽の内容は知られないが、長安の西明寺・慈恩寺では、盂蘭盆会のときに国家から種々雑物が献供され、音楽人がいたことが知られる。また『長安志』巻八、進昌坊条には、

高宗在二春宮一、為二文徳皇后一立為レ寺。(中略)寺成、高宗親幸、仏像幡華並従二宮中一所レ云太常九部楽、送二額至寺一。

とあり[12]、額至寺が建立されたときに、仏像幡華とともに太常九部楽が送られており、仏教供養、荘厳化のために宮廷において用いられていた九部伎が寺院において奏されていたことを知ることができる。これらのほかには、たとえば『大慈恩寺三蔵法師伝』巻第七に、

又勅二太常卿江夏王道宗一将二九部楽一。（中略）各率二県内音声及諸寺幢帳一、並使二予極荘厳一、己巳旦集二安福門街一迎レ像送レ僧入二大慈恩寺一。（中略）即有二師子神王等一。為二前引儀一、又荘二宝車五十乗一坐二諸大徳一。次京城僧衆執二持香花一唄讃随レ後。次文武百官、各将二侍衛一部列陪従、大常九部楽挟二両辺一、二県音声継二其後一。（下略）

とあり、[13] また同じく、

勅二趙公英公中書褚令一、執二香炉一引入安二置殿内一、奏二九部楽一。破陣舞及諸戯於レ庭訖而還。（下略）

とみえ、[14] やはり九部伎・破陣舞といった宮廷音楽が仏教荘厳化のために用いられている。さらに、『洛陽伽藍記』巻第一では、

至二於大斎一、常設二女楽一、歌声繞梁、舞袖徐転、糸管寥亮、諧妙入神。（中略）召二諸音楽逞伎寺内一、奇禽怪獣舞二抃殿庭一、飛空幻惑世所未レ睹、異端奇術総萃二其中一。（下略）

とあり、[15] 女楽そして奇術・幻術の散楽が大斎のときになされ、寺内などにおいて行なわれていた。この場合の寺院における散楽は、あるいは唐代における寺院の娯楽場としての役割を示すものとも考えられる。

ともかく、これらの史料により、唐代においては当時宮廷内の饗宴楽として用いられていた九部伎・女楽なども法会において奏されていたことが知られる。さらに、このことから中国では法会儀式の成長にともない法会における音楽が盛んになっていったと考えられる。これはわが国の法会と音楽を考える場合、一つの示唆を与えるものである。

二　日本における法会と音楽

わが国において、法会が始められた時期は明確ではない。もっとも古いと思われる維摩会においては、斉明天皇四

年（六五八）、藤原鎌足が山階陶原の自邸を寺として維摩経を講読したのが創始といわれるが、確かなことはわからない。ましてや、この時期の法会における音楽がいかなるものであったかは知るよしもない。しかしながら、ここでは一応、法会において音楽が奏されるようになるまでの過程と契機、法会での音楽の変遷と役割などについて八―九世紀を中心に考察していこう。

わが国において音楽と仏教との関係を示唆している最初のものは百済楽伝来の記事であったが(16)、それがさらに明確に現われてくるのは、『日本書紀』推古天皇二十年条に、

（上略）又百済人味摩之帰化。曰、学二于呉一得二伎楽儛一。則安二置桜井一而集二少年一令レ習二伎楽儛一。於レ是真野首弟子、新漢・斉文二人、習之伝二其儛一。〔此今大市首、辟田首等祖也〕。

と記されている伎楽伝来の記事である。伎楽は、伝来するとまもなく橘寺・太秦寺・四天王寺において教習されていったという(17)。また、唐楽・朝鮮三国楽が明らかに寺院との関係をもって現われてくるのは、各寺院の資財帳である。そのもっとも早い例は『大安寺伽藍縁起幷流記資財帳』にみることができる。それによると、

（上略）

合雑琴弐拾伍面 琵琶十面 琴四面 箏琴六面 並仏物

合笙参管仏物

（中略）

合大唐楽調度

羅陵王壱面　　倭胡壱面

老女壱面　　　　　　　咲形弐面以上並衣具
虎頭壱口　　　　　　　雑色衣参拾領
雑色半臂参拾参領　　　帛汗衫壱拾弐領
帛袴壱拾弐腰　　　　　金作帯参条
靴沓参両
合伎楽弐具

右一色、平城宮御宇、天皇以天平二年歳次、庚午七月十七日納賜者。

とあり[18]、「仏物」である琵琶・箏・琴・笙や大唐楽調度としての数種の衣具など、そして伎楽二具が、天平二年（七三〇）聖武天皇によって大安寺に納められたという。しかし、これのみをもって、唐楽などが大安寺において教習されていたとは必ずしも即断できない。

『続日本紀』などにみえる仏教と音楽に関する史料を検討すると、東大寺大仏開眼供養会以降、特に寺院における奏楽の記事が多くなってくることが知られるが、これらの多くは『東大寺要録』巻第二、供養章第三開眼供養会の「大安寺菩提伝来記云」のなかにおいて「即仰二諸大寺一、令レ奏二漢楽一矣」とあることによって、各大寺院の楽人による奏楽であったことが窺える。これらの諸大寺は、同じく「供二養舎那仏一歌辞」のなかに「又有二大安薬師寺等四大寺一。各呈レ伎以助二荘厳一」とあることにより、当時の四大寺である大安寺・薬師寺・元興寺・興福寺であることが知られる。しかも、大安寺については『日本三代実録』貞観十六年（八七四）三月二十三日条に「雅楽寮唐高麗楽、大安寺林邑、興福寺天人等楽更奏」とあり、同元慶七年（八八三）二月二十一日条に「林邑楽人百七人於二大安寺一令二調習一。

以二大和国正税一充二給其食一。欲レ令下二渤海客徒一観中彼楽上也」と記され、薬師寺については『続日本紀』天平宝字五年（七六一）八月甲子条に、「高野天皇及帝幸二薬師寺一礼仏。奏二呉楽於庭一、施二綿一千屯一」とあり、興福寺については『続日本紀』神護景雲元年（七六七）二月戊子条に「幸二山階寺一。奏二林邑及呉楽一。奴婢五人賜レ爵有レ差」と記されていることから、大安寺・薬師寺・興福寺において音楽が教習されていたことは疑う余地はない。このほかの楽人の置かれた寺院として、東大寺・法隆寺・西大寺・四天王寺、さらに伎楽の伝えられた橘寺・太秦寺・川原寺などをあげることができる。東大寺についてはのちに述べる楽具の施入により、法隆寺・西大寺については『法隆寺伽藍縁起幷流記資財帳』『西大寺資財流記帳』の楽具についての記載により、四天王寺については『日本後紀』延暦二十三年（八〇四）十月乙巳条に「賜二摂津国司被衣一。上御レ舟泛レ江、四天王寺奏レ楽。国司奉献」と記されていることによりそれぞれ窺うことができる。橘寺・太秦寺については『教訓抄』巻第四に、「古記曰」として、

聖徳太子我朝生来シ給テ後、自二百済国一渡二舞師一、味摩子、妓楽ヲ写シ留テ、大和国橘寺一具、山城国太秦寺一具、摂津国天王寺一具、所二寄置一也。

といい伝えられ、川原寺については『日本書紀』朱鳥元年（六八六）四月壬午条に「為レ饗二新羅客等一、運二川原寺伎楽於筑紫一。仍以二皇后宮之私稲五千束一納二于川原寺一」とあることから知られる。このように、寺院においてはいわゆる南都七大寺を中心に音楽が伝習されたのであり、この事実は鎮護国家仏教の中心となるべく南都七大寺と律令国家荘厳化に果たす音楽の役割から考えて当然のことであった。

東大寺への楽舞の施入についてみると『東大寺要録』巻第二、縁起章第二大仏殿碑文のなかに、

（上略）以二天平勝宝四年歳次壬辰三月十四日一、始奉レ塗レ金。未レ畢之間、以二同年四月九日一、儲二於大会一奉二開眼一也。同

日奉レ施二入大小灌頂卅六流、呉楽、胡楽、中楽、散楽、高麗楽、珍宝等一。（下略）

とあり、大仏開眼供養会のときに、東大寺への楽舞の施入がなされている。また、承和十四年（八四七）には、華厳会の荘厳化のために東大寺に楽器が施入されている。[19] さらに、時代は前後するが、大安寺においては、先に掲げた『大安寺伽藍縁起幷流記資財帳』の大唐楽調度や伎楽調度は、実は大般若会調度とともに聖武天皇によって大安寺に納められたものであり、般若会を契機として楽具調度などの施入が行なわれている。したがって、東大寺・大安寺においては、これらの法会のための楽具などの施入により、法会での音楽の進展がみられ、これらの寺院における音楽の教習も盛んになっていったと考えられるのである。また、このことは他の寺院においても同様にいえることである。

各大寺院が音楽を教習するようになるのは、このように法会の成立に密接な関係をもっていたのであり、多くは各寺院の法会の創設のおりに楽器の施入とともに実施されていったのである。そして、その時期は、七世紀後半より八世紀ごろまで、特に八世紀初期を考えることが可能である。

こうして、法会と音楽との結びつきがあり、法会における音楽の重要性は増大し、音楽はさらに隆盛をきわめていくのであるが、初期の法会とその音楽との間には、のちにみられるような音楽と法会次第が緊密に結びついた舞楽四箇法要としては成立していなかったのである。東大寺の大仏開眼供養会には四箇法要の原型が認められるが、そこで奏された音楽は法会次第と密接なるものではなく、余興的なものあるいは単に法会荘厳化を目的とするものであった。

ところで、小野功龍氏は、舞楽四箇法要の研究のなかで、[20] 舞楽四箇法要の変遷段階を、(1)奈良時代、(2)平安朝時代（弘仁期）、(3)平安朝時代（藤原中期）、(4)平安朝時代（藤原中期—終）、(5)鎌倉時代初期、という五つの時代に区分し、それぞれの段階の代表的法会を一つ選んで、舞楽四箇法要との対比を行なっておられる。それによると、奈良時代の法会における音楽は、行道との間に重要なつながりをもっていたが、法要とは密接なつながりをもたない余興的要素の強いものであったという。そして、次の平安朝弘仁期において舞楽四箇法要の形式の根本的な骨子が成立したという。なかでも特に貞観三年の東大寺大仏御頭供養会が舞楽四箇法要の構成および形式を決定づけ、数々の供養楽の台頭を促した点において重要なものであるとしておられる。舞楽四箇法要は、小野氏のいわれる平安朝時代弘仁期にほぼ成立するのであるが、これは先に述べた宮廷における節会などの音楽の一定化する時期とおよそ一致していることは注目すべき点である。そののち、藤原中期からそれ以後にかけては、弘仁期に始まる供養舞楽と法会形式の変遷はひとまず統一大成されたと考えてよいと小野氏は述べておられる。

法会内における音楽には、大きく分けて供養舞と入調舞が考えられ、供養舞とは法会次第が進められていくなかにおいて奏され、法会の進行と密接な関係がある。入調舞とは、儀式を終えたのちに余興的に奏されるものであった。供養舞については、やはり小野氏が言及しておられる。それによると、奈良時代においては供養楽として伎楽・度羅楽が主流を占めており、平安朝時代弘仁期に入ると菩薩・迦陵頻の林邑楽や天人楽などが供養楽・散華舞楽として用いられ、平安朝時代藤原初期に入ると菩薩・迦陵頻・胡蝶が、そして平安朝時代藤原中期になると、これに伎楽の系統をひく師子が加わる。このように供養舞の方は法会の変遷とともに変化してくるのであるが、弘仁期に入り、特殊な曲ではあるが、はじめて供養楽として雅楽が用いられるようになったことから考えても、供養楽の時代的変遷は、法会の変遷ばかりでなく、音楽の変遷とも大きなかかわりがあったことを知ることができよう。これに対し、入調舞は雅楽がもっぱら奏されたのであり、法会の種類や変遷によって特別な変化はなかったようである。

最後に、法会において奏された雅楽曲を貴族の日記のなかから拾ってみると、次のようになる。

菩薩・胡蝶・迦陵頻・央宮楽・安城楽・鳥向楽・宗明楽・越天楽・安摩・二ノ舞・太平楽・陵王・新鳥蘇・古鳥蘇・崑崙八仙・納蘇利・採桑老・狛桙・青海波・新鞨輵・還城楽・輪台・抜頭・春鶯囀・万歳楽・赤白桃李花・地久・蘇莫者・傾盃楽・蘇志摩利・秋風楽・五常楽・登天楽・綾切・皇仁庭・皇帝破陣楽・万秋楽など。

これらの曲目を、先に述べた宮廷の儀式において奏された曲目と比較すると、法会において奏された曲のなかには、宮廷においてはほとんど奏されることのない安摩・二ノ舞・蘇莫者・蘇志摩利などという特殊な舞楽が含まれていることが知られるのである。

注

(1) 山中裕『平安朝の年中行事』序論。
(2) 右同書、三二頁。
(3)『令義解』雑令・諸節日条。
(4) 山中裕『平安朝の年中行事』三四頁。
(5) 上田正昭「神楽の命脈」(芸能史研究会編『日本の古典芸能』「1　神楽――古代の歌舞とまつり――」所収)。
(6)『内裏式』にも同じように記されている。
(7) 源順の編になる『倭名類聚鈔』巻四には、唐楽として百数十曲、高麗楽として三十数曲掲げられている。しかし、これらすべての曲が実際に演奏されたか否かは必ずしも明らかではない。
(8) 岸辺成雄『唐代音楽の歴史的研究』(楽制篇)上、一三頁。
(9) 大谷光照「唐代仏教の儀礼――特に法会に就いて㈠」(『史学雑誌』四六編、一一九〇頁)。
(10)『縮印百衲本二十四史北斉書・周書・隋書』隋書一三、志八、一一〇二六(一四八)。
(11)『大正新修大蔵経』五三巻、七五〇頁、中段。
(12) ここでは、岸辺成雄「十部伎の成立及び変遷」(『加藤博士還暦記念・東洋史集説』所収)、二三七〜四〇頁の「九部伎及び十部伎設演年表」によった。

(13)(14)　『大正新修大蔵経』五〇巻、二五九頁、中・下段。
(15)　右同、五一巻、一〇〇三頁、中段。
(16)　『日本書紀』欽明天皇十五年二月条。これについては、第一章第二節において述べた。
(17)　『教訓抄』巻第四。
(18)　「大安寺伽藍縁起幷流記資財帳」(『寧楽遺文』宗教篇上)。
(19)　『平安遺文』一巻、「八五、華厳会荘厳具楽器」。
(20)　小野功龍「供養舞楽と法会形式の変遷に就いて」(『相愛論集』一二巻一二号)。

第三章　仏教思想と音楽

第一節　はじめに

インドにおいて、仏教が生まれる以前の音楽は、ヴェーダを中心としたものであった。仏教が生まれ、ガンダーラ時代に入ると、初めて仏教音楽が発生する。その後、四世紀後半にグプタ朝が成立すると、仏教文化とともに仏教音楽の隆盛期をむかえ、弓型ハープ・角笛・法螺貝・樽型大鼓・枠型大鼓・対大鼓・細腰鼓・鈴・銅鈸などの多数の楽器が使用された(1)。そして、これらの楽器は、五世紀以降主にインド周辺の西域諸国を中心に伝えられる。

中国では、三国時代に仏教儀礼が伝来するが、南北朝時代に西域から仏教音楽が伝えられると、奏楽をともなった盛大な仏教儀式が行なわれる。特に唐代に入ると浄土教が発展し、敦煌の浄土変相図などの浄土教美術が多数描かれる。これらのなかには、奏楽の図がたびたび描かれている。

岸辺成雄氏の研究によると(2)、敦煌の浄土変想図は阿弥陀・薬師・弥勒浄土などの種類があり、その舞楽会の図は、大体一定し、変相図の種類によって特色を異にするようなこともないという。そして、この図のもっとも典型的な構想は次のようであった(3)。

変相図の主体として中央に位する主仏を中心として諸仏が左右に居並ぶ仏壇の直前に、勾欄に縁取られた舞台が一基ないし三基据えられ、中央の舞台において一人ないし二人の舞女が踊り、左右の舞台におのおの二人ないし八人の楽人が坐して楽器を奏している……。

また、敦煌壁画にみられる楽器は次のとおりである。[4]

絃楽器　琵琶・五絃・阮咸・竪箜篌・箏。
革楽器　羯鼓・細腰鼓・答臘鼓（揩鼓）・鶏婁鼓・都曇鼓・鼗。
管楽器　横笛・篳篥・笙・簫・貝・尺八。
打楽器　銅鈸・拍板・方響。

日本への大陸からの音楽の伝来は、百済楽においても、伎楽の場合においても、仏教思想の伝来にともなうものであり、のちに伝わる声明にしろ同様であった。八世紀に入ると、大寺院では法会が営まれ、そこでは音楽が奏される。また、大陸から浄土変相図・密教曼荼羅図が伝えられ、十世紀以降、浄土思想の発展により往生伝や往生講式が著わされる。これらの仏教芸術には奏楽の様子や楽器などが多数描写され、音楽が仏教伝来以降果たしてきた機能の重要性を、そこから見出すことができる。

仏教における奏楽の目的としたところは必ずしも明確に区別はできないが、死者への追善供養、仏世界への供養、鎮護国家などであった。また、仏教に対する音楽の果たす機能は、一様ではなく、亡魂の鎮息の役割を果たしたり、琴の場合のように超然的作用をひき起こすための媒介の役割を果たしたり、法会においてはある理性を絶した独特の雰囲気を醸し出す役割を果たしたり、あるいは布教に大きな貢献を果たすなどさまざまな機能が考えられる。

仏教思想は、記述されることにより経典となり、さらに具象化され象徴化されて仏教芸術として成立すると考えられるが、本章では、経典・仏教芸術にみられる奏楽の様子や楽器などを通して、古代における仏教と音楽の役割関係、とりわけ、浄土教と密教において、音楽はいかなる位置を占めていたのかを検討していこうと思う。
そこで、まず経典にみられる音楽について考え、次にわが国の仏教と音楽へと考察を進めていきたい。

第二節　経典にみられる音楽

経典のなかには、音楽に関する記述がきわめて多くあり、ここで一々述べ尽すことはできない。いま『要文抄録大蔵経索引』、原田亨一氏の「伎楽雑攷」、林謙三氏の「仏典に現われた楽器・音楽・舞踊」などを手掛り[5]に、経典のなかにおいて音楽がどのような位置を占めているのか、また具体的にはどのような楽器がみられるのかなどについて考察しておくことにしよう。

経典を検討するさいに考慮する必要があるのは、漢経が原典をどれほど忠実に翻訳しているかという問題である。音楽、とくに楽器に関してもこうした問題がつきまとってくる。

ともかく、漢経に現われた楽器を林氏の研究によりまとめてみるとおよそ次のようになる。

管楽器　蠡・蠃・貝・簫・螺・管・笛・笳・笙・竽・簧・篳篥・角・簫成・長簫・長笛。
絃楽器　琴・瑟・箏・筑・箜篌・琵琶・五絃。
鼓楽器　鼓・法鼓・大鼓・小鼓・細腰鼓・腰鼓・鼗・鞞・鼕・牟陀羅・斉鼓・篏鼓・岡・都曇・奎楼鼓・雷鼓。
打楽器　鐘・鈴・鐸・磬・揵椎・銅鈸・方響・鐃・錫杖・撃竹。

これらの楽器のなかには、のちにみるように日本に伝来し長く用いられるところとなった楽器、わが国の仏教美術などに現われた楽器も多数含まれている。これらの楽器を原典と比較してみると、たとえば原典の viṇā を漢訳では琴とし、あるいは琵琶とし、また箜篌としているように、原典にどうあろうとあまり問題にしないで、中国のありふれた楽器を借りて間合せている。すなわち、その経典を翻訳した時代に存在した楽器を便宜的にあてはめているのである。後漢・魏・呉代の訳経にみえる楽器、西普代の訳経にみられるもの、南北朝代の訳経にみられるもの、隋代・唐代・宋代の訳経にみられるものは、先にまとめた楽器のなかにすべて含まれているが、後漢・魏・呉代の訳経にみえる大部分の楽器は後の訳経に踏襲されているものが多く、西晋代以後の訳経においてはこれらの楽器に少しずつ新しい楽器が加えられている。これらの新しい楽器のなかでも、東晋・三秦の代に漢経に付け加えられた銅鈸、南北朝の宋代の細腰鼓、隋代の篳篥・斉鼓・簽鼓・五絃、唐代の都曇・岡・撃竹・方響・奎桜鼓は、その訳経年代とほぼ同年代に出現したものか、あるいはすでに存在していた楽器で、用語上時代相のよく現われた楽器である。(6)

次に、経典内にみられる楽器編成を知るために、いくつかの経典のなかから楽器を拾ってみると、第3表のようになる。ここに示した楽器は当時中国に存在していた楽器であるが、その編成状況は単に原典にあてはまる楽器を並べたということであって、当時中国において奏されていた楽器編成そのものを示しているとは考えられない。ともかくここでは、経典内にみえる楽器編成として一応注意しておくにとどめ、次には、経典にみられる楽器を掌っている者に注目してみよう。

経典内の楽器演奏者は、管見の限りでは次のごとくである。

諸天・龍神・乾闥婆・阿修羅・迦楼羅・緊那羅・摩睺羅伽・天女・菩薩・摩訶薩・一万釈天王・夜摩天王・删兜

率天王・化自在天王

また、このほかに伎楽人を示していると思われる技児・楽児・伎女もみられる。これらの演奏者のうち乾闥婆は仏世界の楽神であり緊那羅は歌神であるが、そのほかは直接音楽を掌る者ではない。彼らが経典のなかにおいて、楽器を掌る者としてみられることは注目すべきである。すなわち、諸天を代表する王が奏楽していることなどから、仏世界における音楽とは諸天に存在しているものであった。このことはいくつかの経典にみえている仏と阿難などとの会話のなかにおいても確認することができる。たとえば『仏説無量清浄平等覚経』巻第二において仏が阿難に、

如二世間帝王一、万種伎楽音声、不レ如三遮加越王、諸伎楽一音声好一、百千億万倍也。如三遮迦越王、万種伎楽音声一、尚復不レ如二第二忉利天上、諸伎楽一音声好一、百千億万倍也。

第3表　経典にみられる楽器編成

経典	品名	楽器編成
仏本行集経	巻第一四、常飾納妃品、下	千箜篌・千具箏・千五絃・千小鼓・千具筑・千張琴・千琵琶・千細鼓・千大鼓・千具笛・千具笙・千銅鈸・千具簫・千篳篥・千具篪・千具螺
	巻第一六、捨宮出家品、上	銅鈸・笙・瑟・笳・簫・琴・筑・琵琶・竽・笛・螺貝
	巻第三〇、菩薩降魔品、下	蠡・貝・大鼓・小鼓・細腰鼓・箜篌・琵琶・簫・笛・笙・瑟
妙法蓮華経	巻第一、方便品第二	簫・笛・琴・箜篌・琵琶・鐃・銅鈸・鼓・角・貝
	巻第六、法師功徳品、第一九	鍾・鈴・螺・鼓・琴・瑟・箜篌・簫・笛
大般涅槃経	巻第一、寿命品、第一	箏・笛・箜篌・簫・瑟・鼓吹
正法華経	巻第八、御福事品、第一六	鍾・磬・大鼓・箜篌・簫・瑟・琴・箏・鐃・鈸
普曜経	巻第一、所現象品、第三	大鼓・小鼓・箜篌・琴・瑟・箏・笛・簫・笳

と言い(7)、また『無量寿経』巻上のなかにおいて仏が阿難に、

世間帝王有㆓百千音楽㆒。自㆓転輪聖王㆒、乃至第六天上伎楽音声、展転相勝千億万倍、第六天上万種楽音、不㆑如㆓無量寿国諸七宝樹一種音声㆒、千億倍也。亦有㆓自然万種伎楽㆒。又其楽声無㆑非㆓法音㆒。

と述べているのがそれである。(8)

そして、ここでさらに注目すべきことは、『無量寿経』では単に天の音楽としてのみならず、阿弥陀仏の浄土である極楽を荘厳化し、仏を供養するものとしての役割をもって現われてきているということである。すなわち、

一切諸天皆齎㆓天上百千華香万種伎楽㆒、供㆓養其仏及諸菩薩声聞大衆㆒、普散㆓華香㆒奏㆓諸音楽㆒。

と述べられている。(9) この事実は、のちに述べる中国そして特にわが国の浄土教と音楽を考察するうえできわめて重要である。

このように、のちの浄土教の三大部の一つである『無量寿経』のなかに、他経典ではあまりみられない音楽の位置が認められることは、とくに浄土教と音楽との密接な関係を示唆するものである。

さらに、密教経典においても、音楽は重要な位置を占めている。たとえば『金剛頂瑜伽中略出念誦経』巻第一には、宮殿楼閣を説いて、

想其外院復用㆓種種雑宝鈴鐸㆒映㆓蔽日月㆒、懸㆓珠瓔珞㆒以為㆓厳飾㆒、復於㆓其外㆒無量劫波樹行列、復想㆓諸天美妙音声歌詠楽音㆒、諸阿修羅莫呼落伽王等、以金剛舞之所娯楽。

と述べられ(10)、また同経巻第四には、

若更有㆓余勝妙讃頌㆒、随㆑意讃㆑之。其讃詠法、晨朝当㆘以㆓灑臘音韻㆒、午時以㆓中音㆒、昏黄以㆓破音㆒、中夜以㆓第五音

韻一讃ち之。

とある。[11] いずれもその詠歌あるいは鈴・鐸の楽器を、密教思想に欠かせぬ重要なものとしているのである。以上のように、経典にみられる音楽のなかでも、特に浄土教経典と密教経典にみられる音楽に注意をはらわねばならない。

第三節　浄土教の発展と雅楽の隆盛

日本における仏教と音楽との出会いについては既述した。ここでもう一度ふりかえってみると、わが国において音楽が仏教との関係をもって明白に現われるのは、『日本書紀』推古天皇二十年（六一二）条の伎楽伝来の記事によるものであった。しかし、百済楽が伝来したとされる欽明朝は仏教伝来の時期であり、また百済楽は『北史』『隋書』によると塔供養とともに現われていることが知られる。したがって、欽明朝に伝来した百済楽はすでに仏教と関係をもっていたことが推測できる。しかし、百済楽が日本においていかなる役割をもっていたのか明確にはいえないが、伎楽の場合は『聖徳太子伝暦』に「太子縦容謂二左右一曰、供二養三宝一用二諸蕃楽一」とあるように、[12] その役割は仏教供養などであった。

こののち音楽が仏教との結びつきをもつなかでみられるもっとも注目すべきものは、天武天皇朱鳥元年（六八六）九月、持統天皇称制元年（六八七）春正月、天武天皇の殯宮に僧侶がまねかれたときに「種々歌儛」「楽官奏楽」が行なわれており、喪礼・追善供養を媒介として仏教と音楽との結びつきがみられる。そして、八世紀初頭には有力寺院への楽具施入という形でその関係が現われ、阿弥陀悔過や東大寺大仏開眼供養などの法会にさいして、音楽は重要な役割を果たすことになる。(13)

ところで、先に経典にみえる楽器などの考察で述べたように、音楽は特に浄土教(14)とのつながりを強くもっていたのであるが、日本へ伝来した仏教においても、当然浄土教においてとくに音楽と関係があることが推測できる。そこで本節では、浄土変相・来迎図・往生伝などの資料を通して、八世紀以降にみられる浄土教と音楽との密接な関係について考察したい。

一　浄土教芸術にみられる楽器

八世紀に入ると、多数の浄土変相や浄土教建築などがみられるようになる。そこでまず、浄土変相について検討していこう。

史料には奈良時代を中心に多くの浄土変相が散見しているが、今これらの浄土変相を井上光貞氏のあげられた阿弥陀浄土変(15)に他の浄土変相を付け加える形でまとめると第4表のようになる。これらの浄土変相で、奏楽の図が描かれ、また音楽との関連をもって明白に現われているのは、第4表の(3)と(12)である。(3)の天平二年（七三〇）興福寺五重塔のなかに形ち作られている東西南北の浄土変相のなかで、西方の阿弥陀浄土変には「延暦記」として音楽菩薩像八軀が安置され、北方の弥勒浄土変にはその安置された天人形のなかに楽天形七人が存在していたことが記されている。(16)また、(12)の宝亀十一年（七八〇）西大寺薬師金堂のなかの壁には、七間にわたって七仏薬師浄土が、そして天井ならびに柱には音声人・雑花形などが描かれており、(17)これは薬師浄土における奏楽を示すものであった。浄土変相のなかで明らかに奏楽の様子が知られるのは以上の二つであるが、当時建立された阿弥陀堂をはじめ浄土院・薬師金堂・弥勒堂なども、奏楽の様をともなった仏の浄土として形ち作られていたと思われる。

すなわち、阿弥陀堂では東大寺阿弥陀堂によくあらわれており、その堂内には高さ一丈六尺三寸にも達する漆塗八角の宝殿が安置され、蓋柱や基壇には飛天・雲・鳥・花形の金銀泥や瑠璃・金銅金物で飾られ、金色の阿弥陀三尊像、そして楽器を持つ音声菩薩像一〇軀などが一つの阿弥陀浄土変を形成し配置されていた(18)。浄土院では、法華寺浄土院をあげることができる。法華寺浄土院は、福山敏男氏の研究によると、内の壁の隔の上（おそらく母屋の小壁）に高さ二尺

第4表　奈良時代にみられる浄土変相

	年次	浄土変相	史料
(1)	天武天皇九	薬師寺西院の弥勒浄土を描いた障子	扶桑略記
(2)	養老五	興福寺中金堂の弥勒浄土変	興福寺流記所引、天平宝字記
(3)	天平二	興福寺五重塔の東方薬師・南方釈迦・西方阿弥陀・北方弥勒浄土変	興福寺流記所引、天平宝字記
(4)	天平一三	東大寺阿弥陀院の阿弥陀浄土変	大日本古文書五、阿弥陀悔過料資財帳
(5)	天平勝宝二	阿弥陀浄土変	大日本古文書二五、写経并用紙注文
(6)	天平勝宝四	阿弥陀浄土変	大日本古文書一二、阿弥陀浄土図彩色料注文
(7)	天平勝宝六	阿弥陀浄土変	大日本古文書一三、外嶋院牒案
(8)	天平宝字四	阿弥陀浄土変	大日本古文書一四、東大寺阿弥陀浄土図奉請文案
(9)	天平宝字四	阿弥陀浄土画像	続日本紀、同年七月癸丑条
(10)	天平宝字五	繡補陀落山浄土変・繡阿弥陀浄土変—興福寺東院	興福寺流記所引、延暦記
(11)	天平宝字六	阿弥陀浄土変	大日本古文書一五、石山院阿弥陀浄土図并鋳鏡用度銭奉請文案
(12)	宝亀一一	西大寺薬師金堂の補陀落山浄土変・薬師浄土変	西大寺資財流記帳
(13)	延暦二〇	多度神宮寺の画像阿弥陀浄土・画像薬師浄土・板障子釈迦浄土変	多度神宮寺資財帳
(14)	年次未祥（天平宝字五年？）	法隆寺の画像霊山浄土・画像補陀落山浄土変	法隆寺縁起并資財帳

の楽天坐像二八軀があったという。[19] さらに、『西大寺資財流記帳』によって薬師金堂についてみると、そのなかには薬師仏像とその脇侍菩薩像二軀・薬師浄土変一鋪が安置され、その薬師仏像の挙身光一基には音声菩薩像が取り付けられており、しかもその壁には七間にわたって七仏薬師浄土が、また天井ならびに柱には音声人・雑花形などが描かれていた。また金堂内にはこのほか多くの観世音菩薩像とその浄土である補陀落山の浄土変相も安置されていたが、薬師金堂そのものも全体的に薬師浄土を形ち作っていたと考えられる。弥勒堂もまた『西大寺資財流記帳』によると、内部には弥勒菩薩像をはじめとしていろいろな楽器を持った音声菩薩像が二二軀、ほかに羅睺羅像・天女天人像などが安置されており、弥勒堂全体が弥勒浄土をなすものであった。

史料上にみられる浄土変相からは、わずかにその音楽の様を見出すのみであるが、阿弥陀堂をはじめとする浄土教建築においても確認できることから、そのほかの多くの浄土変相にも楽器や楽人などが描かれ、あるいは形ち作られていたことが推察できよう。また、これらの音楽は、一般的には天上の音楽を意味するものであったと考えられる。

さて次に、一種の浄土変相であるいわゆる浄土曼荼羅[20]についてとりあげよう。

浄土三曼荼羅の一つである智光曼荼羅は奈良時代の作品であるが、現存しているのは室町時代の模写であるといわれている。これは阿弥陀浄土変を描いたものであるが、とくに楽舞の様についてここで小野玄妙氏の言葉をかりて述べると次のようであった。[21]

(上略) 是の三尊を囲繞して十七菩薩が、或は合掌恭敬し、或は供華を捧げて供養して居り、その前方舞台の辺には、六人の歌舞の菩薩がゐて、四人は坐して楽を奏し二人は立つて舞ふてゐる。又迦陵頻伽もゐる。音楽を奏しているのは六人の菩薩で、二人は舞を舞い四人は琵琶・箏篥などの楽器を奏している。この浄土変相をみると、六人の菩薩が阿弥陀仏の前方の舞台において舞楽を行ない、阿弥陀仏・諸菩薩らがこれを見物しているかのような構図をもって描かれている。

当麻曼荼羅は、三曼荼羅の一つとされ奈良時代の作品である。これは現在断片を残すのみで、室町時代の模写が残されている。これも阿弥陀浄土変であり、その様子を小野玄妙氏の研究によってみると次のとおりである。(22)

阿弥陀如来は百宝荘厳の蓮華台上に結跏趺坐し、左手は胸に当て掌を内に向け小指を竪てゝ頭指と大指と相捻し、右手は胸に当て掌を外に向け頭指と大指と相捻して左手の小指の頭を押すに擬し余の三指を竪て、謂ゆる転法輪印の勢をしてゐられる。そして図の向つて右なる仏の左脇には観世音菩薩、その右脇には大勢至菩薩、同じく宝蓮華台上に半跏坐したまひ、此の三尊を囲繞して、三十余菩薩が、或は合掌恭敬し、或は供華を捧げ、仏の説法を聴聞してゐる。

この図によると、これも智光曼荼羅と同じように阿弥陀仏などの前方の舞台において音声歌舞の菩薩たちが舞楽を奏し、弥陀などがあたかも見物しているような構図をとっている。菩薩の奏している楽器は明確ではないが、(23)幾人かによる奏楽と二人による奏舞のようである。

ところで、阿弥陀浄土変とは『観無量寿経』『無量寿経』『阿弥陀経』に基づいて描写されたもので、その経説によるといずれも浄土の微妙荘厳の宝地・宝池・宝樹・宝楼閣の結構より阿弥陀如来が観音・大勢至の二大菩薩ならびに諸菩薩などに囲繞せられ百宝荘厳の師子座の上に坐して説法しているものである。(24)したがって、阿弥陀浄土変にみえる音楽は、極楽荘厳の役割を果たしていたのである。

次に、釈迦浄土変相図である勧修寺の釈迦浄土変をみると、これは唐の則天武后の作とも伝えられ、刺繡によるも

のである。その様子をふたたび小野氏の研究によって述べると次のとおりである。(25)

釈尊は百宝荘厳の師子牀に倚坐したまひ、左手は膝に安じ右手は少しく挙げて掌を外に向け頭指と大指と相捻し、説法の勢をして居られる。その左右には十数名の大菩薩衆侍立し、前方には比丘、比丘尼、優婆塞、優婆夷又十数名侍立し、同じく仏の説法を聴聞している。そして上方の空中には、諸天人衆が雲に乗じて来下し、伎楽を作して仏及び大衆に供養してゐる。

この図ではその左手と右手にそれぞれ六人ずつ天人衆が雲上において奏楽しており、その楽器は向って左の雲上には琵琶・横笛・笙・腰鼓などが、右の雲上には箏・篳篥・簫などが描かれている。(26)釈迦浄土変は『法華経』にもとづき、見宝塔品により法会開会の時宝塔が出現した様を描いたもの、寿量品により釈尊が常に霊山にあって説法し諸天人が絶えず恭敬供養している様を描いたものの二種類があるが、(27)勧修寺の浄土変相は後者の寿量品によるものである。したがって、構図は釈尊が霊山にあって説法している様を諸菩薩・比丘・比丘尼などが見守り、諸天人衆がそれぞれの天の音楽を奏で、釈迦の説法を讃歎し釈迦浄土を荘厳化する形をとっているのである。

このように現存している浄土変相にみられた阿弥陀浄土変・釈迦浄土変の音楽の役割は単に天上の音楽というだけではなく、諸天の音楽によって阿弥陀浄土や釈迦浄土を荘厳化するものとして現われている。この事実から、史料上にみられた浄土変相などにおける音楽は、先には単に一般的な天上の音楽であると説いたが、さらに進めて浄土の荘厳化を目的とした奏楽の様を示したものであるということができる。(28)

以上をもって奈良時代を中心とする仏教芸術にみられる音楽についての考察を終えるが、以上の考察から次のことが知られた。

すなわち第一に、最初に推測したようにこの時期の仏教芸術にみえる音楽は、浄土教に関連して多く現われているということである。またわが国の浄土変相は、敦煌の浄土変相においても知られたように、その種類にかかわりなく音楽の様が描かれ形ち作られていた。ただし、奈良時代後期には阿弥陀信仰が盛んになったことにより多数の阿弥陀浄土変が作られることになった。

第二に、浄土変相などに描かれた楽器の点では、敦煌壁画に描かれたものをでるものではなく、また浄土変相の構図・構成自体も敦煌壁画など中国の浄土変相の模写であった。

第三に、これらの浄土変相などにみられる音楽状況は、すべて浄土を荘厳化するものとして描かれたものであった。

しかし第四に、わが国の浄土変相は中国のまったくの模写であったということ、奈良時代にみられる浄土変相は死者の追善儀礼のためのものであったことなど[29]から考えるならば、浄土変相自体は思想的に受け入れられていたわけではなく、またそこに描かれている音楽も必ずしも極楽荘厳化のための音楽として、当時の人に強く意識されていたとはいいがたい。これは時代が下り浄土教が真の思想的な浄土教として意味をもってくるときに初めて音楽も浄土教への真の役割を果たすようになっていくのであり、当時の人々は浄土の音楽としての意識にめざめていくのである。この時期の法会の音楽が多くは余興的なものであったことも、思想的に仏教と音楽が強く結びついていなかったことを示唆するものである。

第五に、これらの浄土変相などにみえる音楽は、この時期の他の音楽すなわち当時実際に奏されていた音楽といかなる関りあいがあったのかというと、第四に述べたことからも知られるように、現実に法会儀式などにおいて奏されていた音楽が反映しているという直接的関係はほとんど存在しなかったといえる。この時期には第一章において考察したように、音楽を天上の音楽と意識することがわずかにみられ、仏教供養のために音楽を奏するということは知られるが、平安中期以降にみられるような現実の音楽と浄土の音楽が重なり信仰にまで結びつけられていくという動きはまったくないのである。

次に、平安朝以降鎌倉時代初期まで（第二期〜四期）の仏教芸術にみえる音楽について考察していくことにする。この時期で注目すべきものは、聖衆来迎図にみられる音楽である。

浄土変相は平安時代に入って真言密教の流伝とともに一時少なくなるが、藤原期に入り阿弥陀信仰の復興とともに盛んになり、長徳二年（九九六）には浄土三曼荼羅の一つ清海曼荼羅が作成される。またこの時期には、浄土変相から発展し、『無量寿経』や『観無量寿経』に説かれている阿弥陀仏と聖衆の来迎を図にした聖衆来迎図が盛んに描かれるようになり、また同時に阿弥陀堂が建立されるなどして極楽往生への希求がますます強められ、聖衆来迎図に描かれた音楽も現実の問題として意識されるようになっていく。

聖衆来迎図は源信によって始められたとも伝えられているが、その根元は中国の敦煌の壁画にみられ、日本においてもすでに法華寺の光明皇后御臨終仏といい伝えられている三尊来迎図などにその端緒を見出すことができる。(30) しかし、隆盛をきわめるのは源信以後のことであった。

初期のものとしては、平等院鳳凰堂の扉や壁面に描かれたものを取り上げねばならない。これには九品往生の相が描かれているが、その保存状態が悪いために肝心の楽器は明らかではない。まず画面の様子を、福山敏男・森暢氏の編になる『平等院図鑑』によってみてみよう。

現在鳳凰堂に於ける壁画は、扉、壁面を合せて十画面を数へ、其の色紙形に於ける記載によって、正面の三扉に上品上・中・下生の三観を、北面の扉及び壁面に中品上・中生の二観を、南面の扉及び壁面と本尊後壁の背面とに下品上・中・下生の三観を、また後方の扉に日想観を、更に本尊後壁の表面に阿弥陀因位譚図を描いてゐることが知られる。即ち堂内の壁画は、観無量寿経による三輩三観と定善十三観の第一観たる日想観と、更には堂内荘厳の中心を為すかに見える阿弥陀因位譚とを描いてゐる……。(31)

このように鳳凰堂の内部はまったく阿弥陀浄土である「極楽世界の儀を移」したものであった。九品の描かれた画面に現われている楽器を可能な限りみると次の通りである。

上品上生観図　北扉は剝落がひどく、楽器の一部がみえるが不明。南扉も剝落がはなはだしく不明。
上品中生観図　南扉には、箏・琴・琵琶・横笛・簫・方響・鉦鼓・羯鼓。
上品下生観図　横笛・笙・太鼓・琵琶・箏。
中品上生観図　鉦鼓・横笛・太鼓・箜篌。
中品中生観図　太鼓・箏・横笛。
下品上生観図　太鼓・琵琶・羯鼓・鉦鼓・横笛・篳篥・風琴。(32)
下品中生観図　太鼓・羯鼓・笙。
下品下生観図　不明。
日想観図　不明。
阿弥陀因位譚図　世自在王仏宮殿図には、横笛・篳篥・太鼓・鉦鼓・方響・羯鼓。(33)極楽浄土観図には、横笛・縦笛・太鼓。

また、これらの楽器をまとめてみると、

管楽器　横笛・縦笛・篳篥・笙・簫。

絃楽器　琵琶・琴・箜篌。

打楽器　太鼓・羯鼓・方響・鉦鼓。

となる。そしてこれらの楽器群を、先に述べた経典・敦煌壁画にみられた楽器群と比較すると次のようなことが知られる。

まず漢訳経典にみえる楽器と比較すると、鳳凰堂に現われている楽器はほとんど経典の楽器のなかにみられるが、鉦鼓だけは経典にないことが知られる。次に敦煌壁画の楽器と比較すると、鳳凰堂の楽器はほとんど敦煌壁画のなかにみられるが、鉦鼓と太鼓は敦煌壁画のなかにないことが知られる。鳳凰堂に描かれている楽器が漢経ならびに敦煌壁画にみられる楽器と一致するということは、漢経や敦煌壁画が日本の浄土変相図や来迎図の基盤となっていたという理由により当然であるが、それでは鉦鼓や太鼓が経典・敦煌壁画にみられなく、わが国の平等院鳳凰堂の壁画にみられるということは何を意味しているのであろうか。

わが国の雅楽器はすべて伝来したものであるが、岸辺成雄氏の研究によると[34]伝来楽器のなかでわが国へ伝えられてほとんど改変を加えられていない楽器は琵琶・箏・横笛・羯鼓であったようで、笙は明らかに改変されたという。鉦鼓・太鼓もまた暗に改変された可能性のあることが示唆されている。ところで鳳凰堂に描かれている鉦鼓と太鼓をみると、現在雅楽に使用されており、したがってその当時わが国において用いられていたであろう鉦鼓と太鼓であることが知られ、また笙にしても敦煌壁画に描かれている笙は長い嘴を持っているのに対し鳳凰堂の笙には嘴がないことから、明らかに当時使用されていた笙が描かれていることが確認できる。

したがって、鉦鼓・太鼓が経典や敦煌壁画にみえず、平等院鳳凰堂の壁画にみられるということは、鳳凰堂の壁画に描かれた様は奈良時代の浄土変相に描かれた音楽のようにまったくの中国の模倣ではなく、まさに当時の日本の音楽状況を反映したものであることを示しているのである。

しかし、当時の日本において行なわれていた楽器編成では、鳳凰堂にみられた方響・簫・箜篌・琴は含まれていないというのが一般的な見方であるが、これらの楽器は平安朝の初期までは雅楽寮においても教習されていたことは明白で、その後も『栄華物語』巻二二の「とりのまひ」に記されている法成寺薬師堂遷仏の盛儀において笛・琵琶・鐃・銅鈸とともに簫・琴・箜篌が奏され、『宇津保物語』「祭の使」の巻では笛・琴・琵琶とともに方響に類した磬が打たれていることが知られるのであり、法会などには依然としてこれらの楽器が使用されていたことが考えられる。したがって、鳳凰堂に描かれた音楽の様は、当時法会などにおいて現実に行なわれていたものを描写したものと考えてさしつかえないであろう。

平等院鳳凰堂の壁画にみられる楽器についての考察は、次の聖衆来迎図のもっとも代表的なものともいえる阿弥陀聖衆来迎図を検討することによって一層明白になる。

阿弥陀聖衆来迎図[35]は源信（恵心僧都）の作と伝えられてきたが、実際はさらに時代を下ったもので、十二世紀前半ごろの作品であるらしい。ここに描かれている楽器は次のとおりである。

阿弥陀仏の右手　腰鼓・横笛・笙・篳篥・方響・拍板。

阿弥陀仏の左手　箏・琵琶・箜篌・羯鼓・太鼓・鉦鼓・簫。

岸辺成雄氏はこれらの楽器と敦煌壁画にみられる楽器とを比較されて、

著名な伝恵心僧都画の二十五菩薩来迎図の含む楽器は、前記二〇楽器（敦煌壁画にみられる楽器のこと—筆者注）とほとんど同編成であって、五絃・阮咸・尺八・貝・鶏婁鼓および都曇鼓の六を欠く代りに角・大鼓および鉦鼓の三を含む一七楽器より成っている。五絃以下の六器および角は、後世日本雅楽の用いざる楽器で、当時すでに他のものに比して盛用されなかったと思われる。

と述べられており、(36) 敦煌壁画と同編成であるとされているが、いくつかの楽器の異同も指摘されている。これによってこの阿弥陀聖衆来迎図においても明らかにわが国で行なわれていた音楽の楽器が反映されて描かれていることが知られる。

このことは、さらに鎌倉時代以後に描かれる動的な来迎図(37)においてもほぼ同様に考えられるのである。

これらの来迎図のほかに、平等院鳳凰堂中堂母屋に取りつけられた五二軀の雲中供養菩薩がその当時の楽器を現わした芸術として著名であるが、これについてはその楽器を掲げておくに留める。(38)

管楽器　横笛・尺八・笙。

絃楽器　琴・琵琶・箜篌。

打楽器　太鼓・羯鼓・引磬・金鼓・方響・銅鈸・鼗。(39)

以上のように平安時代以降の仏教芸術にみえる楽器を中心とする音楽について述べてきたが、これらの考察から次のことが判明する。

第一に、この時期にみられる楽器を経典や敦煌壁画に現われている楽器と比較すると、とくに敦煌壁画の楽器とほぼ同編成ではあるが、鉦鼓・太鼓・笙の比較検討により、奈良時代の浄土変相図にみられたように中国のまったくの模倣ではなく、わが国独自の内容が加味されたものであったことが知られる。また来迎図などにみられる楽器編成は、当時実際にわが国において行なわれていたものが反映されて描かれたものであった。

第二に、この時期にはわが国の阿弥陀信仰の発展によって多くは聖衆来迎図などの阿弥陀信仰に関するもののなかに音楽が現われていたが、その音楽は阿弥陀浄土にあってはまったくの極楽荘厳化の音楽、来迎の音楽という意義を担っていた。

第三に、わが国における雅楽の楽器の編成は、早くから固定化されたことがよくいわれるが、以上の考察から宮廷においてはその可能性が強いとしても、寺院での法会などにおいてはおそくまでさまざまな楽器が使用されていたといえよう。十一―二世紀前後に行なわれた聖衆来迎を具現したような法会においては、経典に現われている楽器を忠実にとりそろえることは重視されたのではなかろうか。しかも、それだけ華やかに法会を行なうことは、来迎を具現しようという希求が強いほど効果のあることと考えたに違いない。

二 往生伝の音楽

先の考察では、浄土教の発展により以前から経典や浄土変相などに描かれていた音楽が次第に現実に行なわれていた音楽と相俟って極楽浄土の音楽、来迎の音楽と考えられ、貴族の催す法会のなかにおいて奏楽されるようになっていったことなどを浄土教芸術を通して考えてきた。ここでは往生伝を史料として、十世紀後半以降の貴族と民衆の仏教と音楽に関する状況を考察していくことにしたい。

往生伝の起源もまた中国に求められる。中国においては唐代迦才の『浄土論』のなかに述べられたのを初めとして、後唐道詵の『往生西方浄土瑞応刪伝』、北宋戒珠の『浄土往生伝』などがあり、以後も多くの往生伝が書かれている。

わが国ではこの影響のもとに、寛和年間（九八五〜六）慶滋保胤によって著わされた『日本往生極楽記』を初めとして、『続本朝往生伝』（十二世紀初頭、大江匡房）、『拾遺往生伝』（十二世紀初頭、三善為康）、『後拾遺往生伝』（十二世紀初頭、三善為康）、『三外往生伝』（十二世紀初頭、蓮禅）、『本朝新修往生伝』（十二世紀中ごろ、藤原宗友）、『高野山往生伝』（十二世紀後半、如寂）が次々と書かれ、その後も往生伝は著わされていった。

そこで中国のおもな往生伝と日本の往生伝の音楽記事をまとめ、さらに音楽記事のみられる往生者の比率をみると第5表・第6表のようになる。

まず、中国と日本の音楽記事がみられる往生者の比率について考えると、中国の場合は音楽記事は唐代より明代のものまですべてそれぞれの往生伝の記事の全体の一割ほどしか現われず、音楽記事の内容も潤色的・形式的なもので単に往生時に音楽が聞えるというのがほとんどを占めている。これに対しわが国の場合は、『高野山往生伝』以後のものでは音楽記事の現われる割合も少なくその内容も形式的なものに終っているが、初期の『日本往生極楽記』『続本朝往生伝』『拾遺往生伝』『後拾遺往生伝』においては、音楽記事が多く、内容も形式的に終らず具体性に富んでいるものが多い。しかも、音楽記事の割合がもっとも多いのが『日本往生極楽記』であり、これが著わされた十世紀後半には浄土教が発展していることを考えると、往生時における音楽の重要性を感ずるのである。これらについていくつ

第5表　往生伝にみられる音楽史料

作者および書名	人名（往生者名）	記事
(イ)中国の往生伝に現われた音楽		
迦　才『浄土論』	方啓法師	帳之下皆有㆓音楽㆒、歌詠讃歎。
	沙門曇鸞法師	挙㆑衆皆聞㆘空内有㆓微妙音楽㆒西来東去㆖。（中略）未㆑出㆓寺庭㆒之間、復聞㆘音楽遠在㆓空中㆒向㆑西而去㆖。（下略）
後唐道詵刪補『往生西方浄土瑞応刪伝』	慧遠法師	或奏㆓清唄声御長風㆒、（中略）聖衆遥迎。
	曇鸞法師	即便寿終、寺西五里有㆓一尼寺㆒。聞㆓空中音楽西来東去㆒。須臾又聞東来西去。
	僧道昂	忽見㆘衆音楽従㆓空中㆒来㆖、告㆑此兜率天故下相迎、（中略）言訖見㆓西方㆒伎楽旋転来迎。
	尼悟性	聞㆓空中音楽㆒。
	唐朝元子平	夜聞㆓空中異香音楽㆒。病人歓喜動㆑地。空中有㆑人告曰、麁楽已過、細楽続来。経日念仏而終。
北宋戒珠『浄土往生伝』	釈慧恭	聾夫奏㆑楽而已。
	釈曇鸞	是時道俗、同聞㆓管絃絲竹之声㆒、由㆑西而来由㆑西而隠。
	釈慧命	又聞㆓奇香異楽㆒。
	釈智顗	人命将㆑終、聞㆓鐘磬声㆒増㆓其正念㆒。汝宜㆑鳴㆑磬以増㆓吾念㆒。
	釈僧衒	鐘声乃我事。
	釈弁才	湛然云滅。時邑子石顒、従㆓役城㆒上聞㆓其音楽㆒西来合奏。
	釈惟恭	路逢㆓少年六七人㆒、衣装鮮潔、手執㆓楽器㆒、若亀茲部、鼾疑其壽、適㆓其寺之楽仏㆒也。
	釈志通	奉㆓朝庭之故具威儀㆒、楽部迎㆓之于真身塔寺㆒。
(ロ)日本の往生伝に現われた音楽		
慶滋保胤『日本往生極楽記』	延暦寺座主伝灯大法師位円仁	貞観六年正月十四日、一道和尚来云、微細音楽、聞㆓干唐院㆒。大師房号㆓唐院㆒。聞㆑之既無㆓其声㆒。
	延暦寺座主僧正増命	今夜金光忽照、紫雲自聳、音楽遍㆑空、香気満㆑室。和尚礼㆓拝西方㆒、念㆓弥陀仏㆒。
	東大寺戒壇和尚律師明祐	十七日夕、弟子等誦㆓阿弥陀経㆒廻向。畢後師曰、如㆑前可㆑調㆓音楽㆒。答曰、無㆑有㆓音楽㆒、何言之相誤乎。師曰、我心神不㆑爽、以㆔前有㆓音楽㆒所㆑陳也。明日即㆑世矣。

作者および書名	人名（往生者名）	記事
	僧都済源	命終之日、室有二香気一、空有二音楽一、
	延暦寺東塔住僧某甲	于レ時異香薫レ山、妙楽満レ空、（中略）僧侶及伶倫、囲二繞輿之左右一。
	梵釈寺十禅師兼算	語二弟子僧一曰、我命将レ終。空中有二微細伎楽一。
	延暦寺楞厳院十禅師尋静	我夢、大光中数十禅僧、将二宝輿一唱二音楽一、従二西方一来。住二虚空中一、自謂是極楽迎也。
	沙門弘也	語二門弟子一曰、多仏菩薩来迎引接、気絶之後、猶擎二香炉一。此時音楽聞レ空、香気満レ室。嗚呼上人、化縁已尽、帰二去極楽一。
	大日寺僧広道	広道夢、極楽貞観両寺間、聞二無量音楽一。驚二望其方一、有二三宝車数千僧侶一。捧二香炉一囲二繞之一。
	摂津国…有修行僧	果如二其語一、微細音楽相迎去云云。
	法広寺住僧平珍	及二于命終一、令二弟子等修二念仏三昧一、相語曰、音楽近聞二空中一。定是如来相迎也。
	薬　　蓮	暁更、微細音楽、聞二于堂中一。
	尼某甲（光孝天皇孫）	春秋五十有余、忽小病。空中有二音楽一、隣里驚怪。
	尼某甲（伊勢国飯高郡上平郷人）	図二浄土之相一、一時不レ離二其身一。命終之時、天有二音楽一。
	宮内卿従四位下高階真人良臣	家有二香気一、空有二音楽一。
	源　　憩	西方得レ聞レ有二音楽一、不。
	伊予国越智郡士人越智益躬	村里人聞レ有二音楽一、莫レ不二歎美一矣。
	女弟子小野氏	遂即世。瞑目之夕、音楽満レ空、隣里随喜矣。
	女弟子藤原氏	音楽遙聞。是往生瑞相。明年又曰、音楽漸近。明年又曰、音楽追レ年已近。
大江匡房『続本朝往生伝』	後三条天皇	綵雲西聳、笙歌不レ絶。
	僧正遍照	護法衛護、聖衆来迎、敢不レ能レ入二於二三里之内一。唯聞二空中管絃一。
	権少僧都源信	別伝云、（中略）至二暁更一、天外遙聞二聖衆之伎楽一云々。
	沙門入円	此日笙歌妓楽、満二於山上一。
	大江定基	亦作二一絶之詩一。其一句曰、笙歌遙聴孤雲上、聖衆来迎落日前。
	大江挙周	笙歌之声、縹二眇空中一。
	藤子源忠遠妻	此女着二菩薩装束一、在二安楽寺之一切経会舞人之中一。其頭手足不レ異二平生一。唯舞装相改已。

三善為康『拾遺往生伝』	沙門教懐	亦有二音楽一。稍遠指レ西而去。
	阿闍梨維範	此時音楽西聞、聖衆東来。先伽陵頻六人翻二舞衣一而下。
	沙門青海	虚空之上、聞二笙琴之声一。其後夜亦見二観音勢至二菩薩一。
	沙門長慶	聖衆満レ空、音楽鼓レ雲。
	沙門源算	屢聞二天楽一云々。（中略）是時香気薫レ室、音楽聞レ天。
	浄尊法師	有二数千人一。従レ空而下。光明遍照、音楽普聞、指レ西而去。
	有上人	遙自二西方一、音楽徐来。有レ人告云、汝知二此楽一哉否。
	尋寂法師	香気薫レ室。法師坐二蓮台一、昇二虚空界一。音楽漸遠。
	沙弥薬延	天楽鼓レ雲、自レ東赴レ西。
	左近中将源雅通	忽兮入レ夢、（中略）異香発越、作レ楽雨レ花、指レ西漸去。
	散位清原正国	従二西方一無量聖衆倶作二伎楽一、迎二老僧一而帰矣。
	大日寺老女	無量音楽聞二雲上一。
	前阿波守高階章行母堂	北西方有二音楽一。又有二薫香一。其音其香、世間無比。
	尼妙意	坤方有レ楽。其音太妙。
	無動寺相応	孤峯之上、聞二伎楽之声一。（中略）遠者聞二音楽一、近者染二異香一。豈非下上品生之得二仏菩薩之迎一、乗二金剛台一往生極楽上哉。
	護命	于時音楽聞レ天、薫香満レ室。
	大法師頼暹	本住二世間一。亦好二管絃一、爰作二楽曲一。其詞云、帰命頂礼弥陀尊、引接必垂給培。以二此曲一、毎月十五日、招二伶人五六一、勤修二於講演一、号曰二往生講一矣。専営二此事一、漸及二多年一。已臨二死期一、垂レ涙云、天無二音楽一、室無二薫香一、往生之願、本意相違。
	上野介高階敦遠室（藤原行家之女）	遙見二西天一、雲帰二上界一。頻伽両三出レ雲而舞。夢驚思レ之、以為二妄想一。即又入レ寝。此時弥陀如来与二諸聖衆一、作二微妙楽一、従二雲路一来。
	伊予国法楽寺有一老尼	遙聞二微妙之音楽一。
三善為康『後拾遺往生伝』	上人安尊	読誦秘レ音、磬鈴無レ聴。
	入道二品親王	面向二西方一、口唱二弥陀一、引二五色縷一、端坐遷化。春秋八十一。（中略）又延暦寺僧慶覚、同夜暁更、非レ夢非レ覚、聞レ笙聞レ楽。傍人告曰、是親王往生之音楽也。
	薩摩国府有旅僧	忽艤二数舟一。亦調二音楽一、焼レ香散レ華。（中略）微細楽音、遙満二耳界一。世間無レ比。

作者および書名	人名（往生者名）	記事
	堀河天皇中宮篤子	彼御入滅夜、幼年宮女夢、調二微細音楽一、出レ自二西門一、指レ西行啓云々。
	堀河天皇中宮侍女	阿弥陀仏可二来迎一者、（中略）又聞レ楽哉。
	僧　円　観	若干聖衆、数多天人、或在二舟中一、或在二雲上一、作二微細楽一、翻二妙舞袖一。
	摂津国豊島郡勝尾寺座主証如	雲上有レ楽、指レ西而去。
	尼　寂　妙	永久四年正月三日夢、天童四人、容貌衆妙、足下放二光明一、腮前飄二舞袖一。
	前安房守源親元	常謂曰、近年以降、微細音楽、動聞二耳界一者。
	法務権僧正勝覚	深更之間、微細音楽、髣髴寥亮。東方之人聞二西方之楽一、西方之人知二東方之楽一。斯時月属二青陽一、天有二紫気一、風散二山花一。
	書博士安倍俊清	又語二左右一曰、時々側聞二音楽一。其儀如二雲居寺迎講一。
	入道忠犬丸	行二諷誦一、作二随喜一、押レ涙而去。于レ時天永元年七月十五日、生年七十五。
	上人良忍	夢紫雲二筋、東天聳来。大鼓撃レ雲、無二音曲一。
	左馬大夫藤原貞季	法性寺座主侍僧夢、舟岡上聞二微細音楽一。
	沙門良仁	已及二命終一、安二住正念一、音楽撃レ雲、見聞盈レ門。
	物部時宗	而間彼堂住僧、常聞二天音楽一、已当二十五日一。時宗語二其妻一云、行二彼堂一可レ聞二天音楽一。然而行聞、全無二楽声一。見望無二人来一。漸及レ哺、時宗身心不レ動、正念安住、如レ眠死去。其後如レ信楽音、定知其人往生之瑞也。
	沙門寂禅	音中有二妙楽一、雑有二異香一。耳鼻所レ触、（中略）音楽東聞。
	近江志賀郡女	又有二二人僧一、打レ鐘念仏。然間西方忽聞二音楽之声一。（中略）看病人中、聞二楽声一者八人、見レ光者二人之云々。
蓮禅『三外往生伝』	尼某行家朝臣女	夜夢、当二于家北一、空中有レ楽、遠而聞レ之。指レ西去。
	江州志賀郡女	又衆僧打レ磬、不断念仏。然間音楽聞二西方一、紫雲聳二屋上一矣。其時聞二音楽一者八人、見二光雲一者二人也。保安元年十二月廿七日、生年五十三。
藤原宗友『本朝新修往生伝』	沙門行範	投二身海水一、調二具音楽一、方レ舟合奏。正修念仏、沈没而死。
	沙門重怡	令レ誦二伽陀一、音声人先誦二帰命本覚文一。
	力能法師	大唱二阿弥陀宝号一。又令三僧侶誦二伽陀一、語二左右一曰、我聞二天楽一、人聞レ之乎。次日、聖衆来迎、人見レ之乎。

書名	人名	記事
	近江国犬上郡一老尼	又為レ我調二音楽一、普告二郡県一、聞二知此一。（中略）、其行二儀法一、調二具音楽一、一如二尼言一。当日請二衆僧一、誦二伽陀一唱二合殺一、命二伶人一、奏二音楽一。頃之尼曰、已得二来迎一。音楽微妙、不レ似二人間之楽一。更命二伶倫一、高和二楽音一。
如寂『高野山往生伝』	沙門円能	琵琶箜篌、簫笛歌唄之声、微妙清浄。孔雀鸚鵡、迦陵頻伽、共命鳥等。
	沙門教懐	漸臨二後夜一、亦有二楽音一。其曲稍遠、指レ西去。（中略）、慶念上人夢、無量聖衆来二迎闍梨一。
	散位清原正国	吾夢、阿弥陀仏、与二無量聖衆一、来二迎汝一。（中略）其夜夢、従二西方一、無量聖衆倶作二妓楽一、迎二老僧一而帰矣。
	阿闍梨維範	此時音楽西聞、聖衆東来。先伽陵頻六人翻レ袖而下。（中略）其夜夢、西天高晴、紫雲斜聳、無量聖衆集二会其中一、只腰鼓菩薩独出二雲外一云々。

注　中国の往生伝は『大正新修大蔵経』を用い、日本の往生伝は『群書類従』第四輯、『続群書類従』第八輯上所収のものを使用した。

第6表　中国の往生伝と、日本の往生伝の音楽記事の現われる比率

書名	往生者数	音楽記事のみられる往生者数	比率
浄土論（唐）	二〇	二	約一〇%
往生西方浄土瑞応刪伝（後唐）	四八	五	約一〇%
浄土往生伝（北宋）	七五	八	約一〇%
往生集（明）	二二三	二四	約一〇%
日本往生極楽記	四五	一九	約四二%
続本朝往生伝	四二	七	約一七%
拾遺往生伝	九四	一九	約二〇%
後拾遺往生伝	七四	一八	約二五%
三外往生伝	五三	二	約　四%
本朝新修往生伝	四一	五	約一二%
高野山往生伝	三八	三	約　八%
扶桑寄帰往生伝	一八三	一九	約一〇%

かの音楽記事の内容を具体的に考察することによって確認していこう。

『拾遺往生伝』や『高野山往生伝』の阿闍梨維範伝によると、極楽の音楽が聞えたというところにそれぞれ「伽陵頻六人翩二舞衣一而下」「伽陵頻六人翻レ袖而下」と記されており、極楽の鳥といわれる迦陵頻を数えるのに「六人」という表現が使用されている。『要文抄録　大蔵経索引』には迦陵頻について、

迦陵頻伽鳥在二卵㲉中一、有二大勢力一、諸鳥不レ及。（比下菩薩於二生死㲉一発二菩提心一、其功徳二乗不上レ及）

閻浮西有二曠野山一、有二白象及迦陵頻伽鳥一、妙音若天若人等無二及者一、惟除二如来一。

などと例を掲げているように経典には「六人」という表現はまったくみられないことから、先の往生伝の表現は明らかに極楽の音楽とすべきなかに、法会の舞楽四箇法要の行道などにおいて極楽の鳥の迦陵頻を模して舞われる舞楽迦陵頻の姿が写しだされたものと考えられる。

『続本朝往生伝』藤子源忠遠妻のところでは、「或人夢、此女着二菩薩装束一、在二安楽寺之一切経会舞人之中一」とあり、ある人の夢のなかの話として源忠遠の妻が菩薩装束を着て安楽寺一切経会の舞人のなかにいたことが述べられ、『後拾遺往生伝』書博士安倍俊清のところでは、極楽の音楽が聞えたがその儀は雲居寺の迎講のようであると述べられており、これらから往生時における音楽の重要性、そして来迎の音楽と法会などにおいて実際に行なわれた音楽が二重写しになって描かれているということが知られる。

また、往生時に実際の楽人を招いて奏楽した例もみられる。たとえば、『本朝新修往生伝』近江国犬上郡の一老尼のところで、

（上略）命二伶人一、奏二音楽一。頃之尼曰、已得二来迎一。音楽微妙、不レ似二人間之楽一。更命二伶倫一、高和二楽音一。言訖端坐、寂而命終。（下略）

と記されている。すなわち、老尼は往生のとき伶人に命じて音楽を奏させたが、このときしばらくして彼女は「已得二来迎一。音楽微妙、不レ似二人間之楽一」といい、さらに伶倫に命じて高く楽音を和せしめ、言い終ると端座して命を終えたという。ここではまさに「人間之楽」が往生という特殊な状況のもとで浄土からの来迎の音楽として意識され、浄

土教思想の主要な一端として信仰されていた。またここでは、音楽を「微妙」で「不レ似二人間之楽一」と捉えているのであるが、これは令制以前において音楽が天の音楽、神の音楽と考えられていたことを想起させるものであり、往生時に現世において音楽を奏し天に働きかけるという音楽の超然的な役割をこのなかに見出すことができる。令制前とこの時点の音楽はその種類においてまったく異なったものであったが、古来より存在した音楽のもっとも重要な役割がここでは浄土教、とくにそのなかの往生という機会に集約されて現われているといえる。往生時における音楽の不可思議な役割は突如として現われたものではなかった。古来より持っていた音楽の宗教的機能が仏教の天上の音楽と結びつき、特に浄土教の発展のもとで音楽が盛んになっていったのである。

さらに、往生時の奏楽は上層貴族においてよく行なわれるところであったが、近江国一老尼の話として伝えられていることから、畿内周辺の有力者においても往生時の奏楽が行なわれたと考えられ、しかも『日本往生極楽記』大日寺広道を記したところでは道俗が「無量音楽」に耳を傾け随喜発心したという話があり、同じく女弟小野氏のところでは音楽が空に満ち隣里が随喜したと述べられているように、音楽をもって働きかけることはできなくとも、民衆にも来迎の音楽の尊さは十分に理解されていったと推察される。これが民衆に受け入れられる基盤には、古くから民間にも保持されていた神あるいは天と音楽へ対する意識を考えねばならないのである。

わが国の往生伝には、楽器のことがいくつか述べられている。これは中国の往生伝の場合には見られず、わが国の往生伝における音楽がより具象化されて描かれているということを示唆するものでもある。それらの楽器は次のごとくである。

『拾遺往生伝』沙門青海条―笙・琴。

『本朝新修往生伝』沙門円能条—笛・簫・琵琶・箜篌。

これらはいずれも仏教美術などにみられた楽器をでるものではない。これらの楽器が往生伝の述べているように往生時に実際に使用されたか否かは明らかではないが、わが国において使用された楽器であったことは先に考察してきたとおりである。

以上をもって往生伝にみられる音楽に関する考察を終えるが、それを要約すると次のようである。

第一に、わが国の往生伝にみられる音楽は形式的には中国のそれを踏襲しているが、その内容においてはわが国における当時の実際の往生時の音楽状況を反映したものであった。

第二に、往生伝において考察した限りでは、当時の人々の間では音楽とは浄土からの来迎の音楽というのと現世の音楽というそれぞれの意識があり、またそれが重なって意識されていたことを指摘できる。これはなにゆえにおこるのかというと、古来における音楽のもっていた天の音楽というものと人間が音楽によって神懸りをして超然的なものに働きかけ呼び起こすという必ずしも分化できなかった二つの役割が、そのまま仏教の世界において仏世界の音楽と世俗の音楽に分化されてひき継がれていったためであると考えられる。すなわち簡単にいうならば、神の音楽あるいは天の音楽は、仏教の思想において存在した天上の音楽、そして浄土教の発展によって浄土の音楽へとおき代わり古来の神懸り的・天の詔琴的な音楽として世俗の雅楽を中心とする音楽がその役割を果たすようになったのである。そしてこれがある理性を絶した独特の雰囲気を醸しだす法会あるいは往生時という特殊な状況のもとで、人間の奏する音楽が浄土の音楽と重なって意識されたのであり、これは浄土教のさらなる発展によって、第四章第三節で考察するように、遊びの場においてもそのように意識されるほど一般化していくのである。わが国の人々は、古くからの宗教と音楽との体験から、人間が浄土を信仰し人間のなす音楽ではあるが、不可思議な作用をもつ音楽というものによって仏世界に働きかけ、それに対する功徳として仏の慈悲と聖衆の来迎とその浄土の音楽を受け入れるという一つの宗教的パターンを作りあげていったのである。

付言するならば、これは特別、阿弥陀信仰でなければならないということではなかったのであり、わが国において特に阿弥陀信仰と関連してこれらの音楽がみられるのは、当時の阿弥陀信仰の流行によるものと察せられる。

したがって第三に、これらの音楽が一般的な浄土教発展の一つの原動力となっていったことはいうまでもない。

三　往生講式の音楽

『拾遺往生伝』大法師頼暹伝には、毎月十五日に伶人五—六人を招き、勤めて講演を修め、これを往生講と号したとあるように、十世紀後半から十一世紀・十二世紀にかけて伶人を招き催されるきわめて小単位の法会も盛んになってくるのであり、仏徳を讃歎する儀式次第を記した講式、そして和讃などが作られ唱えられるようになってくる。このようななかで雅楽や催馬楽の曲にのせて仏徳を讃歎する講式が現われてくる。すなわち、永久二年（一一一四）真源による『順次往生講式』、そして『極楽声歌』がそれである。(40)

『順次往生講式』の次第は、まず「荘厳道場」し「惣礼頌」し「導師座」し、次に唄・散華・梵音・錫杖が行なわれ「読式文」がなされるというものである。さらに「読式文」は、述意門・正修門・回向門に分けられ、各門において雅楽や催馬楽が奏され歌詠が行なわれるのである。

真源は述意門において、『順次往生講式』の一般の講式と異なる点を、礼讃称念のほかに伎楽や歌詠をもってすることとし、その理由として次のように述べている。

当時律呂調レ音暫静二散心於一境一、来世絲竹翫レ曲遍施二供養於十方一。声為二仏事一。簫笛箜篌自順二法音方便一。楽即法界管絃歌舞何隔二中道一実一矣。

すなわち、真源によると、往生講において音楽を奏する目的は、現世に対しては散心を一境に静め、来世に対しては遍く十方に供養を施すことであった。来世に対して十方に供養を施すとは、一般の法会においてみられたように音楽によって仏世界を遍く供養することを意味していたのであるが、現世に対して散心を一境に静めるとは、陶酔の境地に入り込むことをいうのであって、往生時に音楽を奏するのと同様の意味をもっていたと考えられる。散心を一境に静めるという音楽の役割は、遠く古来の神事的な琴の作用そして令制における僧尼と琴との関係などにみられたものであった。さらにここでは、奏楽の目的を現世・来世と分けて考えていることにも注目すべきである。

次に、この往生講において奏される音楽は、声は仏事をなすもので、簫・笛・箜篌は法音方便に順ずるものであった。すなわち音楽とは法界の管絃歌舞であり、「隔二中道一実一」てるものではなかった。音楽そのものが仏の教えであった。

真源はさらに、

況安養界風動二宝葉一、宮商相和調二於法性真如一、波打金渠声音妙韻唱二於四諦縁生一。管絃満二雲上一、微妙之声常聞、妓楽遍二国中一、歌詠之曲無レ絶。則知須下准二此界雅楽一慕中於西方快楽上者也。

と述べ、安養浄土には伎楽歌詠の曲が満ちあふれているといい、だからこそ現世において行なわれている雅楽によって西方の快楽を願うのだというのである。真源にとって往生講という特殊な場における音楽とは、浄土における仏の教えや伎楽に准ずるものであった。

真源の『順次往生講式』は、現世における奏楽、浄土の音楽を区別し、現世での音楽により非日常的な雰囲気を作り出すことによって、従来もっていた音楽の宗教的作用を発揮させ、浄土の音楽を現世の音楽のなかに見出そうとしたのである。この点においては一般的な往生信仰とさしてかわらないが、彼は単なる従来の往生講の延長としてではなく、このようにその次第を確立することによってそれを教義的に理解し高めようとしたのである。

なお『順次往生講式』において奏される曲目をあげると次のごとくである。

述意門　想仏恋・往生急。
正修門　万歳楽・青柳（催）・倍臚・伊勢海（催）・太平楽破・三台塩破・浅水《あさんず》（催）・何為《いかにせん》（催）・甘州・裹頭楽《かとうらく》・庭生（催）・走井（催）・郎君子・更衣（催）・回忽・飛鳥井（催）・五常楽破・道口（催）。
回向門　蘇合香急。

（※催―催馬楽のこと）


このなかにみえる想仏恋とは相府連（想夫恋）、往生急とは皇麞急のことで、それぞれ夫に仏、皇麞に往生の字をあてている。この事実は真源が往生講においていかに音楽を重視していたかを窺わせるものである。

ところで、平安朝初期には中国の影響のもとに空海・円仁らを始祖として声明が発達し、以後東密系・台密系の二大別をもって発展していく。この声明道にも管絃などで用いられる五音や五調子が配されるようになる。そして鎌倉時代初頭には、『声律秘要録』などが著わされる。密教声明道に配された五調子とその思想は次のようであった。

平調とは西方弥陀の言説で妙観察知を説くものであり、これを聞く者は速やかに発心暗字門を開発し諸法本不生の義を悟らしむるという。雙調とは大円鏡智を説く東方阿閦の言説でこれを聞く者は阿字を開いて本不生の義を悟らしむるという。黄鐘調とは南方宝生如来の言説でこれを聞く者は阿字を開いて本不生の義を悟らしめ、盤渉調とは北方釈迦如来の言説でこれを聞く者は成所作智の義を悟らしむるという。壱越調とは中央大日の金言でこれを聞く者は法界体性智で五点具足の阿字を悟らしめ方便具足の義を悟らしむるという(41)。密教声明思想によると平調という調子は弥陀の言説であるといわれている。

また、特に密教声明思想によらなくとも『龍鳴抄』上には、

春は雙調、夏は黄鐘調、秋は平調、冬は盤渉調、壱越調は中央なり。

とあり、このことからして春夏秋冬をそれぞれ東南西北と置き代える考え方が現われてくることが予想される。そうするとこれをたとえば、先にみた興福寺浄土変相の東南西北の仏にあてはめてみると、春は雙調東は薬師浄土、夏は黄鐘調南は釈迦浄土、秋は平調西は阿弥陀浄土、冬は盤渉調北は弥勒浄土という思想が浄土思想を基盤に形成されたことが考えられる。浄土の東南西北の仏の配置については異説があるが、阿弥陀仏を西方浄土とするのは一般的なようである。したがって、浄土思想によっても、秋にあたる平調は西方阿弥陀の極楽世界をあるいはその言説を物語るものとされていたと推察される。

さて、『順次往生講式』の曲目の調子を検討すると、雅楽曲では太平楽破が太食調、蘇合香急は盤渉調であるが、残された曲はすべて平調であり、まさに弥陀の言説を物語るものであった。また催馬楽もすべて律であることが知られる。催馬楽はすべて律と呂に分けられ、平調は律に含まれている。『順次往生講式』の催馬楽がすべて律であるということは、弥陀の言説を物語る平調が律であることからなされたことと推測されるのである。

このように『順次往生講式』の楽曲はほとんどが弥陀の言説、弥陀の浄土を現わす平調に意識的に統一されていったのであり、これはまさに極楽浄土への往生を願って作られたものであった。往生講においていかに音楽が重視されていたか知り得よう。

『極楽声歌』とは、『順次往生講式』のなかの和語の歌謡を抽出したものであり、その曲目は、

裹頭楽・甘州・郎君子・回忽・五常楽破・五常楽急・慶雲楽・想仏恋・往生急・万歳楽・倍臚・太平楽破・三台塩急・蘇合香急。

であった。太平楽破は太食調で蘇合香急は盤渉調であるが、そのほかは平調であり、やはり弥陀の言説を現わすものであった。

『順次往生講式』『極楽声歌』は、音楽にあわせて言葉を唱えるという特殊なものであり必ずしも一般的なものではなかったが、この時代の貴族の極楽浄土に対する強い執着心と、特殊な場における音楽の重要な役割を十分に窺い知ることができよう。また、これらの音楽の機能は、先の往生伝の考察においても述べたように、古来の音楽の宗教的な役割と結びつくものであり、同一の意味をもっていたのである。

最後に、このほかの往生講式あるいは和讃のなかにみられる楽器をまとめておくこととする。

永観の『往生講式』第五、讃歎極楽(42)

笛・簫・琴・箜篌・琵琶・鐃・銅鈸。

伝恵心僧都『二十五菩薩和讃(43)』

笛・笙・琴・箏・琵琶・箜篌・腰鼓・撃鐃・振鼓・羯鼓・太鼓・鉦。

四　音楽成仏思想の発展

音楽成仏思想とはあまり使用されることもなく聞きなれない言葉であろうが、櫛田良洪氏はこれを密教における声明成仏思想の発展したものと捉えておられる。その研究によると、(44)声明の宗教的意義を見出した人は空海で、彼は『声字実相義』を著わし声明道における基礎を作ったという。成仏の近道とみなした密教の人たちは一字一言に一声一音に深遠なる哲理を見出すようになって、ただちにそこに荘厳なる如来の姿を拝しようとした。したがって声明道に五音や五調子五仏五智をそれぞれ配することが妥当であると信じ、宮商角徴羽の五音を分ち五調子を整えて荘厳なリズムを唱えることとなった。これが発展すると、悉曇も声明もまた管絃も単なる存在ではなく、そこに高い宗教的価値を認め法楽和歌も糸竹管絃もことごとく成仏へ連るものとなって、今様も朗詠も催馬楽も笛も郢曲もすべて梵音と何の異なりがあるかとさえ説くにいたる。そして平安末には進んで芸能の道に精進することが声字実相への近道と考える人たちすら現われてきたという。

しかし、音楽成仏思想は櫛田氏のいわれるような声明成仏思想のみから発展したものではなく、浄土教の発展によって雅楽を、浄土に往生するための音楽として強く意識するようになってくることからも形成されてきたのではないかと考えられる。

櫛田氏は音楽成仏思想を身をもって体験しようとした人として後白河法皇をあげておられるが、後白河法皇以前に存在していた楽人たちをその典型的人物群として考えることができると思われる。いくつか史料をあげて考えてみると、たとえば楽人大神基政の『龍鳴抄』下には次のように述べられている。

或は公事、あるひは恒例の仏神事まいらずは、とがもありぬべきことなれども、御願供養にも、もろ〳〵の仏神事にもまいりたらむに、今日一端結縁にて、後世三途のくるしみをのがれ、諸仏の浄土にまいらん種子ともせんとおもふべきなり。

ここでは楽人である自分が御願供養や諸々の仏神事へ参り結縁することにより、浄土へ往生する種子としようと告白している。さらに、

ほとけの三十二相をほめたてまつるに、音楽をぐし、讃歎歌詠し奉るに、五音のしらべをそへたてまつる。花供に奏楽をし、散花に呂律をしらぶ。かやうなればぢごくなしとはいふなり。

といい、音楽によって仏徳を讃歎するからこそ地獄へ落ちないと述べている。このことから、彼は奏楽を勤めることを往生への種子としようとしたことが窺われよう。これらは基政個人の感想のようでもあるが、実は楽人一般の意識でもあった。彼ら楽人は「諸道には地獄あり、そのあたひあるがゆへに、管絃には地獄なし、れうもつなきが故に」というように、(45)きわめて積極的に自らの職業を浄土往生への一つの道と考え、日々精進を重ねていたのである。

また音楽を往生への一つの道と考えたのは楽人のみではなかった。『発心集』に次の記述を見出すことができる。(46)

太子ノ御墓ニ覚能ト云聖有ケリ。音楽ヲ好事ヨノツネナラズ。朝夕ニイトナム事トテハ板ノハシニテ、ヲカシゲニ琴琵琶ノカタヲ作リテ、馬ノ尾ヲカケテ引ナラシ、竹ヲキリテ笛ノカタニエリテ、此ヲ吹ツヽ、興ニイリ遊戯シテ云ク、菩薩聖衆ノ楽ノ音イカニメデタカルラント云テ、涙ヲ落シケル。(下略)

覚能聖人は日ごろ、人にも増して管絃を好み、自ら琵琶や笛を作り演奏し聖衆の楽を思い浮かべるなどしていた

が、ついには往生を遂げる。『発心集』の作者はこれを評して、「管絃モ浄土ノ業ト信ズル人ノ為ニハ、往生ノ業トナレリ」と述べているが、当時においては楽人に限らず一般の人々においてもそう信ずる人にとっては往生の業となり得るという考え方が存在したことを示唆している。この話の真否はともかくとしても、これはまさに音楽成仏思想であった。

音楽成仏思想とは、密教における声明の発展と浄土教における音楽の発展から、互いに思想的に影響しあいながら成立、発展してきたものと考えられる。

音楽は仏教においてさまざまな役割を果たし重要な機能を担ったが、仏教思想とも深く結びつくところとなり、一方では『順次往生講式』を生みだし、他方では音楽を奏することを成仏への手段とする一つの思想として形成されてきたのである。

本節では、浄土教文化を通して浄土教における音楽の機能について考察してきたが、ここで力説したいのは、これら浄土教と音楽との結びつきは日本においては単に仏教思想に内在していた天上の音楽というものが、浄土教の発展によって現世の音楽と相俟って考えられるようになってきたのではなく、そこには日本の古代において、あるいは律令社会成立期において（すなわち第一期において）存在していた音楽の天の詔琴的な機能が大きく働き、平安朝以後（第二期以降）の浄土教と音楽との発展の基盤になっていくということである。

またここでは古代音楽を浄土教を通してみてきたが、この考察をとおして浄土教における音楽の機能の転換期を考えるならば、一つは浄土変相におもにみられた中国のまったくの模倣時代、聖衆来迎図や往生伝にみられた当時の音楽が反映して描かれた時代とに分けられることから、およそ『日本往生極楽記』の作られた十世紀後半を一転換期とみることが可能である。二つめは、真源の『順次往生講式』によって音楽が浄土教の教義大系のなかに一つの位置を与えられたという点、音楽成仏思想をまず楽人大神基政の『龍鳴抄』のなかに認められる点から考えて、『順次往生講式』『龍鳴抄』の成立した十二世紀前半をやはり一つの転換期とみることが可能である。

第四節　日本の密教と音楽

密教と音楽の結びつきをもっともよく示すものは声明成仏思想の発展である。声明成仏思想については前節において述べたように櫛田良洪氏の研究がある。氏の研究によると、声塵得道という密教の理論が声明成仏思想の基調となっており、これを単なる理想としてまたは単なる抽象的理論として肯定するに留まらず、進んで現実の五音に法界の言音毘盧遮那の体性と観じ、五仏の説法と信じ、音楽そのものをただちに礼拝する思想を育成することになり、さらには音楽成仏思想へと発展していったとするものである。

密教経典においても音楽の記載があったことはすでにみたとおりであるが、密教に音楽がどのように取り入れられていったのかというと、楽舞は法会のなかにおける曼荼羅供作法に用いられるところとなり、声明が伝来し声明成仏思想が形成されると成仏への手段として盛んに使用されてくる。また密教芸術のなかにも多く描かれるようにもなる。

声明とは仏教におけるいわゆる声楽をいい、密教と音楽について考える場合もっとも重要なものである。本書ではいわゆる雅楽を中心に考えているために声明については検討できない。ここでは曼荼羅供作法における音楽と、密教芸術にみえる楽器についてみていくことにする。

『大治二年曼陀羅供次第』によると舞楽曼荼羅供作法の様を次のように記している。(47)

舞楽之曼荼羅供、於二堂上之荘厳一者如レ常。通之曼陀羅供、庭上之荘厳者如二顕教之法会一。但不レ立二舞台一。餝二楽屋幷大鼓一事、或左右或一方、広略随時、行道又或二行或一行、或但立二左右一、一行列立臈次、唄師者一人、散花頭二人也。（下略）

これによると、庭の上の荘厳さは顕教の法会とほとんどかわるところはなく庭のなかには飾りをつけた楽屋、左右あるいは一方に置かれた太鼓があり、一行あるいは二行の行道が行なわれ、唄師・散花頭などもひかえていた。そして顕教の法会と異なっている点は舞台を立てないことであったらしい。同じく『大治二年曼陀羅供次第』によると、舞楽曼荼羅供の最初は寛平年間の京都仁和寺の円堂供養において行なわれたものであったといわれ、その後、法勝寺などにおいて行なわれていた。

舞楽曼荼羅供は顕教の法会の影響も考えられるが、先に述べたように密教経典に多くの音楽記事があり、また次に述べるように密教芸術にも楽器がみられることから、経典あるいは曼荼羅などの密教芸術に描かれた様を現世において具現しようとして舞楽を用いた曼荼羅供が成立発展してきたものと考えられる。とはいうものの鈴・磬・鐃・鈸・法螺・鐘の楽器が密教の修業などにおいて必須のものであったのとは異なって、(48)曼荼羅供で行なわれる舞楽は荘厳化が主たる目的であった。

次に密教芸術にみえる音楽、特に曼荼羅における楽器について検討していこう。

金剛界曼荼羅については山城高雄神護寺の金銀泥絵曼荼羅を取り上げると、その中央に位置している羯磨会には左手に箜篌を持ち右手で弾いてる金剛歌、左手を左股にあて右手を胸にあて舞勢をとっている金剛舞、あるいは左手に拳を作り右手に金鈴を持っている金剛鈴などがみられる。また図の羯磨会の右上方に位置している理趣会では左手に鈴、右手に金剛杵を持った金剛薩埵菩薩、左手に箜篌を持ち右手で弾いている愛楽金剛女、舞姿をとった意気金剛女などがみられる(49)。

胎蔵界曼荼羅について山城高雄神護寺所伝の曼荼羅を取り上げると、その四方外金剛部院には迦楼羅が篳篥を吹き迦楼羅女が銅鈸子を持ちそのほか鼓天・歌天・楽天・歌天女などがみられる(50)。また山城常楽院蔵恵什撰『十巻抄』所載の法華曼荼羅には左手に簫・笛を持った乾闥婆などがみえる(51)。

さらにこれらのほかのおもな曼荼羅にみえる楽器をまとめると、第7表のようになる。このような楽器は密教経典にみられるものであり、仏徳を供養するためのものであったであろうが、これらの楽器を注意深く検討していくと次のような特色が見出せる。すなわちこれらの楽器のなかで仏の持っている楽器は、金剛鈴菩薩のもつ鈴、金剛歌菩薩のもつ箜篌が圧倒的に多く、迦楼羅・乾闥婆・緊那羅などの守護神のもっている楽器は笛・篳篥・鼓・銅鈸子というように、仏と守護神のもつ楽器を明白に分けることができる。この仏のもつ鈴と箜篌はそれぞれ密教において思想的にも信仰的にも重要な意味をもっており、これらの楽器に天の詔琴的な意味を認めることができる。特に鈴は金剛鈴といい現実に密教法具の一つであり、仏の注意を喚起し有情の精進を督励するという重要な役割を有していた。また箜篌は密教において使用されることはなかったが、曼荼羅のなかにおいて金剛歌菩薩が箜篌という弦楽器を持っているということは、わが国の琴が弦楽器で神秘性をもつものであったということから考えて、注目すべきことである。

第7表　密教曼荼羅にみられる演奏者と楽器

曼荼羅の種類	演奏者とその楽器
仁和寺版大悲胎蔵大曼荼羅	迦楼羅王—篳篥、迦楼羅女—角笛（?）、鳩槃荼—鼓、鳩槃荼女—銅鈸、弁才天—琵琶、鼓天—鼓、歌天—横笛、歌天—尺八（?）、楽天—銅鈸（?）、摩睺羅伽衆—横笛、摩睺羅伽衆—鼓、歌天—篳篥、楽天—鼓
四種護摩本尊及眷属図像	緊那羅衆—鼓・銅鈸、緊那羅神—横笛、緊那羅—横笛、乾闥婆—琵琶・銅鈸
哩多僧蘖囉五部心観（金剛界大曼荼羅）	菩薩—琵琶・磬
哩多僧蘖囉五部心観（金剛界秘密陀羅尼曼陀羅）	菩薩—琵琶・磬
哩多僧蘖囉五部心観（金剛界羯磨供養曼荼羅）	菩薩—琵琶
胎蔵図像	乾闥婆女—横笛、緊那羅女—鼓、成就仙人衆二位—横笛・簫（?）、成就仙女衆二位—銅鈸、成就仙人衆、摩睺羅伽種族五位—鼓・簫・笛
胎蔵旧図様	美音天—琵琶、その侍者—鼓、乾闥婆衆二位—横笛・篳篥、緊那羅—銅鈸・鼓、摩睺羅伽衆三位—鼓・笙、成就仙人四位—鼓・篳篥・横笛
叡山本大悲胎蔵大曼荼羅	弁才天—琵琶、鼓天—鼓、歌天—笛、歌天女—篳篥、楽天—銅鈸、摩睺羅伽眷属—横笛、歌天—鼓、摩睺羅伽楽天—鼓、摩睺羅伽—篳篥、楽天—鼓、迦楼羅女—篳篥、迦楼羅—螺（?）、鳩槃荼—銅鈸、鳩槃荼女—鼓
叡山本金剛界大曼荼羅	金剛歌菩薩—箜篌
（覚禅鈔）智光曼荼羅	鼓・琵琶・笛・銅鈸
（覚禅鈔）大仏頂曼荼羅	歌菩薩—箜篌
（覚禅鈔）尊勝仏頂曼荼羅（釈迦文院本）	鼓・横笛
（覚禅鈔）大勝金剛曼荼羅	菩薩—箜篌
（覚禅鈔）如意輪曼荼羅	菩薩—箜篌・鈴
（覚禅鈔）阿麼𪘂	阿麼𪘂（阿麼提観音）—箜篌
（阿娑縛抄）壇図	螺

(阿娑縛抄)六字河臨法道場図	鈴・螺・太鼓
(阿娑縛抄)如意輪曼荼羅	鈴
(阿娑縛抄)八字文殊曼荼羅	鈴

注　ここでは、『大正新修大蔵経』図像部を史料として用いた。

これに対し、守護神のもっている楽器はまさに荘厳具としての役割を果たすものであった。

密教の鈴などのもつこのような機能は天の詔琴に通ずるものであるが、これはそれぞれの楽器のもつ特性とその本来的な機能がそのまま持続されてきたことによるのであり、ある意味では天の詔琴的な楽器の役割は、仏教においては密教の神秘的な作法のなかで使用される楽器に引き継がれていったと考えることが可能である。浄土教の場合は、そこに現われた楽器自体には本来的にこのような役割はまったく見出せないのである。しかし浄土教の場合は、その発展により聖衆来迎の楽の発達をみると、音楽そのもののなかに天の詔琴的な機能をも有するようになっていくのである。

注

(1)　岸辺成雄『東洋の楽器とその歴史』。

(2)(3)(4)　岸辺成雄「燉煌画に現われた音楽資料」(東洋音楽選書二『唐代の楽器』)。

(5)　原田亨一「伎楽雑攷」(『寧楽』十六)、林謙三「仏典に現われた楽器・音楽・舞踊」(東洋音楽選書二『唐代の楽器』)。

(6)　林謙三「仏典に現われた楽器・音楽・舞踊」(既出)。

(7)　『大正新修大蔵経』一二巻、二八五頁、上・中段。

(8)　右同書、一二巻、二七一頁上段。

(9)　右同書、一二巻、二七三頁下段。

(10) 右同書、一八巻、二二七頁、中段。
(11) 右同書、一八巻、二四八頁、上段。
(12) ここにいう「諸蕃楽」とは伎楽を示していると思われる。
(13) これらのことについては、第一章第三節、第二章第三節においてすでに検討した。
(14) 本書で用いるところの浄土教とは、とくに阿弥陀信仰を示すものではない。
(15) 井上光貞『日本浄土教成立史の研究』一六～八頁。
(16) 『興福寺流記』。
(17) 『西大寺資財流記帳』。
(18) 福山敏男『日本建築史の研究』所収の「大和法華寺」。
(19) 右同書所収の「奈良時代に於ける法華寺の造営」。
(20) 浄土変相を曼荼羅というのは正しくないが、一応一般的な呼称として使用されているのでここで用いた。
(21) 小野玄妙『画図解説仏教美術講話』三六七頁。
(22) 右同書、三七〇頁。
(23) 林謙三氏は「飛鳥奈良時代の美術に現われた楽器」(『大和文華』第五号)のなかで、この当麻曼荼羅に描かれている楽器が、歌舞の菩薩の奏する箏・竪箜篌・琵琶・簫・横笛・笙・篳篥、また虚空に飛びつつ自鳴する振鼓・細腰鼓・竪箜篌・横笛・笙などであることを述べておられる。
(24) 小野玄妙『画図解説仏教美術講話』三六二頁。
(25) 右同書、三五九～六〇頁。
(26) 林謙三氏は、これらの楽器を「飛鳥奈良時代の美術に現われた楽器」(既出)のなかで、左側には螺・笙・横笛・腰鼓・琵琶・竪箜篌、右側には塤・篳篥・簫・琴または箏・琵琶・拍板であることを述べておられる。
(27) 小野玄妙『画図解説仏教美術講話』三五四～五頁。
(28) この時代のこのほかの仏教芸術にみられる楽器を拾ってみると次のようになる。
(イ) 法隆寺金堂西ノ間天蓋の飛天　横笛・琵琶など。

(ロ) 法隆寺伝来灌頂幡部分　横笛・舞人など。
(ハ) 東大寺八角燈炉　横笛・縦笛。
(ニ) 薬師寺東塔水煙　横笛。
(ホ) 正倉院蔵琵琶撥面　横笛・鼓。
(ヘ) 長谷寺千仏多宝仏塔　銅板・銅鈸・腰鼓・琵琶など。
(ト) 東大寺二月堂本尊光背　拍板・尺八・簫など。
(チ) 栄山寺八角円堂　竪箜篌・琵琶・筆・横笛・螺など。
(リ) 過去現在因果経　竪箜篌・琵琶・笙など。
またこれらのほかにもいくつかある。
(29) 井上光貞『日本浄土教成立史の研究』二一一頁。
(30) 小野玄妙『画図解説仏教美術講話』三八一頁。
(31) これを現わした図は省略する。
(32) その画面からは、あるいは拍板とも見ることができる。
(33) その画面からは、あるいは腰鼓とも見ることができる。
(34) 岸辺成雄『東洋の楽器とその歴史』二一二頁。
(35) この阿弥陀聖衆来迎図は二十五菩薩来迎図とも称されるが、多屋頼俊氏の研究（「来迎の聖衆と二十五菩薩」『歴史と地理』第三〇巻第二号）によると、臨命終時の来迎の聖衆と二十五菩薩は本来区別されるべきものであり、平安朝および鎌倉時代には両者は区別されていたが南北朝時代に入って両者が混交され来迎の聖衆即二十五菩薩と考えられるようになったという。したがって来迎の図像を二十五菩薩来迎の図または像と呼ぶことは誤りであり、聖衆来迎の図または像と呼ぶべきであるという。
(36) 岸辺成雄「燉煌画に現われた音楽資料」（既出）。
(37) たとえば、早来迎図・山越阿弥陀図など。
(38) これは福山敏男・森暢編『平等院図鑑』三五～八頁によった。
(39) 右同書では、これらの楽器のほかに風琴があげられている。

(40)『順次往生講式』と『極楽声歌』は、高野辰之『日本歌謡集成』巻四中古・近古編、二六〇〜八二頁によった。
(41) 櫛田良洪「密教に於ける声明成仏思想の展開」(『歴史教育』第一四巻・第九号)。
(42)「講式集」(『密宗学報』大正十一年十二月)。
(43) 高野辰之『日本歌謡集成』巻四中古・近古編。多屋頼俊氏の研究(「来迎の聖衆と二十五菩薩」―既出)によると、この「二十五菩薩和讃」は実際は南北朝時代のものであるようだが、ここでは一応参考までにあげた。
(44) 櫛田良洪「密教に於ける声明成仏思想の展開」(既出)。
(45)『龍鳴抄』下。
(46)『発心集』第七、「太子ノ御墓覚能上人管絃ヲ好ム事」。
(47)『大治二年曼陀羅供次第』は『続群書類従』二六輯下にみられる。
(48) 大山公淳『仏教音楽と声明』二六頁。
(49) 小野玄妙『画図解説仏教美術講話』四一四〜二三頁。
(50) 右同書、四二八〜四三頁。
(51) 右同書、四六五〜八頁。

第四章　古代人の音楽意識

第一節　は じ め に

第一期令制前における人々の音楽に対する思想は、まず一つは、『古事記』にみられる天の詔琴、『風土記』にみられる天の鳥琴・天の鳥笛によって象徴されている宗教的意識であるといってもよい。天の詔琴・天の鳥琴・天の鳥笛という言葉自体は割合新しいものと思われるが、琴や笛そしてそこから生みだされる音を神聖視したことは想像にかたくない。琴と笛を特別視する動きは以後においても依然としてみられ、特に琴は神事に用いられ、僧尼令などにおいて琴の規定があるように重視されていた。これ以後も一方では神秘的な宮廷神事に受け継がれ、他方では浄土教や密教における音楽のなかにも継受されていく。

そして、古代人の音楽へ対する思想としてもう一つ顕著に認めることのできるのは音楽に対する政治的意図である。

令制前においては音楽は宗教的にも政治的にも同次元においてその役割を果たしていたが、宗教的なもとの政治的なものの分化がみられると音楽はまたそれぞれの面において機能をもち続ける。

支配者は政治的には第一に、従来の服属儀礼としての音楽をそのまま持続させ、さらにそれを荘厳化する意図をもっていた。たとえば従来のいくつかの服属儀礼の音楽に加えて朝鮮三国楽の楽人をその当国出身の人で占めさせ、彼らの国の音楽を掌らせたのはその現われであった。かつて饗宴の形において盛んに異国の音楽が奏されたのは、まさに音楽そのものの役割が最大限に発揮されていた時期であった。しかし、以後政治的な意図を含んだ音楽となるとまったく儀式化されていき、従来の切実な意味を失ない次第に形式化したものになってくるのである。すなわち、これらの音楽は政治的には従来ほど意味をなさなくなったのである。したがって以後の儀式・饗宴における音楽は、従来ほどの政治的な意味での重要性はもたなくなってくる。こうした変化の時期については古代音楽史上の第二期の初め、およそ桓武朝に求められるのである。律令制の衰退に危機感を抱いていた貴族層は王権のもとへ結集し、桓武天皇は造都と征夷の二大事業を進め王権の強化につとめるが、諸行事の儀式化は律令制の回復と、ある意味では貴族層を諸行事の執行に拘束し王権に集中させることを意図したのではなかろうか。これについてはさらに十分な検討を必要とするのでこれ以上触れないが、ともかく桓武朝以後儀式化が進み音楽もこのなかに含み込まれていった。したがって、これ以後儀式の音楽のなかから支配者の政治的意図を汲み取ることは困難である。

そして第二に、支配者は少なくとも令制ではわが国最初の音楽機関に「雅楽寮」という名称を用い、儒教の礼楽思想のもとに国家を治めようという意図をもって音楽を重視しようとしたことをあげることができる。たとえば、令の注釈書のなかにみられる「雅曲」「正儛」「雑楽」をめぐっての律令官人の議論はその一つである。特に『令集解』においてはさまざま議論されているところであり、一般律令官人の音楽に対する政治的意識とまではいえないが、礼楽思想と雅曲・正舞・雑楽の理想と現実を知るうえにおいては一考する価値のある問題であると考えられる。(1)

さらに古代末期をむかえるとこれらの宗教的・政治的思想のほかに、これから分化したといってもよい芸道思想が新たに成長し発展してくるのである。

第二節　楽人の音楽意識

――楽書による考察――

正史に初めてみえる楽書は天平七年（七三五）四月遣唐使吉備真備によってもたらされた唐の則天武后の撰になるという『楽書要録』一〇巻である。(2) そしてわが国最古のものとして言い伝えられている楽書は、宝亀三年（七七二）ごろ成立したとされる尾張浜主の撰といわれている『五重記』である。その後仁明朝以後に楽書は盛んに著わされるようになり、現存しているものでは延喜十九年（九一九）ごろ貞保親王の撰と伝えられている『十操記』、長承二年（一一三三）大神基政の撰になる『龍鳴抄』、実際には鎌倉時代の成立のようであるが十一・十二世紀前後の成立とされ大神惟季の撰と言い伝えられている『懐竹抄』、文治元年（一一八五）北山隠倫涼金の撰になる『管絃音義』、天福元年（一二三三）狛近真による『教訓抄』などがある。『五重記』『十操記』『懐竹抄』についてはその作者・成立年代に疑問がもたれているが、少なくともその時代に仮託させて描かれていると思われることから、当時の音楽への意識や思想をこのなかから窺うことは可能であろう。(3)

中国よりもたらされた『楽書要録』は現在、五・六・七の三巻と若干の逸文が残されているのみである。(4) そこで多少煩わしいが、この五・六・七巻の内容の概略を滝遼一氏がまとめられたものによって紹介しておこう。

巻五

「弁音声」五音之祖は無声にして、無声は道也と論ず。「審声源」形気は声之源也と論ず。「七声相生法」宮は徴を生じ徴は商を生じ、商は羽を生じ、羽は角を角は変宮を、変宮は変徴を生ずることを先ず十二律管を以て十二支に依つて解くべしと論ず。「論二変義」二変即ち変宮、変徴は宮徴之潤色、五音之塩梅にして変声之五音を充賛するは恰も暈色之五彩を発揮するが如く、音を知らざれば其源を識ることなしと論ず。「論相生類例」相生之声の類例は別無く高下を無すと論ず。「論三分損益通諸絃管」琴は長短を択ばずして、一絃を取り、黄鐘と声を同じくして、三分損益の法を以てすれば、正確に十二律を得ると説き、琵琶・尺八・横笛の属また此方法に依り律を得ると論ず。「論歷八相生意」歷八相生の法は音を知らざる者をして、口音を推し求めしめん為めの理なりと論ず。「七声次第義」一律を定めて宮となし。一ヶ月宛を隔てて七声を得、周廻して還りて十一月黄鐘宮と相比すと論ず。「論每均自立尊卑義」律呂は布いて辰位に在り、自ら長短清濁を以て大小と為し、均調を立てれば宮商に随つて尊卑を為すと説く。「叙自古書伝論声義」左伝、五経通義に伝ふ声の義を解く。「楽譜」五声の倫理的解釈を説く。

巻六

「紀律呂」大載礼、漢書律歷志、三礼義崇、月令、周語によつて、十二律を説く。「乾坤唱和義」陰陽の理と律呂の理と相一致することを唱和図を掲げて説明す。「謹権量」歷より律生まれ、律呂より権量生まるゝことを説き、律呂と度量との関係を説く。「審飛候」候気の法と律との関係を論じ別に「漢律室図」を掲ぐ。

巻七

「律呂旋宮法」十二律相生法を図を以て示し、黄鐘より起つて相生し、左旋して、三分損益法を以て旋宮する法を説き、均を立てれば音調正しく暁り易しとし、七調を均とし、十二均八十四調を十一月黄鐘均より始めて旋宮法を示す。「識声律法」声律の法は先づ黄鐘を宮として黄鐘を吹いて定め、次いで林鐘の管を吹いて之を徴声となし、之を下生の声となし、以下之に準じ、声律を定むと説く。「論一律有七声義」相旋りて宮を為し、また相旋りて商をなす。故に一律に七声を得ると論じ、一律有七声図、及び一律有七声又図を掲げて説明をなす。

これらによると、五巻では音声の源、七声の相生の方法などを陰陽の思想から説き、六巻では律呂などについてやはり儒教・陰陽思想の立場から説明を加え、七巻においても律呂の定め方などを説いており、いずれも当然ながら儒教陰陽思想にもとづいた音弁に対する理論が展開されている。

さて、日本最古の楽書といわれている『五重記』(5)はいかがであろうか。

まずその序では楽人の心構えについて述べ、雅声の鄭音に冒されることのないよう説いている。ついで五重すなわち毛・皮・肉・骨・髄を音楽、特に笛の修業の段階にたとえることによって笛吹の歩むべき道について順次説いている。

毛とは春風が草葉をわずかに動かすこともなく、ようやく風が吹き行くようなもので笛を形なりにわずかに吹くことができる程度をいう。皮とは夏風が草葉を激しく動かし地の膚を吹きぬけるがごとく大体吹けるようになるが、まだまだ調和することがないという程度をいう。肉とは秋風が草葉を紅葉させたり散らし飛ばしたり、風が地中に吹き入るが如くほとんどよく吹けるようになるが、息継・打つ手の具合はまだ下手である程度をいう。骨とは冬に風が草葉をすっかり枯らし風が地底深く氷るがごとく実に上手で「手差・詞」まで鮮麗に理解し、その極みをなす段階をいう。髄とはこのような五重や五常をよく知り、「七躰十操」を定め、「軽重清濁」を分ち、「延引火由」を謀り「推打結詞」を明らかにし「輪転物騒」がしきを禁じ、「丁六詞淙」を別ち、「上下離哺」を糺すということをよく理解し、髄底をきわめた最高の段階をいう。そして次に「軽重清濁」「推打結詞」とその笛の吹き方を説明している。

また『五重記』のなかに、五重とは「是毛皮肉骨髄五也、以則二五常一」と述べられているように、儒教の教えの仁・義・礼・智・信の五常を規範としているのである。すなわち『五重記』とは、この五常を規範としていることや、その序に雅声の純粋であることを説いていることから、儒教思想を規範にしたわが国の楽人への教訓の書として著わされたものであったと考えられる。『五重記』が後世著わされたものであったとしても、作者をわが国楽人の祖ともいわれる尾張浜主に、そしてその思想的背景を彼の生存していた時代に仮託して作られたと考えられること、また『五重記』が成立したとされる八世紀後半は、『続日本紀』天平宝字元年（七五七）八月己亥条に、

勅曰、安レ上治レ民、莫レ善二於礼一。移レ風易レ俗、莫レ善二於楽一。礼楽所レ興、惟在二二寮一。門徒所レ苦、但衣与レ食。

（下略）

とあり、同宝亀元年（七七〇）五月壬申条の左大臣藤原永手・右大臣吉備真備の奏聞のなかで、

（上略）粤自二開闢一、世有二君臨一、休徴嘉応。時亦聞レ之、雑沓繽紛。豈如レ此盛。伏惟皇帝陛下、蘊レ徳乗レ機、再二造区宇一。括二天地一以裁成、叶二禎祥一而定レ業。礼楽備而政化洽、刑獄平而囹圄清。（下略）

と述べられているように、まだ礼楽思想が強く意識され重んじられていたと考えられることなどから、八世紀後半から九世紀にかけての楽人の音楽に対する姿勢というのは、儒教思想がその規範にあり、礼楽の一部をなすものとして音楽が意識されていたと捉えることは可能であろう。

次に、十世紀初期に成立したと伝えられている『十操記』について検討してみよう。

その概略を述べると、まず笛吹は四苦と八難を知るべきであるという。四苦とは「楽手錬・失錯無・拍子慥・程間善」であり、八難とは「盲気色・辻手利・面猿楽・頸筋立・僻拍子・臂指図・上手似・人事毀」であるという。また尾張浜主の説をあげて、笛の吹く悪し様を「辻猿楽・推打吹・山鳥楽・鶉笛・七体不知・心暗吹・多輪転・無遅速・肩臂荒・田楽利」と述べ、ついで十操の音楽の曲態について述べている。十操とは七体と三差であるという。七体とは、第一は大曲において「殊息強吹」などのこと、第二は中曲において「始和終強息吹」などのこと、第三は小曲において「詞和毎レ詞当二小拍子一、無二小息一」などのこと、第四に中絃は「拍子二重打也。其息差小曲少強延吹末息重打拍子間許延也」などということ、第五に喘吠は「拍子二重打間従二仲絃一早也。末息重打拍子間三許也」などのこと、第六に曳果は「引重々々吹也。但息差引所和重所強也。如二只山川一」などのこと、第七に連詞は「此体各別也。委細各可レ見レ注也」などのことであるという。三差とは、まず仲大曲のときには「拍子程間息差如二大曲一。但少可二和吹一也」ということであり、仲小曲には「不レ可レ欲二仲大曲似一。何況不レ可レ欲二大曲似一。是和吹故也。只中曲逆体也」といい、仲吠のときには「拍子二重打間従二仲絃一早従二喘吠一延。又末息差従二仲絃一短従二喘吠一長也。只重打拍子間一半也」ということであるという。

これによると、『十操記』は『五重記』と同様に笛吹のための教訓の書として書かれたものであることが知られ、この点『楽書要録』とは性格が異なっている。また『五重記』と比較してみた場合においても『五重記』では儒教思想を基盤にしていたのに対し、『十操記』では特に思想的に基盤になっているものは認められず、多くは笛吹の吹様について記されている。『十操記』は仏教の四苦八難をかりて楽人の四苦八難を作りだしており、このことは一応仏教の影響ということで注目に値しよう。『十操記』も『五重記』同様に後世のものであるとしても、『南宮琵琶譜』『南竹譜』などを著わし、十世紀の著名な音楽家である貞保親王に仮託して作られたと推測されることから、『十操記』にみられる笛の技術を重んずる傾向は十世紀初期のころに一般的であったと考えられるであろう。

以上の考察からこの二つの楽書を比較してみると、同じ教訓的な書物でありながら一方は儒教を基盤としているのに対し他方はその基盤をもっておらず技術が重視されているということが知られる。このことは律令国家自体の変遷により楽人が国家的に制約されることが少なくなったことを示唆していると考えられる。これは音楽的に重要な事実であり、これによって楽人の芸術に対する新たな自覚がひきおこされ、のちの楽家が形成され秘説が生みだされていく契機となっていったと推察される。またこのことは、雅楽が一般貴族の間に広まる一つの大きな原因となったともいえよう。この時期が十世紀初期以前であることは、『十操記』からおよそ考えられるが、九〇〇年前後を一つの境として儀式の内容が変化する事実、御遊などが成立するのがやはりほぼ九〇〇年前後であるという事実、また楽所の創設が十世紀初頭であるという事実などから、楽人への国家的制約が減少し楽家が形成され秘説が誕生し貴族の間に雅楽が広まるのは、まさにこの九〇〇年前後を境として以後のことであり、これは第三期のはじまりであった。そういう意味においても、九〇〇年前後、九世紀後半から特に十世紀初頭というのは、古代音楽史上まことに重要な時期であったのである。

『十操記』から次に述べる『龍鳴抄』までは二百余年の隔りがあり、その間には延喜二十一年（九二一）に成立した『南宮琵琶譜』、康保三年（九六六）源博雅撰の『博雅笛譜』、嘉保二年（一〇九五）大神惟季撰になる『懐中譜』などが現存しているが、これらはすべて古楽譜であるのでここでは触れない。

大神基政の『龍鳴抄』は「心得べきこと」を心に思い起こすままに書きつけたもので、のちに述べる『教訓抄』そして『続教訓抄』や『體源抄』の先駆的なものといえる。これは上下に分けられ、上巻の冒頭には管絃者が「心得べきこと」について述べ、次に具体的に呂の曲の解説と笛の吹き方を述べている。下巻においても初めに律の曲の解説と笛の吹き方を述べ、最後には『龍鳴抄』が撰述された動機と仏神を尊び崇めることが説かれている。

上巻に述べられている管絃者が「心得べきこと」としては時の声であるといい、春は雙調、夏は黄鐘調、秋は平調、冬は盤渉調、中央は壱越調であるという。さらに、一日一夜のときの声として鹿の鳴・鶯の声・虫のね・ほらの声などを述べ、次に六調子と律呂について触れ、もっぱら陰陽の義によって述べられているのである。

そして下巻の末尾には大神基政の雅楽に対する思想が現われており、『龍鳴抄』では特にこの箇所に注目したい。彼はここで、

もしいとをしみあらん人は、みんをり〳〵かならず念仏を申べし。

と述べ、のちの世にこの書物をいとおしんでみようとする者は必ず念仏を唱えながらみるべきであるというのである。これによって彼の思想的基盤には仏教が深く根づいていることを知ることができる。彼が雅楽を掌るにあたっても浄土思想が絶えず頭のなかに存在していたことは、彼の次の言葉によって裏付けられる。すなわち彼は「ふるきやんごとなき人」の説をひいて、諸道を行なう者にとっては地獄があるが管絃を行なう者にとっては地獄がないとい い、その理由として、

ほとけの三十二相をほめたてまつるに、音楽をぐし、讃歎歌詠し奉るに、五音のしらべをそへたてまつる。花供に奏楽をし、散花に呂律をしらぶ。

と述べている。すなわち仏への奏楽の奉仕により地獄へ落ちないといいきるのである。彼はさらに次のように述べて

いる。

或は公事、あるいは恒例の仏神事まいらずば、とがもありぬべきことなれども、御願供養にも、もろ〳〵の仏神事にもまいりたらむに、今日一端結縁にて、後世三途のくるしみをのがれ、諸仏の浄土にまいらん種子ともせんとおもふべきなり。

これらの記述をとおして、彼が御願供養や諸々の仏神への奏楽をつとめることにより「後世三途のくるしみ」をのがれようとする必死な姿を思い浮べることができ、彼の「諸仏の浄土」へ行くための種子にしようとする浄土に対する強い執着心をみることができるのである。

『十操記』では四苦・八難という仏教用語の使用はみられたが、その作者の奏楽の思想的基盤に仏教思想が浸透するまでにはいたっていなかった。現存している楽書においては、『龍鳴抄』において始めて奏楽の思想的基盤に仏教思想を見出すことができる。浄土思想の影響が強いことは注目に値する事実といえよう。

『懐竹抄』は大神惟季の撰といわれているが、その成立は後代であるらしい[6]。その内容は、まず横笛の由来と形質を述べ、次に「可レ吹レ笛様」「笛音取事」「調子笛様」「調子ノ秘事」「楽間用意幷説々事」「可レ好レ笛事」「笛ノ譜事」「可レ授レ笛事」「笛工事」「笛物語」「調子合法」「諸調渡物」などに分けて記されている。このなかの「可レ好レ笛事」では、管絃は「狂言戯事ナレドモ、法成熟之曲、見仏聞法ノ調ナル」ことを述べ、それ故「皆依二前生ノ宿縁一、又為二仏神ノ御計一、極道也」としている。彼はやはり管絃を仏教と結びつけて考えているが、ここで特に注目しなければならない点は管絃というのは法成熟の曲であり見仏聞法の調べであることを述べている点である。すなわち彼は音楽というものは、法が成熟し、仏をまのあたりにみ、その教えを聞くことのできる不可思議なものであると考えていたことである。彼は仏神という言葉を使用しており、先の『龍鳴抄』の大神基政も「仏神事」という言葉を用いているが、これは、音楽というものが不可思議な力をもち、彼らはこれを神や仏のような人間を超越した存在に働き及ぼすものという意識を根本的にもっていたことを示唆するものである。このことは令制前からみられた音楽の果たす宗教的機能が仏神という人間を超越した存在に対して働いているのであり、やはり音楽が超然的なものに働きかけ、その功徳を受けるというような天の詔琴的な役割を果たしていることを示しているのである。

『龍鳴抄』と『懐竹抄』の考察からみると、この時期においては彼ら楽人は信仰として浄土教をもち、音楽については超然的なもの、仏神に働きかけ不可思議な作用をひき起こすものという思想を有するようになっていたに相違ないと察せられる。

次に、これらの事実を一層明白にするために、成立は鎌倉初期ではあるがある意味では古代の雅楽を集大成したものともいうべき『教訓抄』について、その音楽への思想、作者の信仰などに関して検討していくことにしよう。

『教訓抄』は興福寺楽人狛近真によって著わされたものである。これは楽人に対する舞楽・管絃の教訓的解説書であり、次のごとき一〇巻にそって述べられている。

歌舞口伝五巻

巻第一　嫡家相伝舞曲物語――公事曲――

巻第二　嫡家相伝舞曲物語――大曲等――

巻第三　嫡家相伝舞曲物語――中曲等――

巻第四　他家相伝舞曲物語

巻第五　高麗曲物語

　　伶楽口伝五巻

巻第六　無舞曲楽物語六十八

巻第七　舞曲源物語

巻第八　管絃物語

巻第九　打物部——口伝物語——

巻第十　打物案譜法——口伝記録——

そしてこれらのことを述べるのにさまざまな曲に関しての諸説・故事・法会などの行事を例にひいているのであるが、特に巻第七・巻第八では近真の音楽に対する思想を十分に窺い知ることができる。したがって以下ではこれらを中心に考察していこうと思うが、その前にまずこの書物がどのような目的をもって著わされたのかを近真の言葉をかりて述べてみよう。

雅楽は第三期以降曲目はしだいに固定化され秘伝・秘事が生みだされ嫡家相伝となっていくのであるが、近真はこの嫡子の相伝していく有様とともに『教訓抄』を著わした動機について次のように触れている。(7)

楽人の嫡子というのは幼いころより常に、「霓裳ノ曲ハマナコニサイギリ、絃竹ノ響ハミヽニ」満ち、「ヲリフシニ付ツ、心イザナハレ侍シ時」には「廻雪ノ袖ハ楊柳風ニシタガフヲマネビ、竜賀ノ詞バ春ノ鶯ノ囀カ」と疑いつつ「イヅクニ春秋ヲオクリ、ムナシク月日ツモル」と考えてみても「当道ノ交衆トハ更ニ」思い及ぶことはなく、ただ「春日ノ野辺ニ霞トトモニタチイデヽ、竜笛ヲ嘯テ日ヲクラシ、秋ハ三笠ノ森ノ月影ニサソワレテ、賀舌ヲ含テ夜ヲアカ」してさすがに多くの年月を過し、ついには「舞笛絹塵ノ秘曲一事モノコサズ、スミヤカニ相伝」を終えてしまうという。こうしたことが代々繰り返され音楽が相伝されてきたのであるが、近真の二人の息子は「道ニスカズシテ徒ニアカシクラ」しているという。近真はこれをはなはだ愁歎し舞楽のおとろえを歎いているのである。彼はそこで、息子のためにもはたまた後代の楽人のためにも、多年の間老無双の人々につかえてきて得た知識を『教訓抄』として書き残しておきたいと考えたのである。

彼は音楽に対してどのような思想をもっていたのであろうか。まず彼が嘆いていた雅楽のおとろえをどのように考えていたかというと、

只アヤマチヲアラハシテ、螢雪ノ功ナキ事ヲハズベキナリ。凡夫ノ目ヲバハヂテ、ハズベカラズ。神慮ハ尤ヲソルベキ事ナリ。是ハ世ノ末ノ習ヒ、当道ニハカギラズ、諸道モヲトロヘユク次第ナレドモ、(下略)

と述べ(8)、雅楽の衰退はもっぱら末の世の習いであることによりいたしかたないとしている。雅楽のおとろえを、仏法の衰えた末世のためであるとしているのである。

また、彼は『龍鳴抄』でも引用していた「ヤムゴトナキ人」の言葉をあげて「管絃ニ地獄ナシ」といい、楽所の者の心操を「修羅道ノゴトシ」と形容し(9)、末世といえども「心アラム輩ハ、イカニモ〳〵ハゲムベキナリ。争カ神明三宝モ御イトヲシミナカラムヤ」と述べ(10)、努力精進することによって神明三宝も不便に思ってくれるものとして最後には神仏に頼っている。そして彼は舞楽の根元は「仏世界」より始まり「天上人中ニ、シカシナガラ妓楽雅楽ヲ奏デ、三宝ヲ供養シ奏テ、娯楽快楽スル業ナルベシ」というものとしてとらえ(11)、また「ソノ道ニイタラン輩ハ、コノ心ヲフカクタノミテ、信心ヲイタシテ、道ヲイトナムベキナリ」と述べ(12)、雅楽の道に入る者は「コノ心」すなわち仏世界を

讃嘆する心をたよりとして信心し、雅楽の道を営むべきであるという。彼はさらに、

安養浄土ニハ、トコシナヘニ、妓楽ヲ奏シテ菩薩ノ曲ヲツクス。迦陵賓賀苦空無我ノ囀、ヲコタルコトナシ。都率ノ内院ニハ、常ニ『慈尊万秋楽』ヲ奏デ、聖衆当来ノ導師ヲ、ホメタテマツル。天上世界ニハ、『霓裳羽衣ノ曲』ヲ乙テ、五妙ノ音楽コクウニミチタリ。イカニメデタカルラント、随喜シテ、カノ世界ニ生ト、願ヲヲコスベシ。

と述べて、(13) 楽人は浄土の音楽であるこれらの雅楽を奏し、その浄土の様子を思い浮かべ随喜して浄土に生まれようという願いを起こすべきであるとしている。このなかで彼は「苦空無我ノ囀」という言葉を用いているが、法顕訳『大般涅槃経』巻下の仏入涅槃ののち荼毘に付されようとしたときに行なった音楽のなかに「苦空無常無我不浄」の法を説いたとある。(14)「苦空無我ノ囀」とはこれを指していったと思われ、近真がこのような知識を得ていたことは彼が仏世界というものに並々ならぬ関心を懐いていたことを示唆するものとして注目できる。

ともかく、狛近真は雅楽の道を尽す者は仏神を供養すること怠りなく精進することによって浄土への「タヘナル」様を思い浮かべ随喜し浄土へ生まれんと願うべきであることを説いているのである。これらのことからも音楽を根本的には仏神を問わず超然的なものに働きかける作用を起こすものとみる思想を窺い知ることができるのである。

なお十二—三世紀ごろの楽人の信仰を少しでも明確にさせるために、この『教訓抄』から狛近真のもっていた信仰を探りだしてみることにしよう。

十二—三世紀当時の仏教界は、法然らが出現し専修念仏をすすめることにより、従来の諸行を否定し弥陀一仏絶

対帰依の思想を説くと、これに対抗して旧仏教側からは明恵・貞慶らが批判を加えていくというものであったが、なかでも貞慶は「興福寺奏状」を著わし法然を批判するとともに自らも反省し、法然の阿弥陀信仰に対抗し、弥勒信仰の易行化を目差し弥勒念仏を生み出していった。速水侑氏の研究によると、(15)摂関期に隆盛をきわめた浄土信仰は弥陀も弥勒も含んだ雑信仰であり、阿弥陀の極楽浄土と弥勒の兜率天浄土の併存が矛盾なく行なわれ両者とも教義的に『法華経』の浄土思想に由来するものであった。そして、この弥勒信仰は「三会値遇」までも含んだ弥勒上生信仰であったが、院政期に入ると民間では末法到来の影響をうけ弥勒下生信仰が発達していくのに対し、貴族社会では弥勒下生信仰がさして発達しないまま依然として弥勒上生信仰が存続するのである。そこにおいてまた、「極楽・兜率の間にかすかなのぞみをとげん」という信仰が存続していたのであるという。そしてここに法然の出現をむかえるわけである。

彼ら奏楽を専業とした地下の楽人は大内の楽所に補任される者が多く、また大内の楽人は寺社におもむくこともすこぶる多かったのであるが、およそ十一―二世紀のころの楽人が貴族的・享楽的浄土教の発展によりますます盛んになっていく諸法会において奏楽を掌ることは日常的であったことから、彼らが浄土教的雰囲気を身をもって体験していったことは当然に考えられるところである。彼らは雅楽の修練、またそれによって培われた技術を仏神へ奉仕することによって、少なからず浄土の世界への往生の仲立ちと考えていた。あるいはそう意識しようとしたのである。したがって、彼らもまた当時の貴族層の風潮であった浄土信仰、あるいはそのなかにおける雑信仰を受容していったことが推察されるのである。これは次の狛近真の言葉によって裏付けられよう。

『教訓抄』には極楽往生・兜率天往生について多く述べられ、またそれについての話がかなり多く他の書物より引用されている。ここではそれらを一々あげないが、特にそのなかで雑信仰の目立つものをあげて考えてみよう。

然ラバ、我等ハ舞楽二道ヲモツテ、三宝ヲ供養シタテマツル功徳ニヨリテ、彼ノ妙声ガゴトク二、三悪道ヲハナレテ、必ズ西方都率ニ往生シテ、楽天ノ菩薩ニマジロヒタテマツリテ、願ノゴトク曲ヲ奏シテ、弥陀弥勒ヲ供養シ奉ラム。観音地蔵影ノゴトクニソハセ給テ、弟子ヲ引導シ玉フベシ。此願ムナシカラズシテ、絃管歌舞ノ輩、一仏浄土ノ縁ヲ結事、仏陀モステ給ハズ。(16)

ここでは阿弥陀・弥勒のことが現われており、特に「西方都率ニ往生シテ」と述べているのは阿弥陀浄土への信仰と弥勒浄土への信仰が明確な区別がないまま使用されていることを示している。さらに、ここで観音・地蔵にも触れているのをみると、まったくの雑信仰としかいいようがないのである。ともかく「一仏浄土ノ縁ヲ結事」することを願っているのである。

また、先にも引用したが次のようにも述べられている。(17)

安養浄土ニハ、トコシナヘニ、妓楽ヲ奏シテ、菩薩ノ曲ヲツクス。迦陵賓賀苦空無我ノ囀、ヲコタルコトナシ。都率ノ内院ニハ、常ニ『慈尊万秋楽』ヲ奏デ（中略）、カノ世界ニ生ト、願ヲヲコスベシ。

ここでは阿弥陀の安養浄土、弥勒の都率内院への奏楽について述べられている。このような奏楽は貴族の要求によるところが大であったであろうが、それを掌る楽人もまた「カノ世界ニ生ト、願ヲヲコスベシ」とあるように、特にどの浄土かを指定するわけでなく、浄土に生まれることを願っているのである。

両史料とも近真自身の言葉であることにより、彼が浄土往生を願う雑信仰をもっていたことが知られる。近真の信仰が当時の貴族のもっていた信仰と同一のものであったということは、他の一般的な楽人においても近真とほぼ同様の信仰をもっていたと考えられるのである。

大神基政についてはその著書『龍鳴抄』の言葉のみからでは必ずしも雑信仰をもっていたか否かは明白でないが、浄土信仰者であったことはあやまりのないところであろう。

さて、楽書を通して楽人の音楽に対する思想について検討してきた結果次のようなことが指摘できる。すなわち、これらの楽書を通してみた限りにおいては、八世紀の『五重記』ではその思想的基盤が儒教にあり、ここで雅声の純粋さを説いているようにこの作者も音楽を儒教の礼楽思想のなかに含み込まれているものとして捉えている。十世紀の『十操記』では儒教思想からほとんど解放され、その思想的基盤になるもの、また音楽に対する思想的意識は特にみあたらない。十二世紀の『龍鳴抄』以降ではその基盤となっている思想、そして著者の音楽に対する思想はほぼ仏教思想であり、さらに芸道思想の萌芽と成長がみうけられるのである。

ここで注意しなければならないのはこれらの楽書の史料としての有効性である。というのは、まずこれらの楽書はあるいはたまたま残存した一部にすぎないとも考えられるのであり、そしてこれらは彼ら個人の嘆きの弁ともとれるところが多いのである。しかしながら、これらは一応一般楽人を対象として（特に同家の楽人を対象としていたといえる）著わされた教訓の書であったという点などから、楽書による考察の有効性は十分あると考えられる。

古代における一般的楽人の音楽に対する意識というのは、儒教的礼楽的な音楽から仏教的浄土的音楽へ、さらに芸道的音楽へと変遷していくものであるということができよう。この原因としては、国家的な制約からの解放すなわち国家の楽人に対する制約の弛緩、そして彼ら楽人の掌っていた雅楽がまったくの政治的・国家的・儀式的なものからあるていど解放されたことによって宗教的・個人的・芸術的なものへ変遷し発展したことが考えられるのである。特に雅楽は国家的・儒教的解放を得て音楽のもつ本来の重要な役割の一つである天の詔琴的作用が現われてくるのであり、このことは注目すべき事柄である。したがって、雅楽の宗教的・思想的に果たすようになる基盤の一つを求めるならば、その音楽自体は異なるが、日本古来の音楽に求められるのである。

第三節　貴族の音楽意識

――平安朝文学による考察――

平安時代も十―十一世紀をむかえると、さまざまな日記や物語など、あらゆる分野の文学が盛んになる。そしてこれらは平安時代の生活を知るには絶好の材料となるが、そこに現われた音楽関係の記事もこの時代の音楽を知るうえで貴重な史料となっている。物語文学の音楽に関しては、山田孝雄氏の『源氏物語之音楽』をはじめいくつかの国文学の分野からの研究があるが、(18)本節ではこれらのものとは異なった観点、すなわち貴族の音楽に対する意識を中心に考察していこうと思う。

まず日記文学をみると、これにみえる音楽史料はきわめて多いが、その史料の性格上ほとんどが宮廷儀式中心であり、あまり個々人の感想を見つけ得ない。しかし、これらを整理してみると一つの特徴を知り得る。すなわち、十世紀以来日記上にみられる音楽は宮廷儀式が中心であったのに、摂関期をむかえると藤原道長の法成寺の法会をはじめ法勝寺の法会、宇治一切経会などにおける奏楽の記載が増加していることが知られる。これは決して宮廷儀式が衰えたというのではなく、法会の隆盛とその場における奏楽の機会が増えたことにより、法会が日記を記す貴族の印象に強く残ったことによりみられる現象と考えられる。

次にはおもに『栄華物語』『源氏物語』、説話物語にみえる音楽に対する貴族の吐息に耳を傾けてみよう。『栄華物語』には多くの音楽の記載があるが、特に一七巻では「おむがく」として独立しているほどである。これらのなかでも顕著なのが法会における音楽であり、このなかから多少とも音楽への意識を窺うことができる。たとえば巻一七法成寺御堂供養の後一条天皇の行幸のところで、

やう〳〵おはしましよるほどに、御覧じやらせ給へば、(中略)大門いらせ給ほどの左右のふながく、龍頭鷁首まひいでたり。曲をあはせてひゞき無量なり。管をふき絃をひき、つゞみをうち、功をうたひ、徳をまふ。御覧ずる御心ち、このよの事ともおぼされず。

と述べられ、天皇をむかえる音楽に対して「この世の事とも」おもわれないというのである。同じく持僧の参会のところでは、

楽所の乱声えもいはずおどろ〳〵しきに、師子のこどもひきつれてまひいでゝ、まちむかへたてまつるほど、このよのことゝもみえず。

と述べられ、楽所の乱声、行道における師子の様を、やはり「このよのことゝもみえず」と評している。そしていよいよ法会のなかでの舞楽が始まるが、舞台の上では菩薩の舞があり、童の蝶・鳥の舞が続き、その有様は「たゞ極楽もかくこそは」と思え、楽所の奏楽は「みなのりのこゑ」のようで、あたかも天人・聖衆の伎楽歌詠するかのようであったという。

巻一八には、阿弥陀堂の扉に描かれた来迎図について、

これは聖衆来迎楽とみゆ。弥陀如来くもにのりてひかりをはなちて、行者のもとにおはします。観音勢至蓮台をさゝげてともにきたり給。もろ〳〵の菩薩聖衆音声伎楽をしてよろこびむかへとり給。

と述べられているが、この聖衆来迎図をみて、それを「聖衆来迎楽」とみなしているのは、いかにこの時期の音楽が聖衆来迎の音楽として意識され重要視されたかを示している。

法会における音楽は奈良時代以来行なわれてきてはいるが、このように彼らの生活と密着した形で極楽の音楽、聖衆来迎の音楽として意識されるようになるのは、特に十一―二世紀をまたねばならなかったのであり、これには浄土教の発展が大きな役割をはたしていたのである。

また、『栄華物語』には、当時の法会において使用されたと思われる楽器が現われているが、それは次のとおりである。

巻二二、法成寺薬師堂遷仏の盛儀　簫・笛・琴・箜篌・琵琶・鐃・銅鈸。

同、祇陀林寺の舎利会　笙・琵琶・簫・篳篥。

次に、『源氏物語』にみえる音楽に対する意識を検討していくことにしよう。

『源氏物語』においても宮廷内の音楽描写はきわめて顕著で、山田孝雄氏はこれらの音楽の内容から、この物語を延喜・天暦のころの描写とされている。(19)これらの音楽は歴史的事実ではないとも考えられるが、少なくともこのなかに作者の個人的意識、あるいはその当時の音楽に対する一般的意識が反映している事実は否定できない。

さて音楽に対していかなる意識がみられるであろうか。まず、紅葉賀においては、源氏が青海波を舞ったときのことを、入（り）がたの日影、さやかにさしたるに、楽の声まさり、物のおもしろき程に、おなじ舞の、あしぶみ・おもゝち、世に見えぬさまなり。詠などし給へるは、「これや、仏の、御迦陵頻伽の声ならむ」と聞ゆ。

と述べ、源氏の青海波の舞様を「世にみえぬさま」すなわち極楽での様のようであるといい、その詠に対しても「これや仏の御迦陵頻伽の声ならむ」と評されており、まさに現世の音楽の様が極楽の様に通ずるとする意識がここから窺える。これは源氏の舞をたたえた言葉として述べられているので、そこには誇張が含まれていようが、そのほめ言葉に極楽の音楽をひきあいに出していることは、それなりに音楽と極楽との結びつきを彼らの意識のなかに見出すことは可能である。しかも、これは法会において行なわれた音楽ではなく、紅葉賀の試楽において行なわれたものであったということは、特に法会ばかりでなく試楽などの行事の音楽においても、極楽の音楽という意識をもつことがあったことを示している。

また、若菜の下、においては、

ことぐしき高麗・唐土の楽よりも、東遊の、みゝなれたるは、なつかしく、おもしろく、（下略）

と述べられ、高麗楽・唐楽をぎょうぎょうしいものとし、東遊びを聞きなれた好ましいものとして捉えているが、おそらくここでは唐楽・高麗楽を外来の音楽、東遊びを日本古来の音楽とする意識が働いているのではないかと推察できる。常夏の巻に、和琴を「ものゝ親」としているのもこれを示唆するものとして注目できる。

さらに胡蝶の巻には、次のような記述がみられる。

暮（れ）かゝる程に、皇麞といふ楽、いとおもしろく聞ゆるに、心にもあらず、釣殿にさし寄せられて、おりぬ。（中略）御かたぐの若き人ども、「われ劣らじ」と、つくしたる装束・かたち、花をこきまぜたる錦におとらず見えわたる。世に目なれず、めづらかなる楽ども、つかうまつる。

ここでは雅楽寮の奏する音楽を珍しいものとして捉えている。これは雅楽寮などの地下楽人の奏する音楽は、不断殿上において行なわれないさまざまな音楽をもちあわせていたのであり、彼女らは殿上での音楽は自ら行ない聞くところであったであろうが、雅楽寮の奏楽を聞く機会は少なかったことによるものと考えられる。

このように『源氏物語』では、『栄華物語』ほどではないが、雅楽を極楽の音楽に通ずるものとし、また唐楽・高麗楽よりは日本の歌謡を中心とした東遊びを親しみのある好ましいものなどとして捉えていることが知られる。特に、極楽の音楽として捉えていることに関しては、『栄華物語』の場合は極楽の音楽、さらに聖衆来迎の音楽として意識されていたが、『源氏物語』の場合はそこまで具体化されておらず、単に極楽に通ずる音楽という意識がみられるにとどまるのであり、これは、『源氏物語』が時代的には十世紀ごろを描いたためではないかと推察されるのである。

さて、次に説話物語を代表する『今昔物語』にみられる音楽の意識について簡単に検討すると、巻一二の第九「於二比叡山一行二舎利会一語」では、京の祇陀林寺の舎利会に音楽が奏されていることが知られる。これによると、唐楽・高麗楽の舞人や楽人、菩薩・鳥・蝶の童が左右に列し、その法会の儀式と音楽は「終日有テ極テ譏」く「本ヨリ祇陀林ヲ荘厳セル事極楽ノ如」くであったという。この法会の音楽の有様は、極楽の音楽を意識させるものであった。

同じく巻一二の第二二「於二法成寺一絵像大日供養語」においては、建立された法成寺の供養の様子について、

其ノ南ニ大鼓鉦鼓各二ッ荘リ立テ、其ノ南ニ絹幄二ヲ打テ唐高麗ノ楽屋トス。其儀式実ニ珍ク興有リ。（中略）実ニ此等仏ノ浄土ト思エテ貴シ。

と記され、法会の様を「仏ノ浄土」と捉え、そこにおいて奏される音楽も浄土の音楽を醸し出す雰囲気を作りあげ、

浄土の音楽とも意識されるようになっていったのである。

以上のように、わずかな例をあげて述べてきたが、『栄華物語』『源氏物語』『今昔物語』のいずれも、音楽特に雅楽に対する共通の意識として極楽の音楽に通ずるものとすることがみうけられる。またその描写された内容から『源氏物語』―十世紀、『栄華物語』―十一世紀の実態にほぼ近いと考えられ、両者の間には同じ極楽に通ずる音楽でありながらも時代的な差異が明白に現われていることは注目しなければならない。

九世紀初頭に成立した『日本霊異記』によると、音楽記事はほんのわずかしかなくこの書物の性格からいって当然ではあるが、いずれも仏教に関する音楽として現われてくる。十二世紀初頭に成立した『今昔物語』では、かなり多くの音楽関係記事がみられるが、やはりほとんどの場合が法会におけるあるいは往生時における音楽について述べられたものである。だが、いくつか注目すべき話も載せられている。それは醍醐天皇の孫といわれる源博雅、いわゆる博雅三位に関する二つの話である。

その一つは、『今昔物語』巻二四の第二三にある話である。これは博雅は盲目で会坂の琵琶の名人、蝉丸のみ知っているという当時の名曲である流泉・啄木の曲を聞こうとひそかに蝉丸の庵の辺に行き弾くのを待っているがいっこうに弾かず、ついに三年間通いつづけ、その三年目の八月十五日の夜にようやくその機会を得て、これらの曲を蝉丸から口伝された、という内容である。そして作者は、このことを評して次のように述べている。

此[レ]ヲ思フニ、諸ノ道ハ只如レ此可レ好キ也。其レニ近代ハ実ニ不レ然[ズ]。然レバ末代ニハ諸道ニ達者ハ少キ也。実ニ此レ哀ナル事也カシ。

ここでは、「諸道」という言葉が用いられ、さまざまな道に学ぶ者は博雅のごとく好むべきであり、末代には「諸道」に達者なる者はいない、といって嘆いている。このなかで注目すべきは、まず「諸道」という言葉が用いられていることであり、そして「諸道」に学ぶ者は博雅のごときであらんことを述べたことである。

二つめは、『今昔物語』巻二四の第二四の話である。これは、村上天皇の御代に玄象という立派な琵琶が紛失してしまい、博雅がこの音を聞きつけて無事取りもどすが、鬼が持ち去っていったらしいとのことであった、というものである。ここで、琵琶を発見したのがほかの誰でもなく博雅とされている点が注目されるのであり、先の話と考えあわせると、この当時音楽の道において博雅という人物は、理想的な見習うべき人とみなされていたということができる。

次に、やはり十二世紀初期に成立した『江談抄』によると、これには音楽記事はあまりないけれども、ただ『今昔物語』に記載されていた博雅と蟬丸の話が注目すべきものとしてみられる。

十三世紀初頭に成立する『古事談』によると、そこには第六として「亭宅諸道」という巻がみられるのがまず注目される。ここにはいわゆる音楽の道に関する逸話が多数集められており、秘蔵の笛、秘蔵の楽曲について、あるいは楽人や秘曲伝授について、さらにはある箏流を伝える系譜についてなどが述べられている。これらについては一々触れないが、十三世紀初頭に成立する『古事談』において、まず諸道について独立した巻がもうけられたこと、そしてそのなかの音楽のところでは音楽の宗教的神秘性を強調するよりも、音楽の道、芸道としての音楽の秘説の問題、古来より伝わる優秀な楽器、その芸道を伝える正当な系譜などを強調していることがもっとも注目すべき点であり、当時の人々の芸道への意識を強く確認することができるのである。

このころほぼ時を同じくして作られた『続古事談』には、やはりその第五に「諸道」の巻がみられる。このなかにはいわゆる音楽の道に関する話が多数みられ、そのほとんどが秘曲・廃絶曲などの楽曲をめぐっての伝授状況などについて述べられたものである。ここからも宗教的なものにとらわれない芸道の発展を知ることができる。

次に、十三世紀半ばに成立した『十訓抄』によると、音楽に関する多くの逸話が記されている。ここでは秘曲・楽人・楽器についてのほかに、音楽の徳や不可思議さを述べた話も現われており、かならずしも『古事談』『続古事談』のように芸道を表面に現わし強調するということはなされていないが、ここから音楽の道というものを窺うことは可能であろう。

つづいて十三世紀半ばに誕生した『古今著聞集』によると、その巻第六には管絃歌舞に関する話を集めて独立させている。ここでは管絃の起源ならびに故事が述べられているが、内容はやはり様々な秘曲、その伝授や楽人、あるいは秘説などについてのものである。このなかでは幾人かの楽人についても述べられているが、特に博雅について再び注目してみる必要がある。

博雅は、『今昔物語』では「諸道」を修める者の信奉すべき人物として描かれていたが、その後の『江談抄』第三には、蝉丸に琵琶を習う話のほかに、「博雅三位吹二横笛一事」として、

被レ談曰、博雅三位、横笛吹ニ、鬼瓦吹落ルト、被レ知哉如何。答曰、慮外承知候也。

と、博雅の吹く笛の不可思議さについて述べられている。『古事談』では、「博雅三位箏譜奥書云」として、その奥書に書かれたことを引いたのちに、作者は、

博雅者、依レ愛二此調子一、再此楽生二都卒外院一之由、見二経信卿伝一云々。

と記している。『十訓抄』では、博雅と「世になき程の」鬼の笛との話が述べられ、また鬼と博雅が結びつけられて博雅の笛吹としての才能のほどを述べているのである。そして『古今著聞集』巻六「管絃歌舞」第七では、博雅の生まれたときのことについて次のように記されている。

博雅卿は上古にすぐれたる管絃者なりけり。生れ侍けるとき天に音楽の声きこえけり。そのころ東山に聖心上人といふ人ありけり。天をきくに微妙の音楽あり。笛二、笙二、箏琵琶各一、鼓一聞えけり。世間の楽にも似ず、不可思議にめでたかりければ、上人あやしみて庵室をいでゝ、楽の声につきてゆきければ、博雅の生るゝところにいたりにけり。生れをはりて楽の声はとゞまりぬ。上人他人に語ることなく、数日をへてまたかの所へ向ひて、其生児の母にこの瑞相を語り侍けるとなん。

ここでは「天に音楽の声きこえけり」と述べられているが、これは浄土教的な仏教の音楽とは多少異なっている。すなわち、浄土教的にはほとんどが臨終のときに音楽が聞えてくるというものであったが、この博雅の場合はまったく逆の誕生のときに聞えてきたとされているのであり、これは博雅が音楽の道の権威者であることを象徴するものである。

博雅は、『今昔物語』などでは音楽の道を通じて鬼神と関係をもつ芸道者の信奉すべき人物として現われ、『古今著聞集』ではさらに神秘化された人物として描かれており、当時の音楽の道を志す人々によって、信奉すべき崇拝すべき第一級の芸道者と考えられていたと推察することができるのである。

秘説・秘曲・系譜などを重んじる芸道思想は、先に考察したように十世紀以降すでにわずかながらも存在したのであるが、十三世紀に入るとそれまで強く支配されていた宗教的なものから抜け出し、芸道のための芸道が強く求められ、特に人物に関しては博雅が信奉されるなどして、芸道として意識されるようになっていったのである。楽書のなかでも、十三世紀初頭に著わされた『教訓抄』は、それ以前の『龍鳴抄』の系譜をひきながらも、多数の秘説・秘事などに関する故実を載せており、この点からも特に十三世紀に入り芸道の意識が高まっていったということができよう。

注

（1） 雅曲・正舞・雑楽をめぐっての議論は、『令義解』巻一、職員令雅楽寮の条、『令集解』巻四、職員令雅楽寮の条にみられるが、ここで少し、これらの雅曲・正舞・雑楽などについて考えてみよう。

令制においてこれらの言葉は、岩橋小弥太氏が『上代官職制度の研究』のなかで「こゝでは文武とか、雅楽・雑楽とかいふのにはさ程意味は無く、諸種の舞楽といふのをシナ風に表現したに過ぎないのである」と述べておられるように、具体的な音楽を示すものではないのである。このことは、『令義解』『令集解』における議論と六国史などにより現実にこれらの言葉が使用されていたか否かを検討することによって明らかになる。

雅曲・正舞・雑楽について大宝令の注釈である古記は、「文武雅曲、正儛」とは文武の雅曲・正舞および曲譜であり刀を帯びるのを武となし刀なきを文とする雑楽である、として雅曲・正舞と雑楽とは異ならないことを示唆している。ところが『令集解』では、雑楽とは「雅曲、正儛以外」であるとして、雅曲・正舞と雑楽とを区別している。さらに『令集解』の穴説では、雅正とは淫楽を加えないということによると し、雑楽とは「笛工以上諸舞」などとしており、これによると雑楽とは日本古来の音楽を示している。このようにこれらのさまざまな説からは雅曲・正舞・雑楽を明らかにできないが、実際に正史に現われている記事によると、天平三年七月乙亥条には「定二雅楽寮雑楽生員一」（『続日本紀』）として大唐楽・百済楽・高麗楽・新羅楽・度羅楽・諸県舞・筑紫舞があげられ、大同四年三月二十一日の太政官符には「定二雅楽寮雑楽師一事」（『類聚三代格』）として歌師・舞師・笛師・唐楽師・高麗楽師・百済楽師・新羅楽師・度羅楽師・伎楽師・林邑楽師が定められているように、雑楽とはさまざまな楽舞を意味しており、雅楽寮の楽舞はすべて雑楽に含まれることが知られる。先の三つの説のなかでは、大宝令の注釈である古記説が現実的に正しく捉えられているといわねばならない。それでは他の二つは誤りかというと、現実的使用例からはそうであるが、令制というのは周知のごとく唐令・唐礼をそのまま模したものもきわめて多く、これらは建前としてわが国の令制に規定されることとなるが、雅楽寮の雅曲・正舞もその一つにあたると思われ、残りの二つの注釈は彼らの個人の意見として雅曲・正舞のもつ理想を含めて注釈した結果であり、それはそれなりに意味があったと考えられ必ずしも誤りであったとはいえない。中国の礼楽志には「雅楽正声」（『魏書』）などという「雅曲正儛」にあたる言葉もみえ、これらを考え合わせると日本の令制に規定されている「雅曲、正儛」はやはり建前として使用され、具体的内容をともなわないものであったと推測されるのである。しかしながら、延暦十八年十月二十五日の太政官符（『類聚三代格』）によると、神笛生二人を神部百姓の笛を習うに堪える者から取ったときに「其雅曲可ㇾ称」と述べられており、令制の雅曲・正舞を日本古来の神事的歌舞に求めようとした意向もあったことが知られるのである。このように日本においては、雅曲・正舞をほかの楽舞からとりたてて区別するということはみられず、楽舞はおよそ「雑楽」などという言葉によって総称されたのである。しかるに、中国の雅楽を用い「雅楽寮」としたものの、現実的には雅楽あるいは雅曲・正舞とは具体的には存在しなかったのである。またそういうものをあえて作りあげる必要もなかったと思われる。

しかし、あえて議論がみられるということは理念としての意識は強く存在していたことを示唆するものであり、このことはよく承知しておかねばならない。

中国の純粋な雅楽が伝来しなかったにもかかわらず「雅楽寮」という言葉が使用された原因は、一つには第一章第二節において考察したように一種の雅楽である燕楽がわが国に伝えられたことが考えられるが、ここで検討したように理念として雅楽というものを採用したことも一つの大きな要因となったと考えられるのである。

最近、岩橋小弥太氏は『芸能史叢説』の「雅楽と楽所」のなかで、先の『上代官職制度の研究』の説を一歩進められて新説をうちだしておられる。その研究によると、文武の雅曲とは「次の正舞といふのと同じであつて、我が国では祭祀に用ひる伝統的なやゝ古典化した歌舞を斥してゐるのであろう」とされ、雑楽とは「部伍の無いいはゆる散楽であつて、我が国では唐楽、高麗楽、百済楽、新羅楽、伎楽等がそれに当るのであろう」としておられる。すなわち「正舞といふのは祭祀に供するもの、雑楽といふのは燕会の観賞に用ひるもの」をさすといわれる。これを示す論拠として、『続日本紀』天平三年七月乙亥条の雅楽寮の雑楽生の定員を改定したときのものをあげておられる。しかし、『類聚三代格』嘉祥元年九月二十二日の太政官符によると、岩橋氏が雅曲・正舞とされるであろう五節舞が雑楽師あるいは雑色生として述べられていることから、あるいは同じく大同四年三月二十一日の雅楽寮雑楽師を定めた太政官符によると、舞師四人のなかに倭舞師・五節舞師が含まれていると考えられることから、岩橋氏のいわれるように当時楽舞は雅曲・正舞と雑楽とに明確に分けて考えられていたとすることには疑問が残る。私はむしろ岩橋氏の旧説を支持したい。

ただし、雅曲・正舞を祭祀に使用される楽舞とし雑楽を饗宴に奏される楽舞とみようという漠然とした傾向があったことは否めない事実であろう。

(2) 『続日本紀』天平七年四月辛亥条。

(3) 岩橋小弥太氏は、『群書解題』第一五において、『五重記』と『十操記』の成立年代は信用できないとして実際は鎌倉期の成立とされており、蒲生美津子氏も「五重十操記考」(『東洋音楽研究』第二六・二七・二八・二九合併号)においてその成立年代を平安時代末期としておられるが、必ずしも論拠が明白でなくさらに考えてみる余地があると思われること、芸能史研究会編『日本の古典芸能』「2 雅楽——王朝の宮廷芸能——」の「研究の手引き」において平野健次氏がわが国の楽書の最古のものとして伝えられているものとして『五重記』『十操記』を一応あげておられること、芝祐泰氏が「訓読解釈五重記十操記」(『国立音楽大学研究紀要』第三集)において「五重記及び十操記は、わが古典国史に肩を互する重要な古代楽書である」と述べておられることなどから、そしてたとえ『五重記』『十操記』に言い伝えられている作者と成立年代を全面的に信用できるものではないとしても、仮託して作られた可能性が大いにあること、というこれらのことから、『五重記』『十操記』はまったく捨てきれない面をもっていると考えられるので、ここでは一応、『五重記』を八世紀末ごろ、『十操記』を十世紀初めごろの思想的内容をもつものとして扱っていくことにする。

(4) 羽塚啓明「楽書要録」(『東洋音楽研究』第二巻第三号および四号)の補記に掲載されている。

(5) 『五重記』と次に述べる『十操記』は、群書類従第一二輯に『五重十操記』として収められている。また『五重記』『十操記』の研究としては、芝祐泰「訓読解釈五重記十操記」(既出)、蒲生美津子「五重十操記考」(既出)、福島和雄「五重十操記　校異並びに伝本考」(『上野学園創立七〇周年　記念論文集』所収)がある。

(6) 『群書解題』によると、その成立は鎌倉時代で、内容は平安末期のものであるという。

(7) 『教訓抄』序。

(8) 右同、巻第七。

(9) 右同、巻第八。

(10)(11)(12)(13) 右同、巻第七。

(14)　『大正新修大蔵経』一巻、二〇六頁上段。また北涼曇無讖訳『大般涅槃経』巻第一、寿命品第一には「無常苦空無我」とみえる。
(15)　速水侑『弥勒信仰――もう一つの浄土信仰――』(「日本人の行動と思想」12)。
(16)(17)　『教訓抄』巻第七。
(18)　これらの研究については、芸能史研究会編『日本の古典芸能』「2　雅楽――王朝の宮廷芸能――」の「研究の手引き」のなかで整理されている。
(19)　山田孝雄『源氏物語之音楽』四四六頁。

第五章　遊びと音楽

第一節　音楽の遊び

古くから、音楽の果たす機能の一つに饗宴・宴飲などにおける遊びがある。元来、遊びとは神事的なものであった。(1) 以後も神遊び、田遊びなどといわれているように神事的なものとして残っているが、神事的な遊びから分化して、まったく人間の余興的な娯楽を目的としたものも生まれてくる。

本章においては、神遊びや田遊びなどの神事的なものとは直接関係のない音楽の遊びについて、八世紀より十世紀までを中心に考察していくことにする。また、遊びには自ら行なうもの、見るだけのものなどあるが、ここでは自らたしなむものとしての音楽の遊びを考える。

令制前における日本の音楽は、神事的なものから完全に分化しきっていないが、『古事記』『日本書紀』などには宴飲などにおいて歌舞が奏され、ときには伴奏として琴や笛が使用されていた。

音楽が神事的なものと完全に分離して遊びとなる時期を明確に把握することは困難であるが、多少考えてみるべき史料がある。それは第一章においても検討した僧尼令の僧尼の音楽について述べたものである。ここではまず、音楽をなすことが「作二音楽一及博戯者」というように、一般的な遊びの一つに数えられる博戯と並列して用いられている。ここにおいて琴は例外として奏することを認められてはいるが、朱説によると特定の琴以外は「可㆑入㆓音楽㆒者也」という理由で認めていないことから、僧尼の許可されている琴は宗教的に使用される場合のみであったと考えられる。そして、ここでいう音楽とは宗教的意味を除外した余興的なものを示しているといえる。(2) また学令には、学生が「作㆑楽」し雑戯することを禁じ、「弾㆑琴」は「習㆑射」とともに禁ぜられないことが規定されている。これによると琴は学生が律令官人となるべく射と同様に身におさめるべきものであったと推察され、この令の規定のみから考えたならば、やはり学生が琴を使用することも基本的には余興的な音楽から除外しなければならない。それはともかくとして、令制以後には宗教的なものから余興的な音楽がすでに分離していたと考えることができよう。

それでは令制以後の音楽の遊びは何かというと、第一章において述べたようにまずその初期（古代音楽史上第一期・令制以後）は、令制前とかわらない古くから伝わる歌舞や琴によるものであった。古来の歌舞や琴は、その本来の機能が宗教的なものであったことから、この時期においても依然として宗教的に重視され、歌舞は神遊びなどとして、琴もさまざまな神事に奏されていたが、一方においては『万葉集』巻八・巻一六に歌を説明してそれぞれ、

右、冬十月、皇后宮之維摩講、終日供㆓養大唐高麗等種々音楽㆒、爾乃唱㆓此歌詞㆒。弾琴者市原王、忍坂王後賜姓大原真人赤麿也、歌子者田口朝臣家守、河辺朝臣東人、置始連長谷等十数人也。

右歌二首、河村王、宴居之時、弾㆑琴、而即先誦㆓此歌㆒、以為㆓常行㆒也。

と記され、『続日本紀』天平十四年（七四二）正月壬戌条に「又賜㆓宴天下有位人幷諸司史生㆒、於㆑是、六位以下人等鼓㆑琴、歌曰、新年始邇、何久志社、供奉良米、万代摩提丹、宴訖賜㆑禄有㆑差」とあり、同十五年正月壬子条に「御㆓石原宮楼㆒在㆓城東北㆒、賜㆓饗於百官及有位人等㆒、有㆑勅、鼓㆑琴任㆓其弾歌㆒五位已上賜㆓摺衣㆒、六位已下禄各有㆑差」

とあるように、双方とも余興的音楽として奏されていたのである。

外来の音楽である唐楽・朝鮮三国楽などは律令国家の饗宴などにおいて盛んに奏されるが、ただちに遊びとして採用されていったわけではなく、日本人のあいだに十分に理解されるところとなってはじめて、雅楽は音楽の遊びとして天皇や貴族たちに採用されるところとなっていった。天皇や貴族は日本古来の歌舞のほかにこれらの雅楽器を習い彼らの間で管絃合奏を行なったり、歌謡などに伴奏的に用いていくようになる。この点については、遊びが分化、多様化することによって従来の楽器だけでは満足できずに新しい楽器に注目していくようになったこと、同時にかえって日本古来の楽器や歌謡が見直されたことなどが大きな要因であったと考えられる。従来の楽器、たとえば琴は奏法的にも楽器的にも新たな音楽に対応させるのは困難であり、楽器としての限界をもっていたことは考えられよう。

天皇や貴族は、第二期以降積極的に雅楽器を演奏していったのであるが、ここで史料にみられる雅楽に堪能であった天皇や貴族について検討し、雅楽が遊びとなる時期について考えてみることにしよう。

まず嵯峨天皇・仁明天皇をあげねばならない。嵯峨天皇については『日本三代実録』貞観十年（八六八）閏十二月二十八日条の嵯峨天皇の子である源信の薨伝において「太上天皇親自教習、吹笛鼓琴箏弾琵琶等之伎、思之所レ渉、究二其微旨一」と、嵯峨天皇自ら源信に笛・琴・箏・琵琶を教えた旨が述べられていることから、嵯峨天皇は笛・琴・箏・琵琶に堪能であったことが知られる。仁明天皇は、いうまでもなく嵯峨天皇の皇子であるが、その崩御のおりの伝によると「工二弓射一、屡御二射場一。至二鼓琴吹管一」とあり[3]、武芸・音楽に優れていたことが知られ、楽器は琴と管によく通じていたようである。また仁明天皇は自ら作曲も行ない、『體源抄』に言い伝えられているところによると仁明天皇の作った曲は長生楽・西王楽・夏引楽・夏草井であったとしている。

次には、桓武天皇の皇子をあげることができる。嵯峨天皇は勿論そうであるが、そのほかにまず、葛井親王は『日本文徳天皇実録』嘉祥三年（八五〇）四月己酉条にみられる薨伝によると射芸を善くして外祖父である坂上田村麻呂の遺風があったといわれたが、何か心に秘めた不満があったのであろうか、「耽二愛声楽一、殊翫二絲管一」び、晩年には酒を好み、その志しは「在二讌楽一」り、累日連夜淵酔し疲れを忘れたという。彼は絲管によく通じ、享楽的な音楽に耽り気をまぎらわしていたようである。良峰安世は『日本逸史』によると[4]嵯峨天皇五十八御齢賀に雅楽寮の奏楽のときに舞を舞ったとあり、『教訓抄』には安世楽という曲を作ったとしている。また、桓武天皇の皇子である賀陽親王の子、道野王は『日本文徳天皇実録』斉衡二年（八五五）三月壬辰条によると「淫二於酒色一、頗解二絲竹一」とあり、絲竹を解したことが知られる。

平城天皇の皇子阿保親王は『続日本後紀』承和九年（八四二）十月壬午条によると、その才は「兼二文武一、有二膂力一、妙二絃歌一」といわれているように、絃歌に通じていたという。嵯峨天皇の皇子では、先の仁明天皇は勿論そうであるが、源信もすぐれた音楽家であった。先に引用した『日本三代実録』貞観十年（八六八）閏十二月二十八日の源信の薨伝に、笛・琴・箏・琵琶の絲竹のいずれにもすぐれていたことが述べられている。また『教訓抄』によると、永隆楽という曲は源信の作った曲とされている。源弘は『日本三代実録』貞観五年正月二十五日条にみられる薨伝によると、嵯峨天皇の皇子のなかでももっとも好学家であり、かねては「好二絲竹一」み「毎二退衙之閑一、以二琴書一自娯」むというほどであった。源定は同じく貞観五年正月三日条にみられる薨伝によると、「愛二好音楽一」し、家の庭に常に鼓鐘を置き、退公ののちは必ず音楽をあげて見せしめたという。

皇族ではこのほかに、正史にはほとんど現われていないが『今昔物語』『十訓抄』などの説話物語に著名な音楽家として現われている醍醐天皇の皇子克明親王の子である源博雅がいる(5)。

このように皇族で雅楽に堪能なる人々を検討してくると、桓武天皇の皇子にはじまり、あいついで現われているのが知られるのであり、これは注目すべき事実である。

皇族のほかに藤原氏からもまた多く輩出している。たとえば、藤原継彦は『類聚国史』巻第七七、音楽部・奏楽の箇所には「性聡敏有㆓識度㆒。尤精㆓星暦㆒。亦熟㆓絃管㆒」とあり、絃管に熟達していた。また、藤原貞敏は『日本三代実録』貞観九年十月四日条によると、幼いときより音楽に耽愛し、好んで琴を学び琵琶をよく弾じ、その声価は高かったといわれている。このほかに、藤原時平の子である保忠と敦忠も音楽によく通じていたという(6)。

また皇族・藤原氏のほかに、このころの著名な音楽家として尾張浜主・大戸清上・和邇部大田麻呂らがいる。彼らは国史によるとほとんど雅楽寮の楽人、あるいは楽官であったのであり、それぞれわが国出身の人であったことに注目したい。

こうして著名な音楽家を検討していえることは、まず彼らは雅楽寮の楽人・楽官を除いてほとんど皇族・藤原氏から輩出していること、そして桓武天皇の時代以後に多くみられること、また尾張浜主らは帰化人ではなくわが国出身の人々であったということである。そして桓武天皇の時代以後に皇族・藤原氏らが積極的に雅楽に理解を示し自らたしなむようになっていくことによって、遊びとしての地位が築かれていったといえるのである。桓武朝は儀式の音楽が一定化する時期であり、また雅楽寮の楽人・楽官が帰化人よりわが国の人へと変化する時期であった。さらに、八—九世紀の雅楽寮における頭は、皇族・藤原氏によって多く占められているのである。まさに桓武朝は日本古代音楽史上の一つの転換期であり、第二期のはじまりであった。

第二節　御遊の成立

雅楽はこのように日本古来の歌舞とともに当時の貴族たちによって愛好されていくのであるが、この音楽の遊びは多くは御遊として行なわれていった。

そこで次に、殿上人らはどのような曲を演奏し、どのような楽器をよく好んで用いたのか、さらに御遊はいつごろから始められたのかなどを考えるために御遊について検討しなければならない。

御遊についての初見は、管見では『西宮記』巻第一の節会条に延喜八年（九〇八）のものとして「於二本殿一有二御遊一」とあるのがそれである。殿上人が音楽を掌り、御遊が生まれていく過程の興味深い史料として『宇多天皇御記』寛平元年（八八九）四月二十四日条に次のように記されている。

（上略）然近衛府所二歌舞一極以冷淡。仍喚二殿上人等一更歌舞。（下略）

すなわち、ここでは地下の楽人の儀式化された歌舞にあきたらず殿上人らを呼んで歌舞を行なわせたというものであり、このようなことを一つの契機として御遊が生まれていったことが考えられるのである。御遊とは天皇を含めた殿上人らの音楽の遊びである。音楽の遊びそのものは勿論以前からあったわけであるが、これが宮廷においてあるていど定型化して御遊として成立してくるのは、九〇〇年前後の醍醐天皇の初期のころであったと思われる。そして、御遊の誕生は日本古代音楽史上一つの大きな意味をなすものであり、これは第三期の黎明を告げるものであった。

ところで、『御遊抄』などにより御遊において演奏された音楽を検討すると、それはおもに管絃と催馬楽であり、

呂と律の曲をそれぞれ奏したものであった。御遊においてよく演奏された雅楽曲は、

鳥破・鳥急・万歳楽・賀殿急・五常楽急・三台塩急・甘州・春鶯囀

などである。またよく用いられた楽器は、笛・篳篥・笙・琵琶・箏・和琴・笏拍子であり、(7)打楽器はほとんど用いられていない。(8)打楽器は貴族の間であまり好まれなかったらしい。たとえば『御遊抄』延長三年（九二五）の臨時御会においては、式部卿親王がわざわざ蔵人所の宮人を召して鼓を打たせていることからもこのことが窺えよう。

さらに、御遊に限らず殿上人らのよく演奏した雅楽曲を貴族の日記のなかから拾ってみると、おおよそ次のごとくなる。

万歳楽・陵王・納蘇利・延喜楽・散手破陣楽・貴徳・春鶯囀・太平楽・地久・古鳥蘇・皇仁庭・輪台・青海波・敷手・林歌・胡飲酒・蘇合香・酣酔楽。

これらの曲を地下の楽人の掌った曲と比較してみると、双方とも仏教的色彩の濃いものはなく全体的にそれほど違いはないようであるが、詳細にみるといくつかの相違点を見出すことができる。たとえば、地下楽人の奏楽する曲は、さまざまな儀式に用いるために殿上人のと比べて多種にわたっており、特に相撲節会においては還城楽・散更・狛犬・吉簡などであり、供菖蒲においては駒形・蘇芳菲などといった特殊な曲が含まれている。

以上をもって遊びと音楽に関する考察を終えるが、最後にこれらをまとめてみよう。

第一に、宗教的なものから分離した音楽の遊びは、令制の成立時期にはすでに形ち造られていたのであり、八世紀を通じて日本古来の歌舞が専ら行なわれた。

第二に、これらの音楽の遊びにいわゆる雅楽が入り込んでくるのは桓武天皇の時代以後であり、これを積極的に取り入れていったのは皇族・藤原氏などの上層貴族であった。そしてこの原因としては、日本古来の楽器の限界性、貴族らによる雅楽の理解が進んだことなどを考えることができる。

第三に、この音楽の遊びにさらに新たに催馬楽などが加えられ一定の形を整えたのが御遊であり、これは九〇〇年前後、醍醐天皇の初期のころに生まれてきたのである。

これらのことから第四として、音楽の遊びにおいても華麗なる貴族的生活を満足させるために雅楽は、日本古来の歌舞以上にその役割を果たしていったとみなすことができる。

音楽の遊び自体は御遊などのようにほぼ一定化するのであるが、音楽に対する意識には多少の変化がみられるのであり、これについては第四章第二節、第三節で述べたとおりである。

注

(1) 折口信夫氏は「日本芸能史」(『折口信夫全集　ノート編』第五巻)の「四　神楽と神遊びと」のなかで、遊びは元来鎮魂と関係をもっていたことを述べておられる。
(2) 僧尼の音楽については、第一章第三節を参照されたい。
(3) 『続日本後紀』嘉祥三年三月癸卯条。
(4) 『日本逸史』天長二年十一月二十九日条。
(5) 源博雅について、林屋辰三郎氏は『中世芸能史の研究』の二二七頁において「かの博雅三位といわれた醍醐天皇の皇子源博雅は云々」と述べておられるが、「醍醐天皇の孫」の誤りであろう。
(6) 藤原保忠と敦忠については『古今著聞集』巻第六や『大鏡』にみえる。
(7) 岩橋小弥太氏は『芸能史叢説』の「雅楽」において、御遊を管絃とまったく同一のものとみて、御遊の楽器のなかに鼓も含めて考えておられるが、私見によると御遊は確かに管絃ではあったが殿上人によって楽器の選択が行なわれ、鼓類の使用されることはまれであったのであり、御遊とは管絃の特殊な形をとったものであったと考えられる。

（8）笏拍子は打楽器であるが、これは貴族のもつ笏と深い関係があると思われ、古代においてはいわゆる貴族的な楽器といえよう。

第二部　古代音楽制度の変遷

緒　言

第一部において、古代社会における音楽の位置、またその機能などについて述べてきたが、これらをさらに深く理解するためには、古代の音楽制度を検討しておく必要がある。従来古代の音楽制度の歴史的研究はほとんどなく、林屋辰三郎氏の『中世芸能史の研究』のなかで述べられているものが唯一のものであるといっても過言ではない。したがってここでは、林屋氏の研究を指針とすることにはなるが、林屋氏が言及されていない楽官・楽人についての考察を中心に取り上げることにしたい。

古代の音楽には日本古来の音楽と異質な外来の音楽が混在しており、これらは政治的にも宗教的・文化的にも重要な機能を果たす。そこで古代の音楽を楽人の変遷という視点から考察を進めることは、古代社会における音楽を考えるうえで欠かせぬ作業であろう。

日本の古代音楽制度は、令制下に成立した雅楽寮以後幾多の変遷をとげる。

雅楽寮は飛鳥浄御原令において、すでに成立していたと考えられるが、それ以前には雅楽寮の前身が存在していたと思われ、推古朝まで遡ることができる。雅楽寮は唐の太楽署などを模倣したと思われるが、楽人の地位などのいくつかの点に相違がみられ、日本的な音楽制度として作られたものであった。唐では八世紀初めごろに内教坊が作られると、わが国でもその影響のもとに同じころ設置され踏歌や女楽を掌るようになる。八世紀は饗宴が盛んで、日本古来の音楽、外来の音楽がともに奏されるが、次第に外来の音楽が日本古来の音楽を圧倒するようになると、その末期にはそれまでの貴族の準公的音楽機関であった歌儛所を基盤に公的な音楽機関、大歌所として成立させ古来の音楽の再興を計る。大歌所は、儀式において日本古来の音楽を奏すことがおもな仕事であった。

八世紀末の桓武天皇の時期に饗宴の儀式化が進み、外来の音楽がわが国出身の楽人によって奏されるようになると、貴族らは宮廷儀式における奏楽では満足しないようになる。彼らは自ら外来の楽器を奏し、宮廷に近侍している衛府の官人に外来の音楽などを余興として奏することを命ずる。こうして、衛府の官人による奏楽は九世紀の初めごろ行なわれるようになるが、これも次第に儀式化する。

十世紀初頭に楽所が成立すると、それ以後雅楽寮はまったく名目化し、同寮の允・属までもが楽所の楽人に補任されるようになっていく。こうして十世紀以降、それまでの令制のもとにあった雅楽寮は実質的に新たな令外の官的な音楽機関である楽所に完全にとってかわられ、楽所には九世紀以来宮廷の近侍として儀式・遊びなどの奏楽に勤めてきた衛府の楽人を中心に、そのほか雅楽寮の楽官・兵庫寮の属・隼人司の令史などといった楽所成立以前の音楽に関係していた多数の官人が補任されるようになる。また楽所に補任された楽人は、宮廷・石清水八幡宮・東大寺・興福寺などに所属している者であった。楽所はこのような意味において、まさに日本古代音楽制度史における集約形態とでもいうべきものであった。

本論ではまず、日本古来の音楽、外来の音楽をすべて組織化した雅楽寮の成立過程・構成および雅楽寮に影響を与えた唐の音楽制度との比較、雅楽寮の楽官・楽人の変遷などを的確に捉えておく必要がある。次に、踏歌・女楽を掌った内教坊、日本古来の歌舞の独立を目差した大歌所、儀式・遊びなどの音楽を掌った衛府の奏楽の新たな動きについて考察しなければならない。

内教坊については、その成立時期、そしてその成立以後、特に内教坊において掌られた踏歌などについて検討する。大歌所については正式な音楽機関ではなかったようであるがその前身にあたる歌儛所の考察を中心にみていく。衛府の奏楽については、音楽機関としては必ずしも整ってはいないが、のちの音楽機関である楽所に補任された楽人がほとんど衛府の楽人であったことから考えて、衛府の奏楽は古代音楽制度の流れが雅楽寮から楽所へかわるという状況をみるうえでの一つの大事な視点となり、そういう意味において衛府がどのように奏楽を掌るようになっていったのかを検討することは重要である。そして最後に、楽所についてその成立時期とそこに補任されている楽人について考察したいと考える。

第一章　雅　楽　寮

第一節　雅楽寮の成立

日本の音楽制度において、もっとも早く明確な形をとって現われるのは雅楽寮である。(1)

雅楽寮の成立は、いうまでもなく令制の成立と軌を一にするものではあるが、さらに詳細にその成立時期について検討してみたいと思う。

雅楽寮が史料上に初めて現われるのは、『続日本紀』大宝元年（七〇一）七月戊戌条であり、それは次のごとくである。

（上略）又画工及主計、主税算師、雅楽諸師如レ此之類、准二官判任一。

これは、雅楽寮の諸師が画工および主計・主税の算師とともに判任官に准じたことを伝えている。この雅楽寮の記事は、同年に選定される新令である大宝律令による官名位号の改正などと一連のものと考えられる。このとき大宝令により雅楽寮の諸師が判任官に准ぜられていることは、大宝令以前の飛鳥浄御原令においても雅楽寮の諸師が存在したこと、すなわち雅楽寮が成立していたことを示唆するものである。たとえこの記事が大宝令によるものでなかったとしても、大宝令の施行は翌年のことなので、雅楽寮はやはり飛鳥浄御原令においても存在していたといえるのである。大宝令における雅楽寮の存在は、『令集解』には同寮の頭の職掌に関して大宝令の注釈である「古記」を引用して「文武雅曲正儛、及曲謂也。帯レ刀為レ武、无レ刀為レ文。雑楽耳」とあることからもまったく疑問の余地がない。

次に、大宝令以前における雅楽寮についてさらに考えてみよう。

『日本書紀』天武天皇の巻には、多くの音楽関係の記事が集中して現われている。『日本書紀』を通じてこれほど多く音楽史料が現われてくるのは天武朝以外にはなく、またその内容も注目すべき点が多い。たとえば『日本書紀』天武天皇二年（六七三）九月癸丑朔庚辰条には、新羅人金承元らを難波に饗して「種々楽」を奏したのであるが、それ以前の記事からは「種々楽」を奏する記事はみられない。この「種々楽」には、当然同天武天皇十二年正月丙午条にみられるような小墾田舞・高麗楽・百済楽・新羅楽などの日本古来の歌舞、外来の楽舞が含まれていたことが考えられる。したがって天武朝には饗宴などにおける日本古来の歌舞、外来の楽舞が整備されていたと考えることができる。

また、同天武天皇四年二月乙亥朔癸未条には大倭・河内・摂津・山背・播磨・淡路・丹波・但馬・近江・若狭・伊勢・美濃・尾張などの国に勅して「選二所部百姓之能歌男女、及侏儒伎人一而貢上」することを、そして同天武天皇十四年九月戊午条には詔して「凡諸歌男、歌女、笛吹者、即伝二己子孫一令レ習二歌笛一」ことをそれぞれ命じている。ところで、『令集解』巻四、職員令雅楽寮には、別記の説として歌人・歌女・笛吹に関して、次のように記されている。

歌人、歌女、笛吹、右三色人等男、直身免二課役一、女給二養丁一也。不レ限二国遠近一、取二能レ歌人一耳。

これによると、雅楽寮の歌人・歌女・笛吹は国の遠近を限らずに歌をよくする人を取るという方法がとられていたが、これを天武天皇四年二月条にみられる各国の百姓のよく歌う男女を貢上させるという事実と比較すると、歌人・歌女を取る方法において一致することが知られる。このことは、まさに天武天皇四年二月の勅が雅楽寮成立の一つの基点になっていたことを示すものである。また天武天皇十四年九月の記事も、諸々の歌男・歌女・笛吹にその歌笛を子孫に伝承させることによって地方の国風の歌舞を保存するとともに、彼らを雅楽寮の歌男・歌女・笛吹に採用する目的をもって命ぜられたものであった。

したがって、天武朝には雅楽寮の制度が整備されつつあったのであり、天武天皇のときに制定された飛鳥浄御原令においても当然に雅楽寮の規定が存在していたと考えられるのである。

さらに、同持統天皇称制元年（六八七）春正月丙寅朔条には、天武天皇の殯宮に関して「楽官奏楽」と記されており、この「楽官」が雅楽寮の異称とも考えられるわけである。飛鳥浄御原令の施行の年は『日本書紀』によると持統天皇三年（六八九）六月のことであり、(2) 持統天皇称制元年の天武天皇の殯宮の時期は近江令の影響下にあったと考えられるが、近江令の存在自体が必ずしも明確でないということから、近江令における雅楽寮の存在は確言できない。しかし、近江令が存在したか否かは別問題としても、飛鳥浄御原令以前に少なくとも雅楽寮の前身が存在していたことはほぼ誤りのないところであろう。

雅楽寮の前身について林屋辰三郎氏は、小墾田舞や楽戸が成立することから推古朝、さらには推測の域を出ないとしながらも一般的な官司制の成立との関連から欽明朝にまで遡ると述べておられる。(3) 推古朝における雅楽寮の前身の存在は林屋氏と同じ理由から認めるが、欽明朝における存在には疑問を残す。すなわち、欽明天皇十五年二月には百済より易博士・暦博士・医博士・採薬師とともに楽人も交替しているが、(4) これは百済人の楽人の分番により音楽が掌られていたことを示唆するものである。もっともこの百済の楽人は欽明朝当時、百済楽のみを掌っていた可能性もあるが、百済人の楽人の分番の事実は、欽明朝において音楽は帰化人の分番に頼っていた面が大きいことを示唆しており、林屋氏のいわれるように欽明朝に一般的な官司制がみられたとしても、音楽の教習という役割をもった雅楽寮の前身としての制度が整備されていたとは考えられない。

第二節　雅楽寮の構成

雅楽寮の構成とその人員数とを、令によってみると次のごとくである。

楽官

頭―一人、助―一人、大允―一人、小允一人、大属―一人、小属―一人。

楽人

歌師―四人、歌人―四〇人、歌女―一〇〇人。

舞師―四人、舞生―一〇〇人。

笛師―二人、笛生―六人、笛工―八人。

唐楽師―一二人、唐楽生―六〇人。

高麗楽師―四人、高麗楽生―二〇人。

百済楽師―四人、百済楽生―二〇人。

第8表―(1)　雅楽寮楽人の変遷――日本古来の歌舞の場合――

	史料による年次	歌師	歌人	歌女	舞師	舞生	笛師	笛生	笛工
(1)	令	四（立歌二）	四〇	一〇〇	四	一〇〇	二	六	八
(2)	続日本紀　天平三・七・二九					諸県舞八、筑紫舞二〇			
(3)	正倉院文書　天平一七・二・二〇　雅楽寮解			七九					
(4)	正倉院文書　天平一七・一〇・二〇　雅楽寮解			七五					
(5)	令集解　巻四　大属尾張浄足説（天平年間ごろ）	四（立歌二）			（田舞師・倭舞師・諸県師）	久米舞（琴取二・舞人八）、五節舞一六、楯臥舞一〇、筑紫舞二〇	二		
(6)	類聚三代格　巻六　天平勝宝九・八・八　太政官謹奏				諸県舞師				
(7)	日本後紀　巻一三　延暦二四・一二・七		五〇、三〇削減→二〇						
(8)	類聚三代格　巻四　大同四・三・二一　太政官符	四			四（筑紫・諸県師一あり）		二		
(9)	類聚三代格　巻六　大同四・四・一　太政官符		四〇					六	八
(10)	類聚三代格　巻四　弘仁一〇・一二・二一　太政官符				四（倭舞師一・五節舞師一・田舞師一・筑紫諸県舞師				

⑾ 類聚三代格 巻四 天長五・一一・二五 太政官符		五削減			筑紫諸県舞生五削減			
⑿ 類聚三代格 巻四 承和二・二・一九 太政官符					田舞生五削減、筑紫諸県舞生五削減			
⒀ 類聚三代格 巻四 嘉祥元・九・二二 太政官符		元三五、今二〇定む			倭舞生（元一六、今二定む）・田舞生（元一五、今一一定む）・五節舞生（元一六、今一一定む）・筑紫諸県舞生（元二八・今三定む）		元六、今四定む	元八、今二定む
⒁ 類聚三代格 巻四 斉衡二・八・二一 太政官符				五節舞師を停む				
⒂ 類聚三代格 巻四 斉衡二・一二・二一 太政官符				五節舞師を置く				
⒃ 延喜式 巻二一 雅楽寮日食条（九世紀ごろ）			三〇					

（備考）

(2) いずれも楽戸より取る。

(3)(4) 『大日本古文書』二。

(5) 五節舞一六人の中には、田舞師・舞人四人・倭舞師が含まれる。筑紫舞二〇人の中には諸県師一人・舞人一〇人が含まれる。これらの舞師は一応舞師の中に記しておいた。

(6) このとき諸県舞師の禄料は、雅楽寮諸師従八位官に准ぜられている。

(7) 歌女は、それまでの五〇人より三〇人削減され二〇人となる。
(8) なお『令集解』巻四では三月二十八日とされている。また『弘仁格抄』格巻二では三月二十一日とされている
(11) 書生一〇人を置くかわりに、雅楽寮の歌人五人、筑紫諸県舞生五人を削減す。
(12) 書生一〇人を置くかわりに、田舞生五人、筑紫諸県舞生五人を削減す。
(13) 史料では「舞生」とあったが、これを前後関係から「倭舞生」と解釈した。舞生の場合元は計八五人、今は計九人定むことになり、大幅な削減である。
(14) 五節舞師を停め高麗鼓師を置く。
(15) 斉衡二年八月二十一日に停めたのをふたたび置く。そのかわりに新羅舞師を停める。
(16) 「歌女卅人、各日黒米八合」とある。

第8表―(2)　雅楽寮楽人の変遷――外来の楽舞の場合――

	史料による年次	唐楽		高麗楽		百済楽		新羅楽		伎楽		度羅楽	林邑楽
		楽師	楽生	楽師	楽生	楽師	楽生	楽師	楽生	楽師	楽生		
(1)	令	一二	六〇	四	二〇	四	二〇	四	二〇	一	楽戸		
(2)	続日本紀　天平三・七・二九		三九		八		二六		四			楽生六二	
(3)	正倉院文書　天平一五・七・一三「高麗楽人貢文」			(二)	(二二)								
(4)	令集解 巻四　大属尾張浄足説(天平年間ごろ)	一〇		三		四		二		一		舞師一、歌師一、残りの舞人五一	
(5)	類聚三代格 巻六　天平勝宝九・八・八　太政官謹奏											堕羅舞師	
(6)	類聚三代格　巻四　大同四・三・二一　太政官符	一二		四		四		四(二)		二		楽師二	楽師二今置く
(7)	類聚三代格　巻四　弘仁一〇・一二・二一　太政官符							四(今二定む)					

(8)	類聚三代格 巻四 嘉祥元・九・二二 太政官符		元六〇今三六定む		元二〇今一八定む		元二〇今七定む		元二〇今四定む				
(9)	類聚三代格 巻四 斉衡二・八・二一 太政官符			高麗鼓師を置く									
(10)	類聚三代格 巻四 斉衡二・一二・二一 太政官符							新羅舞師を停む					

(備考)

(1) この他に腰鼓師二人がいる。

(3) 『大日本古文書』二。ここでは「高麗楽人、合廿五人一人官人、二人師」とあるので楽生は二二人と考えた。またこれは雅楽寮の高麗楽人かどうか明白でないので( )を付けて記した。

(5) このとき堕羅舞師の禄料は雅楽寮諸師従八位官に准ぜられている。

(6) 『日本後紀』『類聚国史』では新羅楽師を二人としている。

(7) 新羅楽師がこのとき二人置かれて四人となっていることは、先の大同四年三月二十一日の太政官符における新羅楽師は二人と考えた方がよいかもわからない。

(9) 五節舞師を停め高麗鼓師を置く。

(10) 五節舞師をふたたび置き、新羅舞師を停む。

新羅楽師—四人、新羅楽生—二〇人。

伎楽師—一人、伎楽生—楽戸。

腰鼓師—二人、腰鼓生—楽戸。

その他

使部—二〇人、直丁—二人、楽戸。

これらのなかの楽人の数は以後増減を繰り返すが、九世紀半ばまでその様子が知られるので、これらをまとめて考察を加えておこう(5)。

楽人の増減状況を日本古来の歌舞、外来の楽舞とに分けて整理すると第8表のごとくなる。このなかでまず日本古来の歌舞の方をみると全体的にはほぼ延暦二十四年（八〇五）以降徐々に人員が減少していることが知られる。これをさらに詳細に検討していくと、歌師の場合は大同四年（八〇九）三月には四人、舞師も弘仁十年（八一九）十二月には四人、笛師もまた大同四年三月には二人おり、それぞれ令制の最初から置かれた人数とちがいがなく、これらの師の数に関してはほとんど変化がみられない。あるいはこれらの史料以外のところで変化がみられたとしても、最初の人数自体少ないことから数のうえにおいて大差がないことが知られよう。楽生の場合をみると、歌人は大同四年四月には令制の最初のときとかわらず四〇人、それ以後三五人に、そして嘉祥元年（八四八）九月には二〇人となり、令制の最初の規定の半数に削減されている。歌女は、天平年間にはすでに令制の最初の一〇〇人から七九・七五人、そして延暦二十四年十二月には二〇人へと大幅に減少をみるのである。歌女は以後もこれくらいの人数であったようで、『延喜式』巻二一、雅楽寮日食条には三〇人と記されている。舞生の場合は、史料上では天長五年（八二八）十一月以後、特に削減が顕著で、嘉祥元年九月にはそれまでの八五人から九人へと大幅に減少している。笛生・笛工についてはあまり変化がみられなかったようであり、嘉祥元年九月にはそれぞれ六人から四人へ、八人から二人へ削減されたことが知られる。

古来の歌舞を掌る人々の削減状況の全体を検討していえることは、令制の最初においてその数が多く定められたもののほど大幅な減少をみたことであり、雅楽寮における日本古来の歌舞生が大幅に削減されていくことから次のような重要な内容を確認できる。

それは一つには、雅楽寮において掌られていた日本古来の歌舞の独立を目差した大歌所の創設であり、大歌所の成立したと考えられる八世紀後半以降徐々に削減がみられるのはこれを示唆している。また二つめには、『日本後紀』延暦二十四年（八〇五）十二月壬寅条に、

公卿奏議曰、伏奉二綸旨一、営造未レ已。黎民或レ弊、念二彼勤労一、事須二矜恤一。加以時遭二災疫一、頗損二農桑一。今雖レ有レ年、未レ聞レ復レ業。宜二量レ事優矜[令]レ得二存済一者、臣等商量。伏望所二点加一仕丁一千二百八十一人、依レ数停却。又衛門府衛士四百人、減二七十人一、左右衛士府各六百人、毎減二一百人一、隼人男女各冊人、毎減二廿人一、雅楽歌女五十人、減二卅人一、仕女一百十人、減二廿八人一、停二卜部之委男女厮丁等粮一。（下略）

とあり、雅楽寮の歌女とともに多数の仕丁・衛士・隼人などを削減することによって天災に苦しめられている農民を救済することが述べられているように、日本古来の歌舞生の削減には政治的にも経済的にも政策的な意味が含まれていた。すなわち、この延暦二十四年十二月の歌女らの削減は、造都・征夷の二大事業遂行のため人民からの収奪を強化するそれまでの政策を改めて、農民の負担の大幅な軽減を実施したものであった。これ以前に目立った削減はみられず、以後現われることに注目したい。またこのようなことは外来の楽舞師・楽舞生の削減の場合にもいえることであろう。

なおここで雅楽寮において教習されていた日本古来の舞について触れておこう。第8表―(1)にみられるように、まず八世紀には尾張浄足説によると(6)久米舞・五節舞・楯臥舞・筑紫舞を中心に、五節舞に含まれている田舞・倭舞、筑紫舞に含まれている諸県舞などが雅楽寮において教習されていた。そして、弘仁十年（八一九）十二月の太政官符には舞師として倭舞師・五節舞師・田舞師・筑紫諸県舞師がおかれていることから、このころの雅楽寮における日本古来

の歌舞は、これらの四つの歌舞を中心に教習されていったと思われる。それまで五節舞に属していた倭舞・田舞もこの時期には独立して教習されるようになったことも知られよう。

外来の音楽のなかには伎楽・度羅楽・林邑楽なども含まれており、これらも雅楽寮において教習の対象となり、特に度羅楽は天平三年（七三一）七月には六二人という多数の楽生がおかれたが、外来の音楽の中心となるのはやはり唐楽と朝鮮三国楽であった。唐楽・朝鮮三国楽の場合を詳細に分析すると、それぞれの師の数は大同四年（八〇九）三月にみられるように令の最初の規定からほとんど変化は認められない。たとえこれらの史料以外において変化がみられたとしても、大同四年三月まではあまり大きな変化はなかったであろう。大同四年三月以降は史料的に明確ではないが、次第にさまざまな楽器が使用されなくなっていくことを考えると、(7)当然唐楽・朝鮮三国楽の楽師の数は減少していったと推測される。楽生については、天平三年七月には唐楽生三九人、新羅楽生四人、高麗楽生八人、百済楽生二六人が定められたが、特にこのとき他の楽生の数は令制の最初の規定より大幅に減少しているにもかかわらず、百済楽生のみが六人増加していることは注目すべきことである。この理由は必ずしも明らかではないが、欽明朝における百済楽人の分番以来百済人は日本の音楽制度に貢献しており、この業績が認められたことによるものではないかと思われる。(8)これ以後、嘉祥元年（八四八）九月の太政官符では唐楽三六人・高麗楽一八人・百済楽七人・新羅楽四人とそれぞれ楽生が定められ、朝鮮三国楽のなかでは高麗楽が他の百済楽・新羅楽よりも非常に多くなっていることが知られる。これはこのころ衛府の奏楽にその発端がみられる左右両部制の影響によるものであると考えられる。すなわち、雅楽寮においても左方の唐楽に対して右方を高麗楽とする左右両部制への動きが進められていたのであり、この時期はその過渡期にあたっていたためにこのような高麗楽生が多数を占めるという現象が現われたのであろう。

外来の音楽の楽人の削減は、このように日本古来の歌舞ほどではないが、それでも嘉祥元年九月ごろには全体的に令制の最初の規定のほぼ半数に減少してしまうのである。その原因としては、外来の音楽である雅楽は隆盛するが、雅楽寮そのものは衛府の官人が奏楽を掌るようになることにより衰退を余儀なくされたということが考えられ、その根底には律令国家の変質を考慮せねばならない。

第三節　雅楽寮と唐の音楽制度

周知のごとくわが国の律令は、おもに唐のそれを模範として作成されたもので、日本の音楽制度のもっとも基本となる雅楽寮もおもに唐の楽舞制度の影響を受けたことは疑えぬ事実である。本節では唐の音楽制度と雅楽寮を比較検討していくことにするが、まずわが国の令制における音楽制度一般と唐の令制におけるそれを簡単に比較してみよう。

わが国の令は唐の貞観・永徽令を模範としたといわれているが、(9)これらの唐の令制に現われた音楽制度とわが国の令制におけるそれを比較してみると、次のような明瞭に異なった点を指摘することができる。すなわち、貞観・永徽令には楽令が存在しているが、(10)わが国の令には楽令はみられないという点である。これはいかなる理由によるものであろうか。

唐令における楽令の内容を、仁井田陞博士の『唐令拾遺』により、その復元された八条についてみると、(11)その㈠では「宮県之楽」の楽器配置の規定がなされ、以下、㈡では「軒県之楽」の楽器配置とその規定、㈢では宮県軒県のなすべき音楽とその説明、㈣では宮県軒県の飾りについて、㈤では楽器の飾りについて、㈥では天神には雷鼓・雷鼗、地神には霊鼓・霊鼗、宗廟および帝社には路鼓・路鼗を使用し、皆「宮県之内」に建てることを述べ、㈦では宮廷での大燕会には十部伎を庭に設けるなどと述べ、さらに十部伎の服装・楽器などの規定がなされ、最後の㈧では「道行軍」に使用する鼓吹の規定がなされている。これらが楽令のすべてであったとは断言できないが、これらをみると楽令の㈠㈡㈢㈣㈤㈥において規定されているように、㈠漢代以来保持されてきている宗廟の音楽に関する規定、㈡㈦にみられるように胡俗楽である十部伎に関する規定、㈧㈧にみられるように軍楽に関する規定の三つに分類することが可能である。この分類によって知られるように、これらの八条のうちの六条までは㈠の宗廟の音楽に関する規定である。この事実は、楽令がすべて復元されたとしてもかわることはないと考えられる。ようするに、楽令というのは宗廟の音楽に関する規定が中心であったのである。そしてこの事実がわが国において楽令が作成されることのなかった大きな要因であると考えられるのである。それというのも、わが国にもたらされた唐楽は胡俗楽・燕楽（燕饗楽）であって中国の宗廟の音楽である純粋な雅楽はほとんど伝来しなかったのであり、おそらくは中国の宗廟の音楽に代るべく伝統的・神事的音楽が日本に存在したためであろうと考えられる。

さらに音楽制度一般についての比較を続けてみると、わが国の一般的な音楽は治部省雅楽寮において掌られ、特に軍楽が兵部省鼓吹司において掌られることになっていたのに対し、唐の場合音楽は太常寺に属する太楽署と鼓吹署において掌られることになっていた。わが国の治部省では雅楽寮のほかに玄蕃寮・諸陵司・喪葬司がその管轄下にあり、治部省の儀式的な役割ではどちらかというと饗宴儀礼などが中心であったのに対し、唐の太常寺ではその管轄下に太楽署のほかに両京郊社署・廩犧署・大医署・鼓吹署などがあり、これらにはいささか変遷はあるが、太常寺の役割はあくまでも宗廟儀礼が中心であった。[12] したがってその管轄下にあるそれぞれの役割もおのずと決定されているわけである。すなわち、太楽署では祭祀の音楽を中心として饗宴・儀式の音楽をも掌ったのに対し、雅楽寮では饗宴・儀式の音楽を掌るところであった。わが国の純粋な祭祀の音楽[13]というのは、琴を用いた非常に素朴な音楽であったのであり、特に雅楽寮において教習されるというものではなかったのである。

ここでまず、唐代の太楽署の楽官とわが国の雅楽寮の楽官についてみるために、唐の場合は『唐六典』により、わが国の場合は『令義解』によって、それぞれ必要な部分を引用してみよう。[14]

太楽署

太楽署。令一人従七品下。(中略)丞一人従八品下。(中略)楽正八人従九品下。(中略)典事八人。流外番官。文武二舞郎一百四十人。(中略)太楽令。掌レ教下楽人調二合鍾律一以供中邦国之祭祀饗燕上。(下略)

雅楽寮

頭一人。掌下文武雅曲正儛、(中略)雑楽、(中略)男女楽人音声人名帳、(中略)試二練曲課一(中略)事上。助一人。大允一人。少允一人。大属一人。少属一人。(下略)

これによると、太楽署には楽官として令・丞・楽正・典事・文武二舞郎が置かれていることが知られるが、[15] このほかにも太常寺に属している協律郎が存在している。協律郎というのは、実質的には太常寺内の官吏のなかで音楽の知識をもつ最高の官職であり、太楽署や鼓吹署の令や丞などより楽人に対して密接な交渉をもっていた。[16] 日本の雅楽寮においては、いうまでもなく頭・助・允・属のいわゆる四等官が楽官として存在していた。唐の楽官と比較してみると、唐の場合は太常寺・太楽署に属する多くの楽官がおり、官制が複雑であったのに対し、わが国の場合は四等官制によって単純化されている。

次に楽官の地位について検討すると、太楽署では太楽令が従七品下、太楽丞が従八品下、楽正が従九品下、そして太常寺の協律郎が正八品上の位をもつのに対し、[17] わが雅楽寮では頭が従五位上、助が正六位下、大允が正七位下、小允が従七位上、大属が従八位上、小属が従八位下の位をもっていた。[18] この事実から即断するのは危険なことであろうが、およそ全体的にみると日本の楽官の方が唐の楽官よりも高い地位におかれていたということができる。

唐代の楽人は官賤民であり、太常寺に属していた。その楽人の構成については、太常音声人と楽戸の別のあることが明らかにされている。太常音声人は良民とほとんどかわるところがなく、わずかに異なるのは良民が賦役を課せられるのと違い一年に数回上京して太常寺に至り楽舞の技能をもって供奉する点のみであり、また音声人とは一般的には散楽を除くすべての種類の太楽署所属の音楽（雅楽・燕楽・俗楽・胡楽）に従事する楽人のことをいうのである。[19] そして楽戸とは戸籍も奪われた純然たる奴隷であった。さらに唐代の楽人の出身をみると、それは、

(1)　犯罪のために犯罪者の官に配没された者。

(2)　叛軍の将士とその妻子、あるいは中国との戦役に敗れた外蕃の将士とその妻子。

(3)　良以上の者の配没、官賤民の昇格の者。

(4)　そのほか、不足のときには百姓のなかから徴集。

というものであったが、[20] 平時においては原則として(1)(2)より選ばれていた。太常寺の楽人の身分は終身で父子相伝であったために平時はさして異動はなかったが、さまざまな要因により改めて徴集する場合も多かった。

さて、わが国においても令制では音声人が存在し楽戸が設けられている。まず音声人について、その意味するとこ

ろから考えてみよう。唐において音声人とは先に述べたように一般的な音楽に従事する人をいい、楽人と同様の意味をもつ言葉であった。はたしてわが国ではいかがであろうか。

わが国の音声人について林屋辰三郎氏は、その内容が明確でないとしながらも一応「歌人四十人歌女一百人笛工八人」を示すものとして考えておられる(21)がどうであろうか。

わが国の令制においては、音声人は先ほど楽官のところで引用したように「男女楽人音声人名帳」として現われてくる。ところで、『令集解』の注釈である穴説によると(22)「鼓笛等人称二音声人一」といわれ、この穴説からは音声人とは「鼓笛等人」を示していることが知られる。また同じく『令集解』の「問」のなかの上義説をひいているなかで、「謂二儛人音声人一、謂二歌人歌女笛工等一也」と述べているが、これをそのまま素直に解釈すると、「儛人音声人というのは、歌人歌女笛工などをいう」とすることができ、ここでいう音声人とは林屋氏のいわれるように歌人・歌女・笛工などを示すものであるとも、あるいは舞人とは歌人・歌女などを示すもので音声人とは笛工などという楽器を掌る人を示すものとも解釈されるのである。ところで、同じ「問」のなかでは音声曲度について此義説をひいて「音声曲度、各有二大小一」と述べ、つづけて「然則曲課者、只為二音声人一也。於レ儛不レ入哉」と問いをたてているが(23)、ここでは音声人と舞すなわち舞人とを明らかに区別していることが知られる。さらに同じことが述べられている古説では曲は音声ばかりでなく歌舞にも通ずるとし、穴説でも曲は音声ばかりでなく歌舞に通ずるとし、古記においても一日の若干の調習を曲課といい、この曲の字は歌舞にも通じあてはまるとして、それぞれ曲課とは音声についてのみいうものではなく歌舞にも通ずるものであることを述べている。これらの点から音声と歌舞は明らかに区別されていたことが窺われる。すなわち、音声と歌とは性質の異なったもので歌と舞とは同性質のものと考えられていたことが知られる。

しかも日本古来の音楽は歌舞が主で楽器は伴奏的であったことを考えるならば、歌舞と音声が区別され歌は「歌舞」として舞とともに連ねられて述べられていることは大変興味深い。したがって、この事実をもって先の上義説のいう「謂二儛人音声人一、謂二歌人歌女笛工等一也」を考えるならば、この場合は舞人とは歌人・歌女を示し、音声人とは笛工を示しているとするのが一番妥当であろう。さらに、これらのことを先の穴説の「鼓笛等人称二音声人一」と考え合わせるならば、音声人とは穴の説くように「鼓笛」などの楽器を掌る人々を示した言葉であると考えることができるのである。

さらに音声人について『貞観儀式』巻第四、践祚大嘗祭儀・下によると、そのなかに、

（上略）次国司率二風俗歌人等一、且歌還時亦同参入。国司立レ前、次音声人、次歌女、次男。立二庭中一。歌人先入レ幄。（下略）

と記されている。ここでは明らかに音声人と歌女・歌男とが区別されて使用されており、その音楽が風俗の音楽であったことから、この音声人とは歌女・歌人に対して笛吹などの楽器を掌る人々のことをいっていることが知られる。

また、『扶桑略記』第二四、醍醐天皇、延喜十九年（九一九）十二月十六日条には、

仰遣二内教坊別当右近少将伊衡於内教坊一、選二定渤海客宴日舞人等一。仰二定坊家可レ調二舞人廿人、舞童十人、音声廿人一。去八年音声人卅六人、此度定減。此外威儀廿人。依レ例内侍所可レ差二女孺等一。

と記されている。ここでは音声人は明らかに舞人と対比されて使用されており、この音声人もやはり舞人に対して楽器を掌る人を示していることが知られる。

さらに、音声人の音声の意味について検討すると、『日本霊異記』上巻、第五の話のなかでは海中に楽器の音声が聞えたとあり、『醍醐天皇御記』延長四年（九二六）二月十七日条には、

（上略）其後仰召二楽所管絃者四五人一、令レ奏二音声一以助二謳吟一。（下略）

として、管絃者による音声と節をつけて歌う謳吟とが明白に区別されて用いられており、このいずれからも音声とは楽器の音をいうものであり、人の声はこの音声のなかに含まれていないことを知ることができるのである。

このように、他の史料の検討によって、音声人とは楽器を掌る人々を示し、歌人・歌女、舞人とは区別すべきものであることが指摘できるのである。

以上の考察から、わが国でいう音声人とは中国の唐のそれとは異なり、楽器を掌る人々を示すものであった。したがってまた、林屋氏が音声人を歌人・歌女をも含めたものであるとされたのは、明らかに誤りであるといわねばならない。

楽戸については、唐では戸籍も奪われた純然たる奴隷であったが、わが国ではこれと異なり比較的隷属性の弱い品部であった。

さて、わが国の令制における楽人の細かな実態については明らかにならないが、一応彼らは日本古来の歌舞の場合は『日本書紀』天武天皇四年（六七五）二月乙亥朔癸未条の勅や『令集解』の別記でも記しているように、(24)広く全国から徴集されたりあるいは歌舞の種類によっては楽戸から取られたのであり、外来の楽舞の場合は『続日本紀』天平三年（七三一）七月乙亥条に、

定二雅楽寮雑楽生員一。（中略）、其大唐楽生不レ言二夏蕃一、取下堪二教習一者上。百済、高麗、新羅等楽生並取二当蕃堪レ学者一。但度羅楽、諸県、筑紫舞生並取二楽戸一。

とあるように、わが国の人、わが国に帰化している人々、あるいは楽戸から取られたのである。したがって、楽人の

出自については、わが国の場合は唐の場合のような原則として犯罪者から取ったものとはまったく異なったものであったのである。

歌女については、大宝令の注釈である古記に縫女に准ずることが述べられている。[25] 縫女は縫殿寮の規定にその考課は采女と同様ただちに中務へ送り縫殿寮の管轄下にはないことが記されていることから、[26] その身分はそれほど低いものではなかったと考えられる。したがって、縫女に准ずるとされる歌女においてもその地位は唐の場合のように低いものであったとは考えられない。また『延喜式』巻二一、雅楽寮、歌女条には、

歌女者、取㆘庶女容貌端正有㆓声音㆒者㆖充之。

とあり、歌女は庶女すなわち一般民衆の容貌端正で声音ある者を取ることが述べられている。これによって、歌女は全国の民衆のなかから徴集されたものであったことがわかり、その出自は唐の場合とはまったく異なっていたことが知られるのである。

以上のように、唐の楽人とわが国の楽人との比較を行なったが、これらの点から次のことが指摘できる。

すなわち、わが国では唐における楽人のいくつかの名称をそのまま使用するということはあったが、楽人の身分・出自などは唐のものをそのまま模倣することはなく、日本独自の内容を加えたものであった。具体的には、音声人とは唐においては楽人一般の総称であったのに対し、わが国の場合は特に楽器を掌る人々、管絃者のことをいったのであり、楽戸は唐の場合まったくの奴隷であったのに対し、わが国では隷属性の弱い品部であった。また楽人の出自においては唐の場合は原則として犯罪者から取ったのに対し、日本では一般的に広く全国の民衆のなかから徴集したのであった。そういう意味においては、日本の楽人は唐の楽人より比較的に高い身分のものであったということがで

きよう。

第四節　雅楽寮の楽官と楽人

雅楽寮の楽官とは、先にも述べたように頭・助・大允・小允・大属・小属のことであるが、これらの楽官に任命された人々を、衛府楽人の出現により雅楽寮が衰退しはじめる九世紀後半ごろまでに限って抽出し、その出自を検討すると第9表のごとくなる。

さて、第9表によって知られることは、まず雅楽寮の頭は諸王・真人・朝臣など皇親系の人々によって占められていることであり、助以下になるとこれにかわって帰化系の人々が含まれ、下位にいくほどその割合が多くなっているということである。そして、帰化系出身の楽官はほとんど八世紀後半以前に任命され、これ以後にはあまりみられないということである。これらのなかでももっとも注目すべきことは、雅楽寮の下位の楽官を帰化系の人々が多く占めていることである。さらにこれが八世紀後半以前にみられるということも興味深い点である。

雅楽寮の助では、百済出身の昆解沙弥麻呂が神護景雲二年（七六八）七月壬申朔に任命され、(27)同じく百済出身の林連久麻が天平勝宝四年（七五二）四月九日の東大寺大仏開眼供養会に助としてみえている。(28)また、員外助として唐出身の皇甫東朝がみられる。皇甫東朝は天平神護二年（七六六）十月二十一日、舎利会において李忌寸元環・袁晋卿らとともに唐楽を奏しているが、(29)皇甫東朝が雅楽寮の員外助としてみえるのはこの翌年の神護景雲元年三月のことであるからして、(30)彼はこの舎利会ののちに雅楽寮において特別に唐楽を教習させるために員外助として任命されたと考えられる。

第9表　雅楽寮の楽官・楽人とその出自

職名	人名	史料	任名年月日など	出自
頭	栗栖王	続日本紀	天平　五・一二・二七	長親王（天武天皇第四の皇子）の子
	猪名真人馬養	〃	一三・七・三	〈姓氏録〉為奈真人→宣化の皇子火焔王の後
	伊香王（甘南備真人伊香）	〃	一八・八・八	〈姓氏録〉甘南備真人→敏達の皇子難波王より出ず
	当麻真人子老	〃	天平勝宝六・四・五	〈姓氏録〉当麻真人→用明の皇子麿古王の後
	豊国真人秋篠	〃	天平宝字七・正・九	〈姓氏録〉豊国真人→敏達の孫百済王より出ず
	伊刀王	〃	神護景雲二・七・朔	未詳
	巨勢朝臣馬主	〃	宝亀　二・閏三・朔	〈姓氏録〉巨勢朝臣→巨勢雄柄宿禰の後、武内宿禰命の後
	当麻真人得足	〃	宝亀三・九・二三条に「頭」としてみえる。この時兼播磨員外の介に任ぜられる。	〈姓氏録〉当麻真人→既出
	伊賀香王	〃	延暦　二・三・一二	未詳
	文室真人波多麻呂	〃	二・六・二一	〈姓氏録〉文室真人→天武の皇子二品長王の後
	紀朝臣登麻理	〃	一〇・正・二八	〈姓氏録〉紀朝臣→建内宿禰男紀角宿禰の後、孝元天皇皇子彦太忍信命の後
	藤原朝臣二起	日本後紀	一六・二・一五	〈姓氏録〉藤原朝臣→津速魂命三世孫天児屋命より出ず
	坂本王	〃	一六・三・二七	未詳
	文室真人波多麻呂	〃	一八・二・二〇（再任）	〈姓氏録〉文室真人→既出
	淡海朝臣貞直	〃	大同　三・四・八	〈姓氏録〉淡海朝臣→天智天皇皇子浄広壱河島王の後
	藤原朝臣山人	〃	三・五・二八	藤原種継の子—式家
	藤原朝臣真書	〃	弘仁　二・正・一一	藤原巨勢麿の子、武智麿の孫—南家
	紀朝臣興道	〃	四・正・二五	紀朝臣については既出、興道は勝長の子
	安倍朝臣益人	〃	五・九・二五	〈姓氏録〉阿部朝臣→孝元天皇皇子大彦命の後

	久賀朝臣三夏	続日本後紀	承和 七・二・五	〈日本紀略〉明日香親王(桓武天皇皇子)の後(弘仁九・八・甲戌条)
	橘朝臣清蔭	〃	承和一三・七・二七	〈姓氏録〉橘朝臣→敏達天皇皇子難波皇子男の後
	藤原朝臣貞敏	〃	一四・二・一一	藤原継彦の子
	源朝臣舒	文徳天皇実録	天安 二・四・二	嵯峨天皇の孫
	橘朝臣春成	日本三代実録	二・一一・二五	橘朝臣については既出
	源朝臣謹	〃	貞観 元・正・一三	嵯峨天皇の孫
	清原真人滝雄	〃	貞観五・正・一一条に、天長年間頃に雅楽頭に遷すとある。	清原夏野の子、清原真人→敏達孫百済王より出ず
	源朝臣顕	〃	貞観一四・九・四条に「頭」としてみえる。	嵯峨天皇の孫
	紀朝臣有常	〃	貞観一七・六・二三条に「頭」としてみえる。	紀名虎の子、紀氏については既出
	源朝臣精	〃	元慶三・正・七条に「頭」としてみえる。	嵯峨天皇の孫
	在原朝臣載春	〃	仁和元・二・二〇条に「頭」としてみえる。	阿保親王の後
	在原朝臣棟梁	〃	仁和 元・四・二七	阿保親王の後
	良峯朝臣遠年	〃	二・六・一三	良峯安世(桓武天皇の子)の後
助	昆解宿禰沙弥麻呂(鴈高宿禰)	続日本紀	神護景雲二・七・朔	〈姓氏録〉鴈高宿禰→百済国貴首王より出ず、百済系帰化人
	橘朝臣安麻呂	〃	延暦 六・二・八	橘朝臣については既出、橘奈良麿の子
	息長真人浄継	〃	延暦八・一二・二九条に「助」としてみえる。	〈姓氏録〉息長真人→誉田天皇(諡応神)皇子稚渟毛二俣王の後より出ず
	林連久麻	東大寺要録巻第二	天平勝宝四・四・九の東大寺大仏開眼供養会に「助」としてみえる。	〈姓氏録〉林連(左京諸蕃下)→百済国人木貴公より出ず、百済系帰化人
	皇甫東朝	続日本紀	神護景雲元・三・二〇条に「員外助」としてみえる。この時任ぜられたとしてみえる。	唐国の帰化人

職名	人名	史料	任名年月日など	出自
			のであろう。	
	田口朝臣息継	日本後紀	延暦一六・二・一五	〈姓氏録〉田口朝臣→武内宿禰大臣の後
	中臣朝臣宅成	〃	一六・二・二四	中臣連→中臣朝臣、〈姓氏録〉中臣連→津速魂命十四世孫雷大臣命の後
	藤原朝臣安継	〃	大同　三・五・九	藤原種継の弟。藤原氏については既出。
	多治比真人全成	〃	三・六・九	〈姓氏録〉多治(比)真人→宣化天皇皇子賀美恵波王の後
	多治比真人船主	〃	弘仁　元・九・一六	〃
	藤原朝臣貞敏	日本三代実録	貞観九・一〇・四条の彼の卒伝に、承和八年頃に「遷二雅楽助一」とある。	既出
	藤原朝臣業世	〃	貞観四・正・七条に「助」とみえる。	藤原内麿の孫、藤原氏については既出
	藤原朝臣四時	〃	貞観一五・八・三〇条に「助」とある。	藤原冬嗣の孫、藤原氏については既出
允	津連真麿	東大寺要録巻第二	天平勝宝四・四・九の東大寺大仏開眼供養会に「大允」とみえる。	〈続紀、延暦九・七・一七条〉津連→百済系帰化人
	橘戸広嶋	〃	天平勝宝四・四・九の東大寺大仏開眼供養会に「允」とみえる。	弟橘姫、または宣化皇后、橘皇后（仁賢皇女）の御名代部か
	清湍連雷	続日本紀	神護景雲三・八・一九「大允」に任ぜられる。	〈続紀、天平宝字五・三・庚子条〉清湍連→百済系帰化人
	和邇部嶋継	続日本後紀	嘉祥二・一一・二五条に「権允」とみえる。	〈姓氏録〉和邇部→天足彦国押人命三世孫彦国葺命の後
	和邇部大田麻呂	日本三代実録	貞観三・正・二一条に「少允」とみえる。	〃
	〃	〃	貞観六・三・八条に「権大允」に任ぜられる。	〃
	大中臣朝臣冬名	〃	貞観一一・一二・一四、一二・一一・一七条にそれぞれ「少允」とみえ	〈姓氏録〉大中臣朝臣→藤原朝臣（既出）同祖

			る。	
	文忌寸広富	〃	貞観一七・正・二一条に「少允」とみえる。	〈姓氏録〉文忌寸→漢高皇帝の後鸞王より出ず、宇爾古首の後、漢系帰化人
	春海連貞吉	〃	元慶六・三・二八条に「少允」とみえる。	未　詳
属	後部高多比	正倉院文書	天平一七・二・二〇の「雅楽寮解」に「少属」とみえる（大日本古文書二）。	〈姓氏録〉後部高→高麗国人正六位上後部高千金の後、高句麗系帰化人
	林　連　嶋　国	〃	天平一七・一〇・二〇の「雅楽寮解」に「大属」とみえる（大日本古文書二）。	〈姓氏録〉林連（左京諸蕃下）→既出、百済系帰化人
	良枝宿禰清上（大戸首）	日本三代実録	貞観七・一〇・二六条和邇部宿禰大田麻呂の卒伝に「権少属」とみえる。	〈姓氏録〉大戸首→大彦命男比毛由比命の後
	和邇部宿禰大田麻呂	〃	貞観七・一〇・二六条の彼の卒伝によると「少属」「大属」になったことが述べられている。	〈姓氏録〉和邇部→既出
	尾　張　浄　足	令集解巻四	職員令雅楽寮に「大属」とみえる。	〈姓氏録〉尾張宿禰→火明命廿世孫阿曽禰連の後、尾張連→火明命の男天賀吾山命の後
楽　人	難　金　信	続日本紀	宝亀八・三・一六条に「百済篳篌師」とみえる。	百済系帰化人か
	良枝宿禰朝生（大戸首）	続日本後紀	承和元・一二・一九条に「雅楽笙師」とみえる。	〈姓氏録〉大戸首→既出
	尾　張　浜　主	〃	承和一二・正・八条に「浜主本是伶人也」とみえる。	〈姓氏録〉尾張宿禰→既出、尾張連→同上
	和邇部宿禰大田麻呂	日本三代実録	貞観七・一〇・二六条彼の卒伝に「天長初、任二雅楽百済笛師一、尋転二唐横笛師一」とみえる。	〈姓氏録〉和邇部→既出

職名	人名	史料	任名年月日など	出自
	伊福貞(五百木部連)	日本三代実録	貞観四・六・一五条に「播磨国揖保郡人雅楽寮答笙生」とみえる。	〈姓氏録〉五百木部連↓火明命の後
	文屋弘富(文忌寸広富)	東大寺要録巻第三	貞観三・三・一四の東大寺無遮大会に「唐舞師」とみえる。	〈姓氏録〉文忌寸↓既出
その他	文忌寸広田	続日本紀	養老五・正・二七条に和琴師とみえる。	〈姓氏録〉文忌寸↓既出
	大窪史五百足	〃	養老五・正・二七条に唱歌師とみえる。	わが国の人か、大和国高市郡大窪寺の名によるか、あるいは河内国茨田郡の大窪郷の地名によるか(姓氏家系大辞典)
	託多真玉	〃	〃	答他、答田↓百済族↓託多も百済族か
	螺江臣夜気女	〃	〃	わが国の人か、越前の名族(姓氏家系大辞典)
	茨田連刀自女	〃	〃	〈姓氏録〉茨田連↓神八井耳命男彦八井耳命の後
	置始連志祁志女	〃	〃	〈姓氏録〉長谷置始連↓饒速日命七世孫大新河命の後
	忍海連伊太須	〃	天平勝宝三・正・一六条に「踏歌々頭」とみえる。	わが国の人か
	錦部連河内	〃	〃	〈姓氏録〉錦部連↓百済国速古大王の後
	李忌寸元環	〃	天平神護二・一〇・二一条に唐楽を舎利会において奏したことが述べられている。	唐人
	袁晋卿	〃	〃	唐人
	皇甫東朝	〃	〃	唐人
	皇甫昇女	〃	〃	唐人
	石川朝臣色子	続日本後紀	承和一一・正・一七条に「内教坊妓女」とみえる。	〈姓氏録〉石川朝臣↓孝元天皇皇子彦太忍信命の後
	完人朝臣貞刀自	〃	承和一二・正・二〇条に「内教坊倡	〈姓氏録〉完人朝臣↓大彦命男彦背立大稲腰命の後

			女」とみえる。	
	菅生朝臣末継	文徳天皇実録	嘉祥三・九・八条に「神琴師」とみえる。	〈姓氏録〉菅生朝臣→津速魂命二世孫天児屋根命の後

注 (1)職名欄のその他は雅楽寮の楽人以外に音楽を掌っている人々を示す。
(2)人名楽人欄の文屋弘富は『東大寺要録』では「唐舞師某位文屋[弘]富」などと現われてくるが、『日本三代実録』貞観十七年正月二十一日条にみえる雅楽少允文忌寸広富と同一人物であろう。『東大寺要録』の「文屋」は誤りと思われる。
(3)出自欄の〈姓氏録〉とは『新撰姓氏録』を示す。

雅楽寮の大允では、百済系帰化人の津連真麿が東大寺大仏開眼供養会にみられ[31]、同じく百済系帰化人の清湍連雷が神護景雲三年八月十九日に任命されており[32]、小允には貞観年間に漢系帰化人の文忌寸広富が任ぜられている[33]。大属では百済系帰化人の林連嶋国が天平十七年(七四五)十月二十日付の雅楽寮の解のなかにみえ[34]、小属では高句麗系帰化人の後部高多比が天平十七年二月二十日付の雅楽寮の解のなかに現われている[35]。

雅楽寮楽官の下位ほど帰化人が多く占めているということは、八世紀後半以前における雅楽寮の頭以外、助以下のポストにはかなり多く帰化人を任命していたことを示唆するものである。それは当時、まだわが国の人による雅楽演奏がほとんどなされていないことによるものであり、さらに雅楽寮の助以下の楽官は雅楽の教習という役割をもっていることにもよるものであった。また、帰化人の楽官が八世紀後半以前にみられ以後はほとんどみられないということは、八世紀後半以降は雅楽寮の下位の楽官にもわが国の人を多く任命するようになったことを示唆するもので、これは八世紀後半以降わが国の人による雅楽の十分な理解と演奏技術の習得が進んだことによるものであろう。

さらに、帰化人のなかでも百済系が多いということは、八世紀後半以前の音楽制度において百済人あるいは百済系の人々の果たす役割が大きかったことを示唆しており、『日本書紀』欽明天皇十五年二月に百済楽人の分番がみられることから、欽明天皇のころから百済人による日本の音楽文化にも大きな貢献があり、その伝統が八世紀後半までおよんできていることを示唆するものであると考えられる。またこのことにより、雅楽寮あるいはその前身としての機関は、百済における音楽制度の影響を十分に受けたことが推察されるのである。

雅楽寮の楽人については史料に現われた数も少なく、史料に現われているものでも明確に雅楽寮の楽人であると断言できないものも含まれるが、一応これらも含めて九世紀後半ごろまでに限って整理すると第9表のごとくなる。(36)これによると、明確に雅楽寮の楽人と考えられるのは、宝亀八年（七七七）三月に百済箪篌師として現われている難金信、(37)承和元年（八三四）十二月に雅楽笙師として現われている良枝宿禰朝生、(38)天長年間（八二四～三四）に雅楽寮の百済笛師ついで唐横笛師となった和邇部大田麻呂、(39)承和十二年正月乙卯条によると「本是伶人」であったという尾張浜主、(40)貞観四年（八六二）六月十五日に雅楽寮の答笙生としてみえる伊福貞、(41)そして貞観三年三月に行なわれた無遮大会に唐舞師としてみえる文忌寸広富(42)の六名である。

雅楽寮の楽人についての確実な例はこのようにわずかに六例しかみられない。難金信は百済系帰化人と思われ八世紀後半の楽人である。これ以後にみられる楽人については、良枝宿禰朝生・尾張浜主・和邇部大田麻呂・伊福貞は『新撰姓氏録』によるとわが国出身の楽人であることが知られ、文忌寸広富のみが漢系帰化人の出身であった。これは先の雅楽寮の楽官の変遷とほとんど一致するところである。すなわち、これはわが国の雅楽寮における頭を除く楽官、そして外来の音楽を掌る楽人が、八世紀後半までは帰化人あるいは帰化系の人々によって占められることが多かったことを示している。特に楽人においては、天平三年（七三一）七月、雅楽寮雑楽生の数を定めたときに(43)唐楽生はわが国の人とわが国に帰化している唐出身の者から取り、高句麗・百済・新羅の朝鮮三国の楽生はわが国に帰化しているそれぞれの国の出身の者から取るなどと記されているように、八世紀後半以前においてはほとんど帰化人、帰化系の人々によって占められていたのである。そして、八世紀後半以降になると外来の音楽が日本人に理解され演奏されるようになり、外来の音楽に熟知した者が一般的に雅楽寮の楽人すなわち楽師・楽生に採用されていったのである。

注

(1) 雅楽寮ならびに他の古代音楽制度についての研究は、林屋辰三郎『中世芸能史の研究』のなかの特に第一部第三章東洋的楽舞の伝来と雅楽寮、第二部第一章雅楽の伝統と楽所において述べておられるもの、また特に雅楽寮に関しては、末吉厚「雅楽寮の役割と構成の変容」(『史元』創刊号所収)などがある。

(2) 『日本書紀』持統天皇三年六月庚戌条。

(3) 林屋辰三郎『中世芸能史の研究』一九六頁。

(4) 『日本書紀』欽明天皇十五年二月条。

(5) 楽人を中心とした雅楽寮の構成の変容については、末吉厚氏が「雅楽寮の役割と構成の変容」(既出)のなかにおいて詳細に述べておられるが、氏の考察は、多数の史料を用いた意欲的なものであるが細かい点でいくつか問題がある。たとえば天平三年七月乙亥条の雅楽寮雑楽生員を定めたところで、大唐・百済・高麗・新羅楽生の採用条件が「其大唐楽生不レ言二夏蕃一、取下堪二教習一者上。百済、高麗、新羅等楽生並取二当蕃堪レ学者一。但度羅楽、諸県、筑紫舞生並取二楽戸一」と規定されているが、氏はこの一部を誤って解釈しておられる。すなわち、末吉氏はこれに関して、

この楽生の採用条件をみると、従来は大唐楽でも百済高麗新羅楽でも、蕃客か帰化人かそれに相当する者であったと考えられる。(中略)いずれにせよ、ようやく八世紀に入って、「教習ニ堪エタル者」か「当蕃ノ学ニ堪エタル者」を採用するようになる。これは東洋的楽舞への日本人の参加をも意味することになろうか。

と述べられ、さらにほかの箇所で、

そして、前段でも言及しておいたが、この規定の末尾に付記されている採用条件にも示めされているように、教習に堪え、当蕃の学に堪える者であれば、今日まで蕃客や帰化人にのみ開かれていた門戸が、日本人にも解放されたことになる。この事実は重要で、つまり、外来楽が日本化されていく契機ともなっているのである。

と触れられている。氏は「百済、高麗、新羅等楽生並取二当蕃堪レ学者一」の箇所を単に、百済・高麗・新羅などの楽生は朝鮮三国の音楽の学に堪える者から採用するというように解釈され、この規定によって百済・高麗・新羅の三国楽までが日本人に解放されたと考えておられるが、三国楽の採用条件の「並取二当蕃堪レ学者一」の箇所はそれぞれの国の出身の帰化人の学に堪える者から採用すると解釈するのが妥当であり、三国楽はまだ日本人によって掌られることはなかったのである。また、日本古来の歌舞を日本的楽舞とし、外来の楽舞を東洋的楽舞とし、さらに「日本的楽舞（雑楽）」「東洋的楽舞（雅曲正舞）」とされているが、これらの使い方には問題がある。すなわち第一に、日本古来の歌舞を日本的楽舞とし外来の楽舞を東洋的楽舞とされているが、日本的楽舞とは厳密にいうと東洋的楽舞に含まれるのであり、この二つに分けることには疑問が残る。第二に、日本古来の歌舞を雑楽とし外来の楽舞を雅曲・正舞とされているが、第一部第四章の注（1）で述べたように雅曲・正舞と雑楽という意識は明確にはみられないのであり、わずかに日本古来の神事的歌舞を「雅曲」としてみなそうというむしろ逆の傾向が知られるのみである。

(6) 尾張浄足説は、そのなかに度羅楽がみられることから、そしてまたそのなかで述べられている大伴氏がまだ大伴の姓を称していることから、さらには弘仁十年十二月の太政官符では倭舞・田舞の五節舞からの分化がみられることから、少なくとも八世紀のものと考えることができる。林屋辰三郎・末吉厚氏は天平年間のものと考えておられる。

(7) これについては第一部において述べた。またこの動きは左右両部制の成立にもつながっている。

(8) 末吉厚氏は「雅楽寮の役割と構成の変容」（既出）のなかにおいて、「推測にすぎないが、百済楽の楽生の増数は彼ら百済系の楽人らの働きが多分にあったのではないか」と述べておられる。また岩橋小弥太氏は、『芸能史叢説』の「雅楽寮と楽所」のなかで、この百済楽生の増加について「百済楽生だけが増加したといふのは、当時百済からの帰化人がそれだけ多かつたといふことを物語つてゐるのである」と述べておられる。

(9) 滝川政次郎『律令の研究』二九〇頁。

(10) 貞観・永徽令に楽令が存在していたことは、仁井田陞博士『唐令拾遺』序説の第一「唐令の史的研究」の説明により明らかである。

(11) 仁井田陞『唐令拾遺』五二五〜四一頁。

(12) 『隋書』によると「太常掌陵廟群祀礼楽儀制天文術数衣冠之属」などとあり、『旧唐書』では「一曰郊社二曰太廟三曰諸陵四曰太楽五曰鼓吹六曰太医七曰太卜八曰廩犠」などと記されているように、漢代以来その太常寺の内容には変遷がみられるがいずれも祭祀儀礼の礼楽に関するもので、唐代では礼楽に直接の関係をもたないものは太医署のみであった。また、唐代において礼に属するものにはしばしば改廃があり、太祝・明堂・太社・太史・太宰・太廂・二廟高廂・諸陵・太卜・廩犠・祭酒・衣冠などのものが交替して現われたが、結局礼に関する太祝・太廟・廩犠の三署と楽に関する太楽・鼓吹の二署とを合せた五署が太常寺の根幹をなしたのである（岸辺成雄『唐代音楽の歴史的研究』楽制篇上、一三〇頁）。

(13) 私がいう「純粋な祭祀の音楽」とは、古来の神秘的な神事にともなう琴をもちいた神秘的な音楽のことである。宝亀四年十二月四日の太政官符、延暦十八年十月二十五日の太政官符、承和十四年三月二十二日の太政官符（いずれも『類聚三代格』巻四「加減諸司官員幷廃置事」）には、神琴生・神笛生、あるいは雅楽寮の歌人・歌女・笛工などが神事的な音楽を奏する者として現われているが、彼らが音楽を奉仕する機会はまったく儀式化された祭であったのであり、その音楽も祭の荘厳化が第一の目的であった。「純粋な祭祀の音楽」とは、彼らが奏する音楽ではなく、より神秘的な神事において内部的になされる音楽のことである。

(14) 『唐六典』巻一四、『令義解』巻一職員令。

(15) 『旧唐書』によると太楽署の楽官は、令・丞・府・史・楽正・典事・掌固・文武二舞郎の八種となっている。これについて岸辺成雄氏は『唐代音楽の歴史的研究』（楽制篇）上のなかで「六典に見えないのは府・史・及び掌固の三種であるが、他の七署においても六典はこれを省略した。恐らく三種の官が八署の各々に共通の事務官で、太楽署特有の技術官ではないからであろう」と述べておられる。

(16) 岸辺成雄『唐代音楽の歴史的研究』（楽制篇）上、一三八・一三九頁。

(17) 『縮印百衲本二十四史旧唐書』志二四、一四四〇四（五〇四）、『縮印百衲本二十四史新唐書』志三八、一五七四二（三二八）。また『唐六典』巻一四には「協律郎二人正八品」とあり、正八品に作られている。

(18) 『令義解』巻一官位令。

(19) また、ときには散楽をも含む楽人の総称として用いられることがあった。

(20) 岸辺成雄『唐代音楽の歴史的研究』（楽制篇）上、一九〇〜三頁。また太常音声人・音声人・楽戸についても同じく岸辺氏によった。

(21) 林屋辰三郎『中世芸能史の研究』一九三頁。

(22) 以下の『令集解』の考察は、その巻四職員令のさまざまな注釈にもとづく。

(23) 『令集解』頭注では「不入、萩本作人不、亦通」として、萩野本では「儛」が「儛人」と作ってあることが述べられている。

(24)(25) 『令集解』巻四職員令・雅楽寮。

(26) 右同、縫殿寮。

(27)『続日本紀』神護景雲二年七月壬申朔条。
(28)『東大寺要録』巻第二、供養章第三。
(29)『続日本紀』天平神護二年十月癸卯条。
(30)右同、神護景雲元年三月己巳条。
(31)『東大寺要録』巻第二、供養章第三。
(32)『続日本紀』神護景雲三年八月甲寅条。
(33)『東大寺要録』巻第三、御頭供養会。
(34)(35)『大日本古文書』二。
(36)この第9表は先の楽官の変遷表のこと。
(37)『続日本紀』宝亀八年三月戊辰条。
(38)『続日本後紀』承和元年十二月乙未条。
(39)『日本三代実録』貞観七年十月二十六日条。
(40)『続日本後紀』承和十二年正月乙卯条。
(41)『日本三代実録』貞観四年六月十五日条。なお『新訂増補国史大系　日本三代実録』では「伊福貞・」とし、頭注で「貞、一本此下有俊字」と述べている。
(42)『東大寺要録』巻第三、供養東大寺盧舎那大仏記文。
(43)『続日本紀』天平三年七月乙亥条。

第二章　内　教　坊

第一節　内教坊の成立

内教坊が音楽機構として正式に史料上に現われるのは、天平宝字三年（七五九）正月十八日のことである。[1]それによると、五位已上ならびに主典已上を朝堂に饗し女楽を舞台で行なったのちに、内教坊の踏歌を庭において奏したという。内教坊の設置の時期については現在までほとんど明らかにされていないが、[2]宝亀八年（七七七）五月二十八日の典侍従三位飯高宿禰諸高の薨伝には彼女が元正天皇の時代に内教坊に直して伊勢国飯高郡の釆女に補せられたことが述べられていることから、[3]内教坊は七一四年、唐において内教坊が設置されたのを模して、元正天皇の時代（七一五〜二四）に創設されたと考えることができる。

それ以後、内教坊については天平宝字七年正月十七日、帝が閤門に御し朝堂に饗したとき唐・吐羅・林邑・東国・隼人の楽を奏し、そのあとで内教坊の踏歌が行なわれたとあり、[4]つづいて神護景雲元年（七六七）十月二十四日、大極殿において大般若経が転読されたときに唐・高麗楽とともに内教坊の踏歌が行なわれたなどと現われてくる。[5]先の天平宝字三年の記事を含めたこれら三つの記事はいずれも内教坊の踏歌が行なわれたことを述べているが、これら三つのうち二つまでが正月十七・十八日に行なわれ、踏歌の節に関連したものである。またこの三つの記事から、そのころの内教坊は踏歌の奏楽が中心であったことを窺わせる。
内教坊はその後九世紀に入りさまざまな儀式に音楽を掌っている。

第二節　内教坊と踏歌・歌垣

本節では七—八世紀を中心に踏歌・歌垣について、特にこれを掌った人々に関して考察していくことになるが、これは八世紀の内教坊を考えるには欠かせぬ作業であろう。そこでまず踏歌について検討していくことにしよう。

踏歌というのは中国より伝えられたいわゆる群集舞で集団を作って舞うものであった。日本においては女性によって掌られることが多かったようで、たとえば『西宮記』巻第二によると正月十四日は男踏歌が行なわれ十六日には女踏歌が行なわれるとしているが、節会として定められているのは『令義解』雑令・諸節会条にみられるとおり女踏歌の行なわれる十六日であり、この事実はわが国の踏歌は女踏歌が中心であったことを示唆していよう。またこれは、以下にあげていく史料からも窺うことができる。

踏歌の初見は『日本書紀』持統天皇七年（六九三）正月丙午条に次のようにみられる。

（上略）是日、漢人等奏二踏歌一。

そして同じく持統天皇八年正月辛丑と癸卯条には、

漢人奏二〔請〕踏歌一。五位以上射。

唐人奏二踏歌一。

とそれぞれ記されている。これらをみると、この時期の踏歌はまだ漢人(6)・唐人らによってのみ奉仕されており、のちにみられるようにわが国の人が踏歌に参加したり、わが国の人のみによって踏歌が行なわれるということはなかったことが知られる。

さらに、八世紀末までの踏歌の史料を列挙して考察を進めていくことにしよう。

(1)『続日本紀』天平二年（七三〇）正月辛丑条

天皇御㆓大安殿㆒宴㆓五位已上㆒。晩頭、移㆓幸皇后宮㆒。百官主典已上陪従踏歌、且奏且行。（下略）

(2)同天平十四年正月壬戌条

天皇御㆓大安殿㆒、宴㆓群臣㆒。酒酣、奏㆓五節田舞㆒。訖更令㆓少年童女踏歌㆒。（下略）

(3)同天平勝宝三年（七五一）正月庚子条

天皇御㆓大極殿南院㆒、宴㆓百官主典已上㆒。賜㆑禄有㆑差。踏歌々頭、女孺忍海伊太須、錦部河内、並授㆓外従五位下㆒。

(4)同天平勝宝四年四月乙酉条。

（上略）復有㆓王臣諸氏五節、久米儛、楯伏、踏歌、袍袴等哥儛㆒。（下略）

(5)同天平宝字三年（七五九）正月乙酉条

（上略）饗㆓五位已上、及蕃客、幷主典已上於朝堂㆒、作㆓女楽於舞台㆒、奏㆓内教坊蹋歌於庭㆒。（下略）

(6)同天平宝字七年正月庚申条

帝御㆓閤門㆒、饗㆓五位已上及蕃客、文武百官主典已上於朝堂㆒。作㆓唐吐羅、林邑、東国、隼人等楽㆒、奏㆓内教坊踏歌㆒。

客主主典已上次㆑之、賜㆘供㆓奉踏歌㆒百官人及高麗蕃客綿㆖有㆑差。

(7)　同神護景雲元年（七六七）十月庚子日条

御㆓大極殿㆒、屈㆓僧六百㆒、転㆓読大般若経㆒。奏㆓唐高麗楽、及内教坊蹋歌㆒。

以上の史料から、まず踏歌の節を中心に踏歌が盛んに行なわれていたこと、そして内教坊が踏歌を掌ることが多かったことを知ることができる。また持統天皇の時代には、踏歌は漢人・唐人という帰化人によってもっぱら掌られていたが、八世紀に入ると内教坊が中心となって掌り、それに蕃客やわが国の百官などが加わる形をもって行なわれることが多くなるのである。

さて、八世紀に入り内教坊が成立すると、踏歌は多く内教坊の手により行なわれるが、ここで踏歌を掌った人々の出自について検討してみよう。

先に掲げた史料(3)天平勝宝三年正月十六日の踏歌の節をみると、踏歌の歌頭として女孺の忍海伊太須、錦部河内が位を授けられている。これは、踏歌の節に歌頭として供奉した働きを認められたことによるものと考えられる。忍海連伊太須は天平宝字五年六月二十六日の皇太后周忌の御斎に錦部河内らの女孺とともに供奉しているが(7)、このほかに関連記事はなく、彼女の出自は明らかではない。錦部連河内はやはり天平宝字五年六月二十六日の皇太后周忌に名を連ねているが、錦部連は『新撰姓氏録』河内国諸蕃条によると百済系の帰化人であることが知られる。また、史料(4)天平勝宝四年四月九日の東大寺大仏開眼供養会では踏歌が行なわれたが、この模様を筒井英俊氏校訂『東大寺要録』巻第二供養章第三開眼供養会では「女漢躍歌」と記している。筒井英俊氏はその頭注において、「漢、此下恐脱人字歟」と述べておられる。つまり「漢」の下に「人」が抜けていることを指摘しておられ、このときに行なわれた踏歌は「女漢人」すなわち漢系帰化人の女性たちによるものではなかったかと考えられるのである。

これらのことにより、八世紀に行なわれた踏歌の多くは、持統朝にひきつづいて帰化系の人々によって掌られていたと推測されるのである。したがってまた、この時期に踏歌をもっぱら掌っていた内教坊の妓女たちの多くは、やはり帰化系の人々、特に漢系・百済系の人々によって占められていたのではないかと考えられる。なお承和年間には内教坊の妓女として石川朝臣色子・完人朝臣貞刀自の名がみえるが、(8)『新撰姓氏録』によると彼女らは帰化系ではないことから内教坊においても雅楽寮にみられたように(9)八世紀後半、およそ桓武朝を境として内教坊の妓女の構成も漢系・百済系の帰化人出身のものからわが国の人々が次第に多くなっていったと思われる。その理由として、この時期になると帰化人の手を借りなくとも踏歌を行なうことができるようになり、踏歌の吸収が進んだことをあげることができる。八世紀後半前後の時期は、このように内教坊においても、その妓女の構成が変化する一転換期であったのである。

次に、内教坊との関係は明らかではないが、日本古来より存在し次第に踏歌と同化していったとされる歌垣について考え、踏歌における考察の傍証としよう。

歌垣は踏歌が中国より伝えられたのに対して日本古来のものであった。よく知られているものでは『日本書紀』にみえる海柘榴市の歌垣、(10)『常陸風土記』にみえる筑波山の嬥歌などがある。(11)歌垣というのは男女混りあうなかで歌舞し、そのうちに男女が結ばれるというものであったが、次第に遊楽化し踏歌のような一種の群集舞になっていったものである。これに類したものは朝鮮にも存在したようである。(12)

歌垣に関する史料は八世紀に入り『続日本紀』天平六年(七三四)二月癸巳朔条、同宝亀元年(七七〇)三月辛卯条にみられる。

同天平六年二月癸巳朔条には、

天皇御二朱雀門一覧二歌垣一。男女二百卌余人、五品已上有二風流一者皆交二雑其中一。正四位下長田王、従四位下栗栖王、門部王、従五位下野中王等為レ頭、以二本末一唱和。為二難波曲、倭部曲、浅茅原曲、広瀬曲、八裳刺曲之音一、令二都中士女縦観一、極レ歓而罷。賜下奉二歌垣一男女等禄上有レ差。

とあり、天皇が朱雀門に御し歌垣を御覧になったが、そのときの歌垣は男女二四〇余人と五品已上の風流ある者によって行なわれたという。

さらに同宝亀元年三月辛卯条には、

葛井、船、津、文、武生、蔵六氏男女二百卅人供二奉歌垣一。其服並著二青摺細布衣一、垂二紅長紱一。男女相並、分レ行徐進。歌曰、乎止売良爾、乎止古多智蘇比、布美奈良須、爾詩乃美夜古波、与呂豆与乃美夜。其歌垣歌曰、布知毛世毛、伎与久佐夜気志、波可多我波、知止世乎麻知弖、須売流可波可母。毎二歌曲折一、挙レ袂為レ節。其余四首、並是古詩。不二復煩載一。時詔二五位已上、内舎人及女孺一、亦列二其歌垣中一。歌数闋訖、河内大夫従四位上藤原朝臣雄田麻呂已下奏二和儛一。賜二六氏歌垣人商布二千段、綿五百屯一。

とあり、男女二三〇人が歌垣を行なったのであるが、このときの男女は葛井・船・津・文・武生・蔵の六氏の人々であったという。

このほかに、同宝亀元年四月丁酉条には、

詔造二由義寺塔一諸司人及雑工等九十五人、随二労軽重一、加二賜位階一。正六位上船連浄足、東人、虫麻呂三人、族中長老、率二奉歌垣一。並授二外従五位下一。以二東人一為二摂津大進一。又授二正六位上土師宿禰和麻呂外従五位下一。

とあり、由義寺の塔を造った功により諸司の人・雑工ら九五人に位階を加えているが、それにつづいて船連浄足・東人・虫麻呂の三人が族中の長老として、人々を率いて歌垣を供奉した功により位を授かっている。

ところで、葛井などの六氏は『続日本紀』延暦四年（七八五）六月癸酉条、同九年七月辛巳条、同十年四月戊戌条の記事によると、それぞれ葛井・船・津氏は百済系帰化人、文・武生・蔵氏は漢系帰化人であったのである。

したがって、八世紀に行なわれた宮廷の歌垣の多くは漢系・百済系の帰化人によるものであったということができるが、これはたまたま彼らが歌垣を掌ったのではなく、彼ら六氏の漢系・百済系帰化人のあいだで行なわれていたものであったことによると考えられるのである。歌垣はわが国の民間において発達したものであったが、八世紀に入り宮廷に吸収されると歌垣はすでに宮廷に取り入れられていた踏歌と同化していくようになり、踏歌と類似したものになっていった。そのために宮廷に採用された段階で踏歌を掌っていた漢系・百済系の帰化人が掌るところとなったと考えられるのである。先ほど述べたように朝鮮にも歌垣に類似した歌舞はみられ、彼ら帰化系の人々にとっては歌垣を理解し行なうことはまったく容易なことであったに違いない。天平六年二月の男女二四〇余人は『日本紀略』によると[13]二三〇余人となっており、宝亀元年三月の葛井・船・津・文・武生・蔵の六氏の二三〇人とほぼ一致するところから、天平六年二月の歌垣もこの六氏によって掌られたと考えるのが妥当であろう。

このように、わが国古来の歌舞の要素の濃い歌垣は、宮廷においては漢系・百済系の帰化人によって奉仕されていたのであるが、踏歌と歌垣との密接な関係、また踏歌が外来系の音楽であったことを考えると、この歌垣の考察から踏歌は漢系・百済系の帰化人によって多く奉仕されていたという先の結論を導きだすことは可能であろう。

最後に指摘しておきたいのは、雅楽寮の楽官・楽人は百済系帰化人が多かったのであり、この内教坊でも百済系そして漢系帰化人が多くを占めていたということである。したがってまた、このことから、百済楽人の分番制のみられた欽明朝以来、外来の音楽やある種の日本古来の音楽においては帰化人なかでも百済系・漢系の人々が彼らの職掌としてこれを掌るところであったということができ、これは八世紀後半（第一期末）までみられるのであった。

注

(1)『続日本紀』天平宝字三年正月乙酉条。
(2)岩橋小弥太氏は『上代官職制度の研究』のなかにおいて、天平宝字三年正月十八日の内教坊の踏歌に触れられ、「これより先内教坊を置いて女楽を教習せしめた」と述べていることからすると、氏は天平宝字三年を内教坊の創設時期としておられるようである。
(3)『続日本紀』宝亀八年五月戊寅条。
(4)右同、天平宝字七年正月庚申条。ここでは「唐ノ吐羅」としているが、意味から考えると「唐・吐羅」とする方が適切である。
(5)右同、神護景雲元年十月庚子条。
(6)『日本書紀』にみられるこれらの「漢人」を岩橋小弥太氏は、唐人すなわち「シナ人」と解釈しておられるが、『日本書紀』では他の例においても「漢人」と「唐人」を区別して使用していることから「漢人」を朝鮮系帰化人と考えた。
(7)『続日本紀』天平宝字五年六月己卯条。
(8)石川朝臣色子は『続日本後紀』承和十一年正月庚子条、完人朝臣貞刀自は同承和十二年正月丁卯条にみられる。
(9)石川朝臣は『新撰姓氏録』左京皇別上に「孝元天皇皇子彦太忍信命之後也」とあり、完人朝臣も同じく左京皇別上では「阿倍朝臣同祖、大彦命男彦背立大稲腰命之後也」とある。
(10)『日本書紀』巻一六、武烈天皇即位前紀。
(11)『常陸風土記』筑波郡条。なお岩橋小弥太氏は『芸能史叢説』の「歌垣と嬥歌」のなかにおいて、歌垣は中央で行なわれ嬥歌は東国で行なわれたものとされ、歌垣と嬥歌は必ずしも同じ姿の行事ではなかったことを述べておられるが、その歌舞の内容においてはさほど異なるものではなかったと考えられる。

(12) たとえば『三国志』「魏書」高句麗伝には「暮夜男女群聚、相就歌戯」とあり、同じく韓伝では「群聚歌舞飲酒、昼夜無ㇾ休。其舞数十人倶起相随踏ㇾ地、低昻㆓手足㆒」などと記されているが、これらの朝鮮の歌舞は日本の歌垣に類似したものであったと考えられる。

(13)『日本紀略』聖武天皇、天平六年二月癸巳朔条。

第三章　歌儛所と大歌所

第一節　歌儛所の性格と機能

令制が成立すると、日本古来の歌舞、外来の楽舞はともに雅楽寮において教習されることになるが、宮廷の饗宴などにおいては華やかな外来の楽舞が盛んに奏されるところであった。日本古来の歌舞は古くからわが国の人々に愛好されてきたのであり、八世紀に入り宮廷において外来の音楽が盛んに演奏されるようになっても、律令貴族らの愛好した音楽はやはり日本古来の歌舞であった。そういう意味では八世紀末に日本古来の歌舞が雅楽寮より独立し、新設された大歌所で行なわれることになったことは重要である。したがって本節では、特に八世紀の大歌所の前身といわれる歌儛所に注目して考えていくことにしよう。

歌儛所については、林屋辰三郎氏が『中世芸能史の研究』のなかで紹介しておられる折口信夫氏の雅楽寮のなかの日本的楽部という説と、これを林屋氏が批判して述べられた、諸王臣子らが雅楽寮とは別個に宮中のなかに臨時的に設けたものという二つの説が考えられる。(1)

ところで、歌儛所という名称は『万葉集』巻六、天平八年（七三六）の歌のなかに次のように現われてくるのみである。

冬十二月十二日、歌儛所之諸王臣子等、集二葛井連広成家一宴歌二首、
比来古儛盛興、古歳漸晩。理宜下共尽二古情一、同唱中古歌上。故擬二此趣一、輙献二古曲二節一。風流意気之士、儻有二此集之中一、争発レ念、心心和二古体一。

まずこの史料を第二章でもみた『続日本紀』天平六年二月癸巳朔条の記事と対比して、歌儛所の性格について考えてみよう。天平六年二月癸巳朔条の記事をふたたび掲げてみると次のごとくである。

天皇御二朱雀門一覧二歌垣一。男女二百卌余人、五品已上有二風流一者皆交二雑其中一。正四位下長田王、従四位下栗栖王、門部王、従五位下野中王等為レ頭、以二本末一唱和。為二難波曲、倭部曲、浅茅原曲、広瀬曲、八裳刺曲之音一、令二都中士女縦観一、極レ歓而罷。賜下奉二歌垣一男女等禄上有レ差。

先の『万葉集』の史料によると、天平八年十二月十二日、歌儛所の諸王臣子らは葛井連広成の家に集って宴をひらいたが、このころ古舞が盛んになってきたということで彼らもまた古情を尽して古曲を歌ったという。このときには古歌を歌うとともに古舞も盛んに舞われたことが推察できよう。

さてこの古舞であるが、林屋辰三郎氏は『万葉集』の史料のなかの「比来古儛盛に興り」という表現に関して、「雅楽寮が主として教習の対象としている東洋的楽舞に対する、日本的歌舞を指しているとみた方が当たっており」と述べておられ、[2]古舞とは雅楽寮内の日本的歌舞としておられるが、ここでいう古舞とはそういうものではなかったと考えられる。すなわち、林屋氏もほかのところで述べておられるように、[3]雅楽寮に集中された日本古来の歌舞、特に舞は、久米舞・五節舞・楯節舞・筑紫舞などといったようなまったく国家的儀礼に直接深い関係をもつものばかりであり、またこれらの歌舞は外来の楽舞に圧倒される傾向にあったとはいえ儀礼の歌舞として雅楽寮においてそれな

りに教習されていたということ、さらに天平六年二月の歌垣のときには多くの諸王臣子らがこれに加わって難波曲・浅茅原曲などのような古歌舞を行なったということから考えて、『万葉集』のいう「古儛」とは雅楽寮において教習されている儀礼的なものをいうのではなく、それ以外の地方において伝習されていた歌舞、あるいは宮廷にも伝えられていた風俗の歌舞、たとえば難波曲・浅茅原曲・広瀬曲・八裳刺曲などのことをいったものであると考えられる。

また、このとき歌儛所の諸王臣子たちは葛井連広成の家に集ったのであるが、これは彼が『懐風藻』に名をとどめるほどの風流者であったという理由が一つ考えられる。(4)しかしさらに、葛井連は歌垣を掌ることがあった百済系帰化人であったこともその理由の一つとしてあげられるのであり、歌儛所と諸王臣子そして葛井連広成の間には、わが国の古歌舞を通して何らかの関係があったことが推測されるのである。このようなことから歌儛所とは諸王臣子らがわが国の古歌舞を余興的に教習するための、雅楽寮とは別個な、しかし大歌所のような正式なものではなく準公的なものであったと考えられる。

ところで、養老五年（七二一）正月二十七日には国家の重要とするところの学業者に、特に賞賜を加えているが、そのなかに和琴師の文忌寸広田、唱歌師の大窪史五百足・託多真玉・螺江臣夜気女・茨田連刀自女・置始連志祁志女の名がみえている。(5)ところが和琴師・唱歌師なるものは雅楽寮に存在していないなどの点から(6)彼らは雅楽寮の楽師や歌女などとは考えられず、むしろ他の異なった機関に所属していたか、そういうものとはまったく別に和琴師・唱歌師として存在していたと考える方が妥当であろう。そういう意味において、和琴師というのは歌儛所に属し諸王臣子らに和琴を教えていたことが考えられる。和琴は神事的に使用されるほかに歌の伴奏にも盛んに用いられたのである。(7)唱歌師というのも、歌儛所において唱歌を諸王臣子らに教えていた人々であったことが十分に考えられるのである。

このようなことに加えて、たとえば天平六年（七三四）二月癸巳朔の歌垣のときには五品已上の風流ある者がそのなかに交雑し、歌垣のなかで長田王・栗栖王・門部王・野中王の諸王を頭として唱和させ、また宝亀元年（七七〇）三月二十八日の歌垣では五位已上の者・内舎人・女孺が参加し、さらに藤原朝臣雄田麻呂（百川）已下の者が倭舞を舞うことがあったということなどから、官人貴族らは歌垣において唱和できるような、あるいはまたそのほかの日本古来の歌舞を教養的に身につけていたということが知られるが、歌儛所とはまさにこのように官人貴族らに日本古来の歌舞を教養的に教習させ、林屋氏のいわれるような臨時的なものではなく常設的な、しかし準公的な音楽機関であったと考えられるのである。(8)

第二節　大歌所の誕生

大歌所が史料上初めて現われるのは『日本文徳天皇実録』嘉祥三年（八五〇）十一月己卯条のことである。すなわち、治部大輔興世朝臣書主の卒伝に、彼がよく和琴を弾くことによって大歌所別当に任ぜられたとある。

大歌所と歌儛所との関係についてみると、大歌所は大歌のほかに和琴や笛までも教習し節会における歌笛を勤めているのであるが、大歌所がこのような役割をもつことから、大歌所の前身となったのはその内容的な面においてはどちらかというと余興的な歌舞を教習していた歌儛所であったのではなく、雅楽寮の儀礼的要素の強い日本古来の歌舞の一部がもっぱら儀式に奉仕する目的をもって独立することにより大歌所が誕生したと考えられるのである。

大歌所の成立時期については、林屋辰三郎氏が『万葉集』との関連から天応元年（七八一）までに成立したことを述べておられるが、(9) 雅楽寮や内教坊において外来の音楽の理解吸収が進みわが国音楽史上の一つの転換期であった八世紀後半に大歌所が新たな音楽機関として誕生したことを考えると、これは妥当なところであろう。(10)

大歌所の誕生は、その役割が儀式への奉仕にあったとはいえ、日本古来の歌舞を一部ではあるが独立させたという点においてその後の音楽文化の発展にとって大きな意義があったのである。

注

(1) 林屋辰三郎『中世芸能史の研究』一九七頁。これらのほかには、歌儛所を雅楽寮そのものとする岩橋小弥太氏の説（『芸能史叢説』雅楽寮と楽所）がある。

(2) 林屋辰三郎『中世芸能史の研究』一九七頁。

(3) 右同書、九九～一〇一頁。

(4) 『懐風藻』には「正五位下中務少輔葛井連広成二首」として、葛井連広成の漢詩が載せられている。

(5) 『続日本紀』養老五年正月甲戌条。また文忌寸広田らについては第9表を参照されたい。

(6) また、雅楽寮諸師の位階は令制では従八位上であるが、和琴師唱歌師の位階はすべてこれより高くなっており、同じ歌師でも位のひらきがあるということからも同様に考えられる。

(7) 和琴師文忌寸広田は『新撰姓氏録』によると漢系帰化人であり、唱歌師のなかにも帰化人がみられるが、これもやはり注目すべきことであろう。これらの音楽は日本古来の音楽であり、外来の楽舞ばかりでなく日本古来の音楽にも彼らが重要な位置を占めていたことがここから窺うことができる。

(8) 歌儛所の教師には多くの帰化系の人々がついていたことであろう。

(9) 林屋辰三郎『中世芸能史の研究』一九九頁。

(10) 『職原鈔』によると、大歌所別当は、「上古」には親王のなかより選んだことが述べられている。『日本文徳天皇実録』嘉祥三年十一月己卯条の興世朝臣書主の卒伝には彼が別当になったことが述べられている。彼の出自は卒伝によると次のとおりである。

本姓吉田連、其先出レ自二百済一。祖正五位上図書頭兼内薬正相模介吉田連宜。父内薬正正五位下古麻呂。並為二侍医一、累代供奉。宜等兼長二儒道一、門徒有レ録。書主為レ人恭謹、容止可レ観。昔者嵯峨太上天皇在藩之時、殊憐二其進退一、延暦廿五年為二尾張少目一、大同四年四月為二縫殿少允一、弘仁元年正月遷為二内匠少允一、四年五月遷為二左兵衛権大尉一、七年二月転為二左衛門大尉一、兼二行検非違使事一。有レ頃遷為二右近衛将監一。書主雖レ長二儒門一、身稍軽捷、超二躍高岸一、浮二渡深水一、猶同二武芸之士一。能弾二和琴一。仍為二大歌所別当一、常供二奉節会一。新羅人沙良真熊、善弾二新羅琴一。書主相随伝習、遂得二秘道一。「弘仁」八年正月叙二外従五位下一、拝二織部正一。九年正月為二和泉守一、治声頗聞。十二年正月叙二従五位下一、十四年正月叙二従五位上一、為二備前守一。是時「和泉」罷レ任未レ帰、京師便道之任、政化清平。天長四年還為二左京亮一、五年二月拝二筑後守一。因二身病困一、確辞不レ行。八年二月更為二左京亮一。承和四年上請、改レ姓為二興世朝臣一。七年正月為二信濃守一。九年正月叙二正五位下一、十二年拝二木工頭一。十四年正月叙二従四位下一、嘉祥三年八月遷為二治部大輔一。以二年老身衰一、聊披二山林之地一、常発二観念之業一。卒時年七十三。

これによると、彼はいわゆる親王ではない。したがって『職原鈔』のいう「上古」とは書主が大歌所別当となった弘仁年間前後を示すのではなくそれ以前の時代を示していると考えることができ、このことからも大歌所の成立を奈良時代末とすることは妥当であろう。

第四章　衛府と奏楽

第一節　はじめに

衛府による奏楽については、林屋辰三郎氏は特に近衛の場合を考えてそのもっている儀仗的性質による鼓吹とのつながり、衛府と祭牲というその隷従的性質、さらに相撲・競馬などにたずさわるという競合的性質いわゆる勝負楽とのむすびつきということから衛府の奏楽を説明しておられる。(1)これらの説明は認めるべき点も多く示唆に富んだものではあるが、どちらかというと、のちの衛府のもつ性質からの類推という傾向が強く、必ずしも衛府が奏楽を掌るようになる説明としては満足のいくものではない。

そこで本章では、なぜ衛府の奏楽が始まるのかを中心に、八―九世紀の鼓吹司、衛府の奏楽について私なりに考えてみることにしたい。

そこでまず、林屋氏が近衛との接近により近衛化が進み、それが衛府奏楽の一つの原因となるという鼓吹司について考えることにしよう。

第二節　鼓吹司

わが国において鼓吹は、鼓吹司によって掌られていた。令によると鼓吹司とその構成は、

正—一人、佑—一人、大令史—一人、少令史—一人、吹部—三十人、鼓吹戸

であり、このほかに使部一〇人、直丁一人からなっていた。鼓吹司の官人の変遷を雅楽寮同様まとめてみると、第10表のごとくなる。この表からは十分に鼓吹司の官人の特徴を捉えることはできないが、雅楽寮の楽官の変遷と比較してみると、雅楽寮の頭が諸王・真人・朝臣姓によって占められていたのに対し、鼓吹司の正の場合は朝臣姓は多いが雅楽寮の頭のように諸王はまったくみられないことが知られる。これには鼓吹正の位階が低いことが大きな理由として考えられるが、このほかにも鼓吹正は雅楽寮の頭と違って直接鼓吹を鼓吹戸人に教習する役割をもっていた(2)ことにもよると思われる。鼓吹というのは軍楽であり、これを教習する者は多少特殊な教育を受けていなければならなかったのである。ところで、鼓吹は外来の音楽であり、あるていど特殊な才能を必要とするところから、これを教授する鼓吹正には帰化人が多数存在しても然るべきであるが、管見では伊吉連真次・奈良忌寸長野がこれに該当するていどで、特に目立つほどではない。この理由としては、雅楽も鼓吹も特殊な能力を必要としながらも技術的には鼓吹の方が容易であること、鼓吹は軍楽ということで雅楽のように饗宴とはあまり関係がなかったこと、また鼓吹は音楽というよりも号令的な役割をもつもので、これを理解するには高度な技術的能力はまったくいらないことなどが考えられる。

第10表　鼓吹司の官人

職名	人名	史料	任命年月日など	出自
正	当麻真人高庭	続日本紀	天平宝字七・四・一四	〈姓氏録〉当麻真人→用明皇子麿古王の後
	安倍朝臣小東人	〃	神護景雲元・五・二五	〈姓氏録〉阿倍朝臣→孝元天皇皇子大彦命の後
	伊吉連真次	〃	二・二・一八	〈姓氏録〉伊吉連→長安人劉家揚雍より出ず
	相摸宿禰伊波	〃	宝亀　二・九・一六	漆部直→相摸国造の族（姓氏家系大辞典）
	石川朝臣名主	〃	七・三・六	〈姓氏録〉石川朝臣→孝元天皇皇子彦太忍信命の後
	下毛野朝臣船足	〃	八・正・二五	〈姓氏録〉下毛野朝臣→崇神天皇皇子豊城入彦命の後
	奈良忌寸長野	〃	延暦　六・二・八	秦忌寸、〈姓氏録〉秦忌寸→融通王五世孫丹照王の後
	伴宿禰益雄	続日本後紀	承和一三・二・一一	〈姓氏録〉大伴宿禰→高皇産霊尊五世孫天押日命の後
	大枝朝臣真臣	文徳天皇実録	斉衡　三・二・八	〈姓氏録〉大枝朝臣→土師宿禰（天穂日命十二世孫、可美乾飯根命の後）より改姓
	水取連柄仁	〃	天安　元・一一・二五	〈姓氏録〉水取連→饒速日命六世孫伊香我色雄命の後
	粟田朝臣礒雄	日本三代実録	貞観　元・二・一三	〈姓氏録〉粟田朝臣→天足彦国忍人命の後
	上毛野朝臣綱主	〃	貞観　七・三・九	〈姓氏録〉上毛野朝臣→下毛野朝臣（既出）と同祖
	笠朝臣道興	〃	元慶元・正・三に「正」としてみえる。	〈姓氏録〉笠朝臣→孝霊天皇皇子稚武彦命の後
	伴宿禰直守	〃	元慶三・正・七に「正」としてみえる。	〈姓氏録〉大伴宿禰既出
佑	志紀県主（宿禰）福主	日本三代実録	貞観四・二・二三に「佑」としてみえる。	〈姓氏録〉志紀県主→神八井耳命の後
大令史	清根忌寸松山	日本後紀	延暦一八・正・二九・に「権大令史」としてみえる。	未詳

注　〈姓氏録〉とは『新撰姓氏録』を示す。

雅楽と鼓吹の違いは衛府の奏楽を考察するための一つの大事な点でもある。すなわち、林屋辰三郎氏は雅楽寮の楽生と鼓吹の吹部とに共通性があったことを述べようとされて延暦十五年（七九六）十月二十七日の鼓吹司の吹部の号を定めた史料をひかれ(3)、そこで吹部を雅楽寮雑色生に準ずると述べられていることから吹部と雅楽寮楽生との共通性をみておられるが、しかしこれは単にその扱いを同じにするということであって、もっとも肝心な音楽の共通性はここからは見出すことはできない。むしろ雅楽と鼓吹との間には先にも考えたような音楽的差異が存在していることを重視したい。

そこでさらに、考察を衛府にまで進めて鼓吹と衛府との関係は林屋氏の述べられるようにみられるのか、また衛府が奏楽を掌るようになる原因は何であるのかということなどについて考えていこう。

第三節　衛府の音楽

衛府による奏楽を考えるには、奈良朝の政治情勢と密接な関係をもって変遷したといわれる衛府の変遷について簡単にみておかねばならない。

令制の成立期において衛府には衛門府・左右衛士府・左右兵衛府の五衛府があったが、神亀五年（七二八）七月二十一日にはこれに中衛府が加わって六衛府となった。(4) その後天平宝字三年（七五九）十二月二日、六衛府とは別に授刀衛がおかれ、(5) 天平神護元年（七六五）二月三日には授刀衛が改められて近衛府となる。(6) そして『類聚三代格』あるいは『日本紀略』によると、大同二年（八〇七）四月二十二日に詔が発せられて中衛府はその職が近衛府と同じであるということで近衛府を改めて左近衛府とし、中衛府を改めて右近衛府とし、(7) さらに翌年七月二十二日、衛門府を廃し左右衛士府にあわせたのである。(8) ここでふたたび六衛府となった。そして弘仁二年（八一一）十一月二十八日には左右衛士府を改めて左右衛門府とし、(9) これによって左右近衛府・左右兵衛府・左右衛門府の六衛府となるのである。

さて、衛府による奏楽と思われる記事を列挙すると次のごとくなる。

(1)　『日本後紀』弘仁五年十月甲子条[10]
右諸衛府奉献。宴飲奏レ楽。賜二侍臣及右衛門府右馬寮史生已上綿一有レ差。

(2)　『日本紀略』弘仁七年十一月己丑条
右諸衛府奉献、奏レ楽。賜二次侍従已上綿一。

(3)　同弘仁八年十月丙子条
右近衛府奉献、奏レ楽。侍臣賜レ禄。

(4)　同天長四年（八二七）二月己未条
（上略）、皇帝更御二紫震殿一、錫二侍臣已上飲一。謝座謝酒如レ儀。六衛府献二御贄一、酒酣奏二和琴一。次雅楽寮奏二音声一、殿上廊下群臣皆率舞。白日既昏、継以二明燭一、賜二綿布一。

(5)　同天長四年十月戊申条
御二紫震殿一賜レ飲。群臣酔舞。帝弾レ琴而歌楽。有レ詔賜二花葉之簪一人々插レ頭詠歌。投レ暮右近衛奏レ楽。宴畢賜二群臣衣被一。

(6)　同天長五年十二月壬子朔条
雨レ雪。御二紫震殿一聴レ朝。々罷之後、錫二宴侍臣一。左右近衛奏二東国之歌一。賜レ綿有レ差。

(7)　同天長八年八月甲午条
左近衛府献レ物、奏二音楽一。賜レ禄。

(8) 同天長九年四月甲戌条

左近衛府献レ物、奏レ楽。侍従以上賜二商布一。

(9) 同天長九年四月丁丑条

御二南殿一。左衛門左近衛府献レ物、音楽歌舞。賜二侍従以上衣被一。

(10) 同天長十年四月丙子条

左近衛府奉献奏楽。賜二群臣御[衣]及商布一。

(11) 同天長十年四月戊寅条

左衛門左兵衛二府奏二呉楽一。賜二群臣禄一。

(12) 『続日本後紀』承和元年(八三四)正月癸丑条

天皇朝二覲後太上(淳和)天皇於淳和院一。太上天皇逢迎。各於二中庭一拝舞。乃共昇レ殿。賜二群臣酒一兼奏二音楽一。左右近衛府更奏レ舞。(下略)

(13) 同承和二年十月壬辰条

先レ是、五月六日左右馬寮於二武徳殿前一、競二馳御馬一、以決二勝負一。右御馬負焉。至レ是、右方三衛府及右馬寮共奉二輸物一、兼奏二雑楽一。宴竟賜レ禄有レ差。

(14) 同承和二年十二月辛未朔条

天皇御二紫宸殿一、賜二群臣酒一。(中略)左右近衛府逓奏二音楽一。既而賜二見参親王以下五位已上禄一各有レ差。

衛府による奏楽のもっとも早い例としては、ここにあげた(1)の弘仁五年十月の右諸衛府の場合が考えられる。これはその解釈によっては衛府の奏楽ととることに疑問が残るとしても、(2)(3)の史料から考えると弘仁年間に衛府による奏楽があったことは確実であろう。また、これらの史料のなかでもっとも注目しなければならないのは(4)の天長四年二月にみられるように衛府が和琴を奏し、(6)の天長五年十二月にみられるように衛府が「東国之歌」を奏したことである。すなわち、衛府の奏楽のなかには唐楽・高麗楽などという外来の音楽のほかに、日本古来の音楽である和琴・東国の歌も含まれていたということである。しかも、これらの音楽を奏する機会はほとんどの場合宴飲であった。このころの雅楽寮の奏楽はどちらかというと節会・諸祭などの儀式的なものが中心になっているのに対し、衛府による奏楽は宴飲のときのものが多く余興的な機会に行なわれており、この事実は衛府の奏楽の原因を考えるうえで大切な点である。

ところで林屋氏は、衛府における奏楽の原因の一つとして、衛府の儀仗的性質をあげ、特に近衛府に関して、近衛府なるものが、その成立いらい一貫して軍事上からも儀仗の上からも、鼓吹司とふかい関係があり、とくに平安時代に入って宮廷の威儀をととのえるために、近衛の軍楽というべきものの必要性が高まってきた。

と説明しておられる。(11) 林屋氏のいわれる鼓吹司との深い関係とは、鼓吹と近衛が軍旅・征戦を通じて緊密化し吹部ないし鼓吹戸の近衛化が進み、鼓吹の軍旅・征戦における利用が少なくなれば雅楽の方に積極的に転出していくという意味においていっておられるのである。そして、鼓吹司の変化の根拠として延暦十九年（八〇〇）十月七日の太政官符をあげておられる。(12)

太政官符

廃二置長上一事

鼓吹司

廃二大笛長上一員一　今置二鉦鼓長上一員一

右得二兵部省解一偁、鼓吹司解偁、軍旅之設、吹角為レ本、征戦之備、鉦鼓為レ先。今有二吹角長上三人一、曽無二鉦鼓之師一。至二・威儀之日一、有レ失二進退之節一。望請、圜二鉦鼓長上一、教二習生徒一者、右大臣(神王)宣。奉レ勅、宜下廃二大笛長上一、兼預二大角長上一、更置中鉦鼓長上上。其官位亦同二吹角長上一。

延暦十九年十月七日

林屋氏は、鼓吹司の職員の廃置の官符において、特に「威儀の日に至って進退の節を失うあり」という廃置の理由を重視され、鼓吹の儀仗化、近衛化を述べておられる。これは確かに鼓吹の儀仗化・近衛化を示唆するものではあるが、しかしこの史料を他方からみると、鉦鼓の長上を置くかわりに大笛長上を廃し、大笛を大角長上が預り吹くようになったという事実がうかがわれる。角とは角笛のことで、雅楽の笛である龍笛は、大笛の方が演奏技術の面において近いと思われる。ここで大笛が廃されているということは技術的な面ではむしろ雅楽器との差が大きくなったことを示している。また林屋氏のいわれるように鼓吹の儀仗化は確かに進み近衛化してくるわけであるが、近衛府を含めた衛府の儀仗の役割というのは『延喜式』にみられるような鉦鼓が中心となるもので(13)、儀仗の目的をもって近衛に軍楽さらには雅楽が整えられていったとは考えがたい。もし衛府に軍楽・雅楽が備えられ儀仗に使用されているならば、『延喜式』などの規定にこれらに関して触れられていてもよいはずだが、まったく認められないのである。したがって、林屋氏がいわれるように鼓吹との関係から近衛の奏楽が生まれてくる、あるいはそこに楽舞を育てる基盤があったとは必ずしもいえないのである。それでは衛府の奏楽が生まれてくることをどのように考えたらよいのであろうか。

ここで注目したいのは、先に述べたように衛府の奏楽は宴飲におけるものが多いということであり、先にあげた史料をみても知られるように、節会や諸祭などにおける儀式とはあまり関係のない宴飲における余興的奏楽であった。したがって衛府の奏楽というのは宴飲などにおける余興として行なわれるようになっていったことが考えられる。さらに、衛府の奏楽の最初が音楽に堪能であった嵯峨天皇の弘仁年間であることは注目すべき事実である。雅楽は桓武天皇の時期以降その役割に変化がみられ余興的なものともなっているが、特に嵯峨天皇は雅楽を重視し宮廷内に積極的に取り入れ、自ら演奏するほどであった。古くから饗宴には雅楽寮の楽人によって雅楽が奏されてはいたが、特に嵯峨天皇の時期になり雅楽への理解が進むと、嵯峨天皇は殿上における宴飲での音楽の遊びを目的として、おもに儀式的な奏楽を掌っていた雅楽寮の楽人をわざわざ呼ぶことはせずに、身近に控えており競馬などの遊びにもたずさわることのあった衛府の人々に奏楽を要求していったことが衛府による奏楽がなされる最初のきっかけであったと考えられる。すなわち、衛府の奏楽の発端は、遊びからの要求と嵯峨天皇の強い要請によるところであったのである。したがって、ここではむしろ衛府のもっていた林屋氏のいわれる隷従的性質が衛府奏楽の重要な基盤となっており、衛府の人々にとっては宮廷に陪従するものとしての一つの勤めであったのである。嵯峨天皇の時代には機密の保持や政務の簡略化のために蔵人や検非違使などの令外の官が設置されるが、衛府の官人による奏楽は、雅楽寮という正式の令制機関の代りをつとめたという点において令外の官的な意味を含んでいたともいえよう。衛府の人々は林屋氏が述べておられるような鼓吹の儀仗化・近衛化などという経路を通って奏楽を掌るようになったのではなく、初めから宴飲の余興を目的として楽器をもち奏楽するようになったのである。そこには八世紀後半以降、雅楽がわが国の人々に理解され、多数の人により演奏されるところとなり、日本古来の歌舞もまた多くの人によって演奏されるようになっていくという背景があったと考えられるのである。

以後、衛府の奏楽が一般化していくことによって雅楽寮の衰退化は進んでいく。のちに誕生する楽所には、衛府の楽人が多数補任されるところとなった。そこで次に、日本古代音楽制度の集約点、終着点ともいうべき楽所について、その成立時期と楽人について考察していくことにしよう。

注

(1) 林屋辰三郎『中世芸能史の研究』二二五～二二四頁。

(2) 『令義解』巻一官位令によると、鼓吹正の位階は正六位上となっている。また鼓吹正は令によると「調二習謂、教二習鼓吹戸人一也。鼓吹一」ことを掌った。

(3) 『日本後紀』延暦十五年十月甲申条。その記事は次のとおりである。

(上略) 定二鼓吹司吹部号一。置二員卅四人一。初大宝・降、或注二吹人一、或著二角吹一、或称二番上一、或号二吹部一、名既不レ定。数亦無レ限。今定二名吹部一、准二雅楽寮雑色生一。乃聴二勘籍一焉。

(4) 『類聚三代格』巻四。

(5) 『続日本紀』天平宝字三年十二月甲午条。

(6) 右同、天平神護元年二月甲子条。

(7) 『類聚三代格』巻四。

(8) 『日本後紀』大同三年七月壬寅条。

(9) 右同、弘仁二年十一月己未条。

(10) 『日本紀略』では、「右諸衛府」は「右近衛府」となっている。

(11) 林屋辰三郎『中世芸能史の研究』二一八頁。

(12)『類聚三代格』巻四。

(13)『延喜式』巻四五、左右衛府。巻四六、左右衛門府。巻四七、左右兵衛府条にみられる。

第五章　楽　所

第一節　楽所の成立

楽所という言葉は、すでに天平勝宝四年（七五二）七月、(1) 天平宝字八年（七六四）正月、(2) 天平神護三年（七六七）四月(3)にそれぞれ「呉楽所」「楽所」「唐楽所」として現われている。しかし、これらはいずれも法会などのために臨時に楽人をとどめておく仮の施設であった。また、『貞観儀式』践祚大嘗祭儀上には「楽所五位四人、六位以下八人、風俗楽所五位二人、六位以下二人、和舞所五位二人、六位以下二人」とあって、風俗楽所などがみられる。これらは明らかに践祚大嘗祭に臨時に設置されたものであった。これにつづいて史料に現われるのは、延喜四年（九〇四）以後のことである。

ところで林屋辰三郎氏は、楽所というのは元来「節会・行幸その他の特別の必要に当たって、臨時に雅楽寮の楽人を駐《とど》めおく場合の詰所のようなものではなかったろうか」と臨時の施設であったことを述べられ、それが常設の機関へと発展していった時期として、『日本紀略』天暦二年（九四八）八月五日条に記されている「是日、於㆓大内㆒始㆓楽所㆒」を重視すべきであるといわれ、常設機構としての楽所の創設時期を天暦二年八月五日におくことを説いておられる。(4)

しかし、いくつかの新史料を加えて楽所の創設時期についてあらためて考えてみたい。まず、延喜四年三月以降、平時常設の楽所の創設時期とされる天暦二年八月までの楽所の記事を列挙してみよう。

(1)『西宮記』巻第八、裏書条
延木（ママ）四年三月廿四日、楽所仲平朝臣已下、率二楽工等滝口木蘭樹下一、奏二乱声一。左大臣云々侍之。初奏二舞陵王一、舞了。（定国朝臣子。）大臣下レ殿着二楽人座一、更引二上殿一。（下略）

(2)　同巻第七、臨時御願条
〔頭書〕延喜十四十廿三、雷公祭、試楽。（雅楽々人、楽所人等候。）楽舞童舞給レ禄。（於二本殿東庭一有之。）（下略）

(3)　同巻第八、宴遊条
同十九七十二、御二南殿北廂一、召二楽所人一、令レ奏二所習之曲一。（楽人等南殿、西面北上。）

(4)『醍醐天皇御記』延長四年（九二六）二月十七日条
（上略）其後仰召二楽所管絃者四五人一、令レ奏二音声一以助二謳吟一。（中略）侍臣、及楽所人等給二匹絹一。（下略）

(5)『貞信公記』天暦二年（九四八）三月二十日条
（上略）又楽所如レ旧置何。（下略）

(6)『日本紀略』天暦二年八月五日条
（上略）是日、於二大内一始二楽所一。

これらのなかで(1)の延喜四年三月の史料によると、楽所の仲平朝臣已下が楽工を率いて滝口の木蘭樹の下で乱声を奏したことが知られるが、ここにいう楽工とはこの記述だけからすると雅楽寮の楽人とも、あるいはいわゆる楽所人とも受けとれる。しかし、史料(2)の延喜十四年十月には「雅楽々人、楽所人等候。」とあり、楽所人が雅楽寮楽人とまったく並列に記されている。史料(3)の延喜十九年七月には天皇が南殿に御して楽所人を召して習うところの曲を奏させたとあり、ここにわざわざ「所習之曲」とことわってある。この二つの史料をあわせ考えるならば、雅楽寮の楽人とは別に楽所人が存在していたことが知られる。これによって、延喜四年三月の楽工も楽所人と考えられよう。さらに、史料(4)の延長四年二月においても楽所の管絃者あるいは楽所人という言葉が使用され、雅楽寮とは別個に楽所・楽所人が存在していたことが示唆されている。このように延喜年間から延長年間にかけては、明らかに楽所が存在していたことが知られる。しかも、楽所には雅楽寮の楽人とは別に楽所人がすでに存在していたのであり、この楽所は林屋氏のいわれるような「節会・行幸その他の特別の必要に当たって、臨時に雅楽寮の楽人を駐《とど》めおく場合の詰所のようなもの」ではなかったのである。

史料(6)の『日本紀略』天暦二年八月五日条には「是日、於二大内一始二楽所一」とあること、そして『貞信公記』天暦二年六月二十七日条には「中使有相朝臣来云、又以二桂芳坊一可レ為二楽所一事」と桂芳坊を楽所にすることが記され、『西宮記』巻第八、所々事条に楽所は「在二桂芳坊一」とそれを裏づけている事実から、天暦二年八月五日に設けられた楽所は林屋氏が述べられているように後々にみられる平時常設された楽所であることを認めることはできよう。しかしながら、延喜・延長年間の楽所にはすでに雅楽寮の楽人とは別に楽所人が存在していたという事実、また史料(5)の『貞信公記』には「楽所如レ旧置何」として、特に「如旧」と述べている事実、さらに延喜四年（九〇四）三月にみえる楽所の仲平朝臣は同年三月二十六日の記事により蔵人頭であることが知られるが[(5)]、『中右記』嘉保二年（一〇九五）二月二十七日の楽所始の記事によると「以二蔵人頭左中弁師頼朝臣一、為二別当一、先例、多蔵人頭也」と楽所の別当の多くは蔵人頭の兼任であることが述べられており、このことを延喜四年三月の楽所の仲平朝臣が蔵人頭であったことと考えあわせると、延喜・延長年間の楽所はすでに蔵人頭が代表者となっていたらしいという事実などから、延喜・延長年間に存在した楽所は天暦二年八月五日以後に置かれた楽所のように常設的なものであったと考えられるのである。『貞信公記』のいう「如旧」とは、まさにこの延喜・延長年間の時期に常設されていた楽所のことを差しているのである。したがって、宮廷における平時常設的な楽所の創設時期は、醍醐天皇の延喜年間に求められ、天暦二年八月に設けられた楽所というのは何らかの理由により中絶していた延喜の楽所を復活させたものであったと考えられる。

まさに醍醐天皇の時代は日本の古代音楽史上の第三期の始まりであったのであり、楽所の創設は第三期の幕開けにふさわしいものであった。

第二節　楽所の楽人

『楽所補任』によると、楽所には衛府の楽人を中心に多くの楽人が仕えていたのである。彼らは宮廷に所属するものとか寺社に所属するものなどさまざまであった。そこでここでは『楽所補任』を史料として、寺社に所属する楽人と宮廷に所属する楽人とに分けて、楽所に補任されている楽人の出自などについて考察を進めていく。『楽所補任』では、特に寺社の楽人のことが明記されているので、まず楽所内の寺社出身の楽人から検討していくことにしたい。

『楽所補任』によると、興福寺楽人として明確に現われているのは、中臣為行・登美重方・佐伯助行・登美行方・

尾張兼元・尾張則兼・大神是光・狛行貞・狛行則・狛行光・狛則友・狛則助・狛光近・狛季時・狛行時・狛光弘・狛光行・狛則近・狛光助・狛行近などであり、東大寺楽人としては、紀季方・山村時高・粟田重忠・紀元延・紀吉延であり、薬師寺楽人としては、清原為則・玉手清貞・玉手重貞・玉手吉清・玉手宗清であり、石清水八幡楽人としては、戸部清延・戸部清久・百済貞時・戸部清兼である。また彼らの地位・出自を『楽所補任』によってまとめてみると第11表のようになり、彼らについてはこれ以上ほとんど知り得ないが、現在残されている系図によって彼らの出自を考えてみよう。なおここでは、『楽所系図』[6]、『続群書類従』第七輯の系図部所収のもの（以下、『―氏系図』とする）、平出久雄氏編の『日本雅楽相承系譜（楽制篇）』[7]（以下、『相承系譜』とする）の三つを用いていくことにする。

南都興福寺最大の楽人であった狛氏は、『狛氏系図』によると高麗国人である滋井国叶をその祖としており、『楽所系図』によると狛好行を祖としている。『狛氏系図』によれば狛好行は大宰府庁舞師首であり、寛治二年（一〇八八）正月十九日に左近将監に任ぜられているが、同じ箇所で彼の死をその子孫の光高の死の年と思われる永承三年（一〇四八）としており記載に錯乱がある。『楽所系図』では好行を高麗人の余胤により狛姓を賜わったとし、大唐・高麗・新羅・百済などの舞楽師で大宰府庁舞師であったとしている。好行の活躍した時代は明らかではないが、その子孫の光高は『春記脱漏補遺』永承三年正月条に「左近将監狛光高打二一鼓一、光高八十余者也」とあるところからおよそ西紀一〇〇〇年前後の人と考えられ、一世代をたとえば三〇年として逆算して考えるならば好行は光高より、およそ一八〇年ほど前の人と考えることができ、彼は九世紀前半ごろに生存していた楽人であったと推測することができる。この時期はまさに嵯峨・仁明朝前後に当たっており、雅楽隆盛の時期を通じて多数の楽人が輩出したが、狛好行もそのなかの一人として注目されていたことが考えられる。狛好行は唐・高麗・新羅・百済楽などの舞楽師であったという。彼がさま

第11表　楽所における寺社方楽人と出自

所属	名前	官職	専門とした音楽	備考（出自・親子・子弟関係など）
興福寺	中臣為行	左衛門府生	羯鼓	元物師、右衛門府生為忠の男
	登美重方	左近府生	左舞人	則方の男
	佐伯助行	右兵衛府生		物師助安の男
	登美行方	左近府生		則方の二男
	尾張兼元	左衛門府生	篳篥吹	非重代楽人
	〃　則兼	〃	笙吹	則光の男、実は外孫
	大神是光	左近府生	左舞人	是行の男
	狛　行貞	〃		左舞人光季の子、光則の弟
	〃　行則	〃	左舞人	行高の男
	〃　行光	〃	笛吹	行高の養子となる。
	〃　則友	〃	左舞人	光則の男
	〃　則助	〃	〃	光則の二男
	〃　光近	〃	〃	光時の男
	〃　季時	〃	〃	行季の男
	〃　行時	〃	〃	行高の二男
	〃　光弘	〃	〃	光時の男
	〃　光行	〃	〃	行貞の男、母行高の女
	〃　則近	〃	〃	行則の男
	〃　光助	〃	〃	則助の男
	〃　行近	〃	〃	行則の二男
東大寺	紀　季方	右近府生	右舞人	右近府生末正の二男
	山村時高	〃	〃	助高の男
	粟田重忠	左衛門府生		季忠の孫・行忠の男
	紀　元延	〃	右舞人	季延の二男
	〃　吉延	右近府生	〃	大膳季延の男

ざまな国の音楽の舞楽師であったということは疑問に思えようが、たとえば和邇部太田麻呂がその卒伝に、「天長初、任二雅楽百済笛師一、尋転二唐横笛師一」とあるように(8)、百済笛師・唐横笛師などを歴任したことがあったことから、好行が唐・高麗・百済・新羅楽などの舞楽師であったということも頷けるところである。また彼は大宰府庁舞師であったという。大宰府庁に楽人が置かれていたということは、当時大宰府庁が中国・朝鮮などの諸国との接触口として重要であった点から考えて当然のことである。事実『日本書紀』天武

薬師寺	清原為則	左衛門府生	笛吹	円憲得業弟子・非二代笛吹
	玉手清貞	右近府生	三鼓打	則清の男
	〃 重貞	右衛門府生	篳篥吹	物師中臣重末の男・吉恒の養子となり玉手氏となる。
	〃 吉清	左衛門府生	三鼓打	清貞の男
	〃 宗清	〃	〃	清貞の二男
石清水八幡宮	戸部清延	左近府生	笛吹	正清の二男
	〃 清久	右近府生	〃	正清の三男
	百済貞時	左衛門府生	篳篥吹	右衛門府生近貞の男
	戸部清兼	左近府生	笛吹	正清の六男

注　なおここでは『楽所補任』に現われている平治元年以前のものをまとめた。

天皇朱鳥元年四月壬午条に新羅客を饗するために川原寺の伎楽を筑紫に運んだとあり、かなり古くから大宰府庁に音楽機関が存在していたことが考えられる。筑紫観世音寺の資財帳に多くの伎楽・唐楽具などが伝えられているの[9]もこれを示すものである。これらのことから狛好行が大宰府庁の舞師であったということも信憑性がある。

狛好行の子の葛古は舞師唐楽師で右近府生であり、葛古の子の衆古は雅楽寮の属であったという。そして、雅楽寮の允であった衆行のときに初めて興福寺雑掌に任ぜられたという。

これらのことから考えるならば、興福寺楽人狛氏は奈良時代以来の興福寺楽人ではなく、むしろ大内の楽人であり九世紀から十世紀ごろに興福寺雑掌に任ぜられ楽舞を担当していたと推測できる。しかし、他の可能性として、たとえば奈良朝以来の興福寺楽人が早くから雅楽寮官人に充てられることがあり、のちに興福寺雑掌に任ぜられたとも考えられるが、他の楽人の例から考えると先の推察の方が有力であると思われる。

興福寺楽人には、狛氏のほかに南都楽所の右舞を掌る大神氏がいる。大神氏は『楽所系図』によると為遠を祖としており、為遠のときにはじめて大神の姓を賜わったという。大神氏はまた京都方楽人である大神氏と同系であるといわれ、このことは京都方と南都方とのつながりをうかがうことのできる興味深い事実である。大神為遠は、その子孫の大神是光が保延五年（一一三九）に楽所に補任されていることからさかのぼらせて考えると、およそ十一世紀前半ごろに活躍した人物であることが推測される。しかし大神氏の出自や興福寺との関係については明らかではない。

東大寺楽人としては『楽所補任』に山村氏・紀氏・粟田氏が現われているが、彼らについては審らかではない。山村氏は『楽所系図』によると真光がその始祖とされており、『楽所補任』にみえる時高から同じようにさかのぼらせて考えると真光の時代は十一世紀初期ごろと考えられる。紀氏については、京都方楽人のなかにも紀為近(11)という人物がみられ、やはり大内と南都との関係のあったことをうかがわせるが、楽人紀氏の系譜が明らかでないために明確なことはいえない。粟田氏についても同様である。

薬師寺楽人の玉手氏は『楽所補任』のなかで清貞・重貞・吉清・宗清が名を連ねているが、『楽所系図』では玉手清貞と宗清の名がみえ、その祖を守遠としている。玉手清貞は『楽所補任』では保安三年（一一二二）に楽所に補任されたとあり、このことからさかのぼって考えると玉手守遠はおよそ十世紀半ばごろの人物と推定できる。平出久雄氏によると(12)、玉手氏は南都寺侍で配膳や使徒の役を行ない、右方人より一階級下位で打物・右舞と安摩・二ノ舞とを掌っていたという。同じく薬師寺楽人である清原氏については、『楽所補任』によると清原種方(13)が京都方楽人とあり、その系譜は明らかではないが、やはり大内と南都とのつながりを示唆するものである。

石清水八幡楽人の戸部氏は、『楽所系図』ではその祖を右舞人従五位下雅楽允春近としており、戸部清久が『楽所補任』では保安三年に補任されたとあることからして、戸部春近はおよそ十一世紀初期ごろの人物と推測できる。

以上のように、楽所に補任された南都方楽人・石清水八幡楽人とその出自について可能な限りみてきたが、狛氏にせよ他の楽人にせよ楽所に補任されるようになる寺社の楽人の多くは奈良時代以来各寺院に置かれていた奴婢的身分のものの系譜をひいているものではなく、[14] およそ嵯峨・仁明朝以後に新たに置かれた楽人であったと考えられるのである。楽所に補任されている寺社楽人のなかには物師の出身、すなわちのちに述べるように雅楽寮の諸師の出身のものもみられるが、あるいは彼らはとくに朝廷より寺社に施された楽人であったとも考えられよう。[15]

また、楽所へは大内を中心とする京都方の楽人、南都寺院を中心とする南都方の楽人より充てられ、いわゆる四天王寺楽人は散所楽人とされ楽所に関与することが許されなかったのであるが、これは南都寺院の楽人が従来の奴婢的身分の楽人ばかりではなく新たに置かれた良人身分の楽人がその中心をなしていたのに対し、四天王寺楽人の場合は奈良時代以来の系譜をひく奴婢的楽人がそのすべてを占めていたためであり、これがまた古代末期以降において四天王寺楽人が散所楽人として卑賤視されたゆえんではないかと推察される。

さらに、これらの系譜をみた限りにおいては、南都楽人の間にも密接なつながりがあったことが知られる。たとえば興福寺楽人狛光方は薬師寺楽人玉手近清のもとへ聟入りしており、[16] 薬師寺楽人玉手延近は石清水八幡楽人戸部吉多の娘の聟に入っている。[17] 先に南都楽人・京都楽人の間にも関係があったことを述べたが、大内・各寺社を問わずきわめて密接な協力関係があったことが知られる。

さて、次に『楽所補任』にみられる京都方の楽人について検討すると第12表のようになる。この場合京都方楽人とは、『楽所補任』にその出自が現われており、しかも明らかに南都方楽人および石清水八幡の楽人ではない者を考えたのであるが、その中心となるのはやはり大内の楽人であった。京都方楽人の出自に関しては第12表以上のことは知り得ないが、一応特色としてあげることができるのは、「非二重代楽人一」ざる者がかなり多くみられることであり、これはそれだけ多くの一般貴族に雅楽が広まり、名人も輩出したことを示唆するものである。

第12表　楽所における京都方楽人と出自

名前	官職	専門とした音楽	備考（出自・親子・子弟関係など）
矢集　近成	右兵衛府生	右舞人	近正の弟子・元物師
豊原　時廉	内舎人	笙・笛吹	時元の男
尾張　時兼	右近府生	右舞人	則時の男
藤井　貞持	右兵衛府生		助貞の弟子・非重代楽人
豊原　元秋	右近府生		右舞人助高の弟子、時元の男
〃　時秋	左近府生	笙・笛吹	時元の男
藤井　重貞	兵庫属	笛吹	井戸次官顕宗の弟子・非重代楽人
〃　清方	雅楽属	笙・笛吹	公里の弟子、非重代楽人、石清水所司の男・雅楽寮に楽器を献じた功により任ぜらる。
豊原　節行	左衛門府生	笛吹	時元の弟子・非重代楽人
清原　助種	兵庫属	〃	助貞の男
矢集　近元	左衛門府生		近正の男
多　忠節	右近府生	右舞人	忠方の男
〃　成方	〃	〃	近方の男
尾張　兼次	右兵衛府生	篳篥吹	宇治則元の甥・非重代楽人
豊原　公廉	右近府生	笙・笛吹	公里の三男
〃　光元	〃	〃	公持の男、母は滋生行忠の女
大神　基方	内舎人	笛	父基政
豊原　光秋	左近府生	笙・笛吹	時元の八男
三宅　成貞	右近府生	笛吹	基政の弟子、非重代楽人
内蔵　為景	右兵衛府生	篳篥吹	非重代楽人
安倍　末正	左衛門府生	笙・笛吹	時秋の弟子・非重代楽人
多　忠光	内舎人	右舞人	忠方の二男
源　則康	左兵衛尉		
紀　為近	左衛門府生	右舞人	為末の養子・延国の男

最後に楽所の問題とは直接関係はないが、南都楽人・大内楽人の出自のなかによくみられた物師と、楽所の楽人の掌った楽器について、彼らの地位との関係においてごく簡単に述べておこう。

物師に関する史料はあまり多くないが『西宮記』巻第一三、諸宣旨のところで、

雅楽物師、以二惣省解一、申レ官補レ之。

内教坊頭預（中臣静子）・応和雅楽別当、奉レ勅試二物師大友兼時例一。

とあり、また『源氏物語』橋姫には、

つれ〴〵なるまゝに、雅楽寮の、物の師どもなどやうの、すぐれたるを、召し寄せつゝ（下略）

とある。『教訓抄』巻第一の賀殿という曲について述べたところには、

舞ハ同御門ノ御時ニ、有レ勅作レ舞時、

以二『嘉祥楽』一為レ破、以二『嘉殿』一為レ急、以二『伽陵頻』急一為二道行一。物師林直倉作レ之。

とあり、さらに『新儀式』には、

召二雅楽寮物師等一令レ奏二音楽舞等一事。

（下略）

とみえている。山田孝雄氏は『源氏物語之音楽』のなかにおいて、物師を雅楽寮の諸師であると指摘しておられるが(18)、これは妥当な見解と考えられる。

尾張　兼則	〃	篳篥吹	宇治兼元入道の男
多　好方	右衛門志	右舞人	近方の三男
豊原　為持	右近府生	笙　吹	公持の二男・母左近府生滋生行忠の女
六人部国友	左衛門府生	揩鼓	物師友清の男
清原　種方	左近府生	笛吹	助種の男
多　近久	内舎人		近方の二男
矢集　為成	左衛門府生	右舞人	近成の二男
〃　貞成	〃	〃	近成の一男
戸部　清兼	雅楽属	笛	
〃　清近	左近府生		清延の孫

注　なおここでは『楽所補任』にみられる平治元年以前のものをまとめた。

宮廷ならびに寺社の楽人が楽所において掌っていた楽器をみると、たとえば身分の低い物師出身の中臣為行は羯鼓を掌り、また南都寺侍で配膳や使徒の役をし右方人より一階級下位であった玉手氏は、打物や安摩・二ノ舞を掌ったという。すなわち、このことは楽人のなかでも身分のあまり高くないものは彼らより上位の者が管絃楽器を中心に掌ったのに対し、打物や安摩・二ノ舞というような特殊な舞を掌ったことを示唆しているのである。楽器や舞は身分によりあるていど限定されていくのであり、殿上人があまり打物を好まなかったという事実もこれと密接な関係があろう。

注

(1)『大日本古文書』一二、経紙幷軸緒納帳。

(2) 右同、一六、北倉代中間下帳。
(3) 右同、五、花会唐楽所解。
(4) 林屋辰三郎『中世芸能史の研究』二三一〜四頁。
(5) 『西宮記』巻第八。
(6) 『楽所系図』の一部は、林屋辰三郎『中世芸能史の研究』五四九〜五六頁に掲載されている。
(7) 『音楽事典』（平凡社）、第一二巻付録、二四〜四五頁。
(8) 『日本三代実録』貞観七年十月二十六日条。
(9) 『平安遺文』一九四号、筑前国観世音寺資財帳。
(10) 『楽所補任』。
(11) 紀為近については第12表をみられたい。
(12) 平出久雄編「日本雅楽相承系譜（楽家篇）」（平凡社『音楽事典』第一二巻付録、三九頁）。
(13) 清原種方については第12表をみられたい。
(14) 奈良時代、寺院において音楽を掌っていたのは寺奴であった。これはたとえば『東大寺要録』巻第七雑事章第一〇の東大寺職掌寺奴事のところで「以二良匠之器一、為二造寺之工一。又伝二歌舞音楽之曲一、備二供仏大会之儀式一。其子々孫々、相継為二寺奴婢職掌一、于レ今勤二仕寺役一供二奉諸会一也」とあることや、『続日本紀』神護景雲元年二月戊子条に「幸二山階寺一。奏二林邑及呉楽一。奴婢五人賜レ爵有レ差」とあることなどから知られる。
(15) 『東大寺要録』巻第五の寛平年中日記の年中節会支度を記したその華厳会のなかで「十石三升四合　勅楽人禄」と「勅楽人」とあるが、あるいはこれも朝廷より寺院に施された楽人のことを示していることも考えられる。
(16) 「雅楽相承系譜」（既出）三三頁、狛光方の注（20）。
(17) 右同書、三九頁、玉手延近の注一七〇。
(18) 山田孝雄『源氏物語之音楽』一四〜五頁。

むすびにかえて

――楽制の改革と雅楽の日本化をめぐって――

嵯峨天皇・仁明天皇の時期は、一般に雅楽が日本化され、楽制の改革が行なわれたとして重視されている。この時期の楽制の改革をはじめとする変化とは、一般にどのようにいわれているのであろうか。これについて従来よく指摘されているのは、楽器編成の縮小整備、舞楽曲形式の完備、左右両部制の成立、音階の整理、著名な楽人の輩出、新曲の作成、伝来中絶曲の復元、伝来曲の改作などである。楽器編成の縮小整備というのは、伝来当時は例の東大寺大仏開眼供養会のようにかなり大規模な楽器編成をもっていたことが知られるが、嵯峨・仁明朝に入って管絃の場合は、

龍笛・篳篥・笙・琵琶・箏・羯鼓・鉦鼓・太鼓

であり、舞楽の場合左方唐楽では、

龍笛・篳篥・笙・羯鼓・鉦鼓・太鼓

であり、右方高麗楽では、

高麗笛・篳篥・三ノ鼓・鉦鼓・太鼓

という編成に変化していることをいう。舞楽曲の形式の完備とは、伝来曲の復元などと関係することで、舞楽曲は序・破・急をもって一つの完全な形式としているが、日本に伝来した舞楽曲は必ずしも完全な形で伝わったものばか

りでなく、最初からあるいは途中で欠けたものがあったのであり、これらを雅楽の知識をもって日本的に完備させていったことをいう。左右両部制の成立とは、それまで存在した唐楽・朝鮮三国楽・林邑楽・渤海楽などの音楽を左方唐楽として従来の唐楽に林邑楽を含めたものを扱い、右方高麗楽として従来の朝鮮三国楽・渤海楽を扱うようにしたものである。(1)音階の整理とは、日本にさまざまな国の音楽が伝えられていたため、音階も種々雑多であったものをわが国に合うように整理したことをいうのである。

さて、これらの楽制の変化があったことは歴史的にも明確な事実であるが、これが嵯峨・仁明朝において一度に計画的に行なわれたものかというと、これを示す明確な史料があるわけではない。ほとんどのちの史料からの類推にすぎないのである。この点にまず疑問がある。

左右両部制の成立について、特に林屋辰三郎氏は衛府官人の勝負楽の奏楽などからその成立の上限を弘仁十年（八一九）、下限を天長十年（八三三）においておられるが、(2)しかし嘉祥元年（八四八）九月、雅楽寮雑色生の削減があったときに、(3)唐楽生・高麗楽生とともにその人数は唐楽生・高麗楽生の半数以下ではあるが、依然として百済楽生・新羅楽生が定められていることが知られ、この嘉祥元年九月の太政官符から考えると左右両部制の下限を天長十年におくことには疑問が残る。

この点は林謙三氏も「信西古楽図と平安初期の楽制について」という論文のなかで指摘しておられ、(4)氏はさらに論を進めてこの左右両部制が一挙に成立したのではなく成立までにはいろいろの過程があったということを述べておられる。林氏はその根拠として清和天皇貞観三年（八六一）三月十四日の東大寺大仏御頭供養会の音楽をあげて説明しておられる。その御頭供養会の様子を『東大寺要録』所収「恵運僧都記録文」「御頭供養日記」でみるとそれぞれ次のようである。

恵運僧都記録文

貞観三年三月廿四日、国家修二理平城東大寺大仏一了。屈二一千僧於大仏前一設二大会一。以供二養之一。奏二以勅楽（以内舎人）東遊歌、菩薩儛、雅楽寮并左右衛府楽、諸大寺音楽一（東大寺高麗并天人楽、山階胡楽、元興新楽、大安林邑、薬師散楽并緊那楽、法隆呉楽也。）恵運其日為二開眼導師一。（下略）

御頭供養日記

（上略）

十四日戊子、天晴、此日東大寺大仏開眼会也。（中略）去二舞台一東西四許丈、各立二五丈幄三宇一也。東西各二宇者（子午、為レ妻）各一宇（卯酉、為レ妻）東方一幄設二高麗楽座一、第二幄設二林邑楽座一、第三幄設二諸太夫座一。西方第一幄設二新楽座一、第二幄設二胡楽座一、第三幄設二親王并行事大夫等座一。（下略）

林氏は、このときに行なわれた左右の楽は、東（左方）—第一座高麗楽（東大寺）、第二座林邑楽（大安寺）、西（右方）—第一座新楽（元興寺）、第二座胡（古）楽（山階寺=興福寺）であり、この四部の楽屋が大仏殿前の舞台をへだてた東西に設けられて奏楽されたのであるが、このように公式の法会において左方に高麗楽、右方に唐楽をおくのは何を意味しているのかといわれ、これらの四部の楽屋の配置から左方の唐楽、右方の高麗楽として両部制を不動のものにしたのは、貞観三年の御頭供養会より以後とみなしたいということを述べておられる。これをまとめてみると、いわゆる左右両部制とは左方—唐楽（唐楽・林邑楽）、右方—高麗楽（朝鮮三国楽・渤海楽）と定めた制度であるが、この御頭供養会においては左方に高麗楽、そして林邑楽がおかれ、右方に新楽・古楽の唐楽がおかれたのであり、左右両部制とはほぼ逆転しているということを林氏は指摘され、これにより左右両部制の成立を御頭供養会以後においておられるのである。

しかし林氏の御頭供養会の考察に関しては全面的に賛成できない。なぜならば、まず御頭供養会のなかにみられる東・西をはたして左右両部制の左・右と置きかえて考えてよいか否か疑問が残るからである。また左右両部制とは宮廷における奏楽あるいは宮廷外の奏楽の場合でも宮廷楽人が奏楽を掌るときの制度であったと考えられるのであり、このような寺院の法会のような特殊な場合は楽器も多数使用され、しばらくのちまでとくに宮廷の左右両部制には左右されることはなかったと考えられるからである。

また同時に、先の嘉祥元年（八四八）九月の太政官符から林屋氏の説かれる左右両部制の全面的な成立の時期を天長十年（八三三）四月までとする説にも賛成できない。

左右両部制の発生は衛府の左右両部に求められることは誰もが認めることであると思うが、嘉祥元年九月の太政官符は衛府の楽人ではなく雅楽寮の楽生を定めたものであったことから、音楽における左右両部制の発生ということにおいては林屋氏のいわれるように天長十年四月ごろまでに求めて然るべきであると考える。しかし、音楽の制度として宮廷において全面的に制度化されるのはもう少し時期が遅れると考えられる。(5)

少なくとも左右両部制とは、それまで外国より伝えられてきた多数の楽曲・楽器の縮小や整備、衛府の官人による奏楽への進出にともなって、徐々に行なわれるようになっていったものなのである。

楽器編成の縮小に関しては、林氏が先の論文において楽器編成も必ずしも仁明朝に固定化されたのではないと述べておられるが、これについてはほぼ同意できる。これに関しても明確な史料があるわけではないが、たとえば催馬楽に新たな雅楽器を加えたのが第二期の末から第三期の初めであったことから、楽器編成が縮小化される時期はおよそ仁明朝から醍醐朝にかけてのことではなかったかと考えられるのである。また、楽器編成の縮小化についても宮廷の奏楽において中心になされたのであり、寺社においては機会があればさまざまな楽器を使用することはよくなされたのである。

雅楽の日本化というのは、一般的にはこれまで述べてきたような雅楽の変化した状態をいっているのであるが、次にこの雅楽の日本化ということの本質について考えておこう。

辻善之助氏は雅楽の日本化を仁明朝における雅楽の音楽的変化に求めておられるが、その日本化を次のように理解しておられる。(6)

この時代に至つては頗るその精神が了解せられて、内外の音楽融和の時代となつた。嵯峨天皇・仁明天皇の頃より、舞楽の再興并に改作の事が多くあるのを見ても、大陸音楽の咀嚼消化が漸くに近づいてゐたことが知られる。

辻氏はようするに大陸音楽の咀嚼消化を雅楽の日本化と考えておられるのである。

ところで、わが国に伝来した音楽は、先に述べたように第二期になって、ようやくわが国の人のあいだで理解と模倣が進められたのである。音楽という文化は特殊なものであり、他の文化においては模倣期という期間が存在し、その期間、外来文化はもっぱら模倣されるのであるが、音楽においては生理的違和感が除かれてはじめて模倣が可能になる。すなわち、従来の日本の歌舞の抑揚・リズム・メロディー・音階などになじんでいた人々が異国のまったく音楽のありかたの異なっているリズム・メロディー・音階などを直接に受け入れることは生理的に困難なことであった。単に外来の音楽を異種の音楽として聞くだけであればそれなりに興味をもって聞くことはできたであろうが、それを自ら演奏しようとするとわが国へ伝来したそのままの形の音楽では満足して演奏できないのであり、そこで当然満足できる音楽へ形をかえて演奏しようとするのである。また、外国から伝来したさまざまな楽器のなかでも好む楽器と好まない楽器の選別も明白になってくるのである。

雅楽の日本化ということを辻善之助氏のように考えるならば、第二期の仁明朝前後に雅楽の日本化が進められたということは可能である。ところが、文化の日本化あるいは国風化ということについては、辻氏らを批判した形で提出されたものもある。すなわち、その一つとして注目すべきものは、『講座日本文化史』第二巻の序章・第三章にみられるものである。特にその序章を担当した門脇禎二氏は、国風文化の特徴をおよそ次のようにとらえられている。すなわち国風文化の直接の文化荷担層でもある貴族によって受容されてきた異国風な帝都を基盤とした文化世界が破綻すると、地方文化からの刺激をうけることによって漢字・漢詩文的教養や儒教的政治倫理、仏教文化という古代文化の形式を依然としてもったままで彼らの狭い都市生活の限界を超えて農村の新しい傾向との交通を余儀なくされ、その動向を含み込み共通の世界をうちひらいてきたというところに認めておられる。

ところで、雅楽は第二期の末から第三期の初めには、わが国の古歌である催馬楽・東遊びにその楽器を貸すことによって新しい音楽を生みだすのである。門脇氏のいわれる文化の国風化の定義からは、これを雅楽の国風化とみられなくもない。しかし、これらは特に地方文化の刺激を受けたものでもなく、地方と共通の世界をうちひらいていくというものにはほど遠いのであり、雅楽器を用いた催馬楽・東遊びにしても門脇氏のいわれる国風文化とはいいがたいものなのである。門脇氏の定義から考えるならば、音楽において特にこの時期に発達する国風化された音楽文化は存在しなかったということになるのであり、雅楽の国風化も当然ありえなかったわけである。

さて、以上のような考察から次のように考えることができよう。辻善之助氏のいわれる意味での雅楽の日本化はありえたが、門脇氏のいわれる国風化は雅楽においてありえなかった。外来文化の国風化というのは土着化にもつながるが、文化の日本化・国風化については辻氏・門脇氏の定義をそれぞれ認め、日本化と国風化を同一の言葉とはみなさないこととして、古代においては外来音楽である雅楽は日本的にはなったが、国風化さらに土着化することにはならなかったと考えたい。

しかし、鎌倉時代以後雅楽は地方の農村にも伝えられるところとなり、地方の土着的な民衆的な音楽と融合することにもなるが、農村において民衆的な音楽と融合した雅楽こそ日本において真に土着化した雅楽の姿ではなかったかと考えられる。宮廷における雅楽は現在までも外来音楽の日本化された異国的な雰囲気をもったものとして伝えられてきており、現在雅楽を聞く人は少なからずこのような感想をいだくに相違ない。

古代において外来音楽いわゆる雅楽の国風化が進まない原因として、日本と中国の音楽形態の根本的な違いを考えることができよう。すなわち、日本においては中国のもつ合奏形態の音楽は皆無であったのであり、わが国ではあくまでも歌謡が中心であった。したがって、音楽的にも大きな隔りがあり、この両者が完全に融合することはなく、雅楽は日本化したが、当時の人々にとってはやはり異国の音楽であり、日本古来の歌舞が当時の人々のほんとうの心からの慰みを見出す音楽であったのである。

古代における音楽の歴史的研究は今日までほとんどないのであるが、それは古代の音楽が雅楽を例にとるまでもなく、貴族的生活の華麗さを象徴するものとしてのみ考えられがちで、従来そのもっていた宗教的機能・政治的機能などが歴史的に省みられるということがなかったからである。しかし、第一部において考察してきたように詳細に検討してみると、古代における音楽の果たしてきた役割を再認識する必要性があることが知られる。たとえば、宗教的問題としては法会とそのなかで果たす音楽の機能、仏教思想流布への貢献度、政治的には服属儀礼と音楽との問題、儀式における音楽の問題、文化的にも音楽と他文化との関係、地方への文化流布に関しての音楽の役割、あるいは音楽自体の変遷、外来音楽の日本化・土着化の問題など、また制度史的にも楽制の問題など考える余地は大きい。これらすべての問題が本書において必ずしも解決されたとはいいがたいが、少なくとも古代における音楽の歴史的・音楽史的問題点は指摘できたと考える。

注

（1）左右両部制に関してはいくつか課題が残されている。左右両部制がなぜ雅楽において採用されるようになるのか、またなぜ左方が唐楽を中心とし、右方が高麗楽を中心とするようになったのかという問題などがそれである（これらの課題と諸説については、上田正昭「雅楽の伝流」『芸能史研究』四四号にまとめられている）。

ここで簡単に、これらの課題についての見とおしを述べてみると、なぜ雅楽にも左右両部制が採用されるようになるのかということについては、衛府が奏楽を掌るようになることと、衛府のもっている本来的な性質がポイントになると考える。また、なぜ左方唐楽、右方高麗楽としたかということについては、吉川英史氏も述べておられるように唐の十部伎の制度の影響によるものと考えられる。十部伎はおもに中国以外の音楽を数ヵ国の音楽で代表させたが、わが国では日本に伝えられた音楽を衛府の左右の制度とかかわらせて左右の制度として簡略に作りあげたのであり、そこで日本に多く伝来していた唐楽・朝鮮三国の音楽を一方には唐楽を他方には朝鮮三国楽を代表させて高麗楽を用いたのである。朝鮮三国の音楽のなかで高麗楽を代表させたのは唐の十部伎のなかには東夷の音楽を代表して高麗楽が加えられていたことによるものと考えられる。

（2）林屋辰三郎『中世芸能史の研究』二二四〜五頁。

（3）『類聚三代格』巻四。

（4）林謙三「信西古楽図と平安初期の楽制について」（『雅楽界』第四八号）。

（5）『貞観儀式』巻第五、正月八日講最勝王経儀条には「于時雅楽寮就レ座各奏二楽一曲一左唐楽右高麗 諒闇之時撤レ楽」とあり、雅楽寮において明白に左（唐楽）、右（高麗楽）に分けられていることから、宮廷内において左右両部制が全面的に制度化されるのは、嘉祥元年九月以降貞観年間までのことであったと推察される。

(6) 辻善之助『日本文化史』「II 平安時代」九六頁。

索　引

あ

い

う

か

き

さ

す

せ

そ

た

ち

つ

て

と

ひ

ふ

へ

著者略歴
一九四九年　北海道に生れる
一九七八年　北海道大学大学院文学研究科博士課程単位取得修了
現在　新潟大学助教授

〔主要著書・論文〕
『日本の古代音楽』（新潟大学放送公開講座実施委員会）
「解斎考」（『日本歴史』三七九号）
「雅楽―宮廷儀式楽としての国風化への過程―」（岩波講座『日本の音楽・アジアの音楽』2）
「宮廷儀礼の中の舞―女楽・女踏歌・五節舞―」（『大系日本歴史と芸能』1　平凡社）

日本古代音楽史論

昭和五十二年九月一日　第一刷発行
平成　三　年十一月十日　第三刷発行

著者　荻《おぎ》美《み》津《つ》夫《お》

発行者　吉川圭三

発行所　株式会社　吉川弘文館
郵便番号一一三
東京都文京区本郷七丁目二番八号
電話〇三-三八一三-九一五一〈代〉
振替口座東京〇-二四四番

印刷＝東洋印刷・製本＝誠製本